全羅《チョルラ》の野火「東学農民戦争」探訪

高橋邦輔 著
Takahashi Kunisuke

社会評論社

全羅《チョルラ》の野火　「東学農民戦争」探訪

＊目次＊

用語と用字について

◇漢字＝常用漢字表にとらわれず、制限なく使った。韓国では正体字(日本の旧字体)が原則なので、固有名詞は旧字体を使うべきだが、文中に新旧字体が混在するのを避け、新字体を原則とした。ただし龍(竜)や雙(双)のように、新字体のイメージが旧字体と著しく異る場合は、旧字体を使った。

◇送り仮名＝漢字の持つ機能を生かすために、誤読の恐れのない限り、「取り締まり」↓「取締り」のように、仮名の送りを省いた。

◇人名・地名＝韓国語資料の人名や地名はハングルのみの場合が多い。可能な限り漢字を特定して表記した。

◇韓国語の「読み」＝人名、地名などには片仮名で「読み」を付したが、韓国語の「読み」を正確に表わすのはむずかしい。金鶴鎮(人名)は「キム・ハクチン」と表記しているが、キムはkimであり、ハクはhakであって語尾は母音を伴わない。ハクチンは「ハッチン」の方が実際の音に近い。「キム・ハクチン」のように「ム」と「ク」を小さく表記する方法もあるが、それでも正確とは言えないので「キム・ハクチン」のままとした。

◇陰陽暦＝関係資料の日付はほとんどが陰暦になっている。しかし、陰暦表示では季節感が伴わないので、すべて陽暦に改め、必要な場合は陰暦を付記した。

◇数字表記＝西暦の年数、標高、書籍のページ数などを除き二十一日、三百四十本、五千六百戸のように、「十、百、千、万」の単位を付した。なお、人数の数え方は一部を除き「〇〇名」に統一した。

◇引用資料の表記＝原文の旧漢字は新漢字に、片仮名は平仮名に改め、送り仮名、句読点と濁点を補った。資料のニュアンスを生かすために、原文どおりとしたものもある。

東学農民戦争のあらまし

一八九四(明治二十七)年、王朝末期の朝鮮社会は混乱の中にあった。二月半ば、全羅道・古阜(コブ)の農民が郡守の苛政に耐えかねて蜂起し、竹槍を手に郡衙を襲った。当時、王朝中枢から地方まで、役人は不正な税の取立てや収賄などで私腹を肥やしていたが、古阜郡守の悪辣ぶりは際立っていた。

蜂起は鎮圧されたが、農民たちは四月末、民衆宗教・東学(トンハク)の指導者に率いられ「農民軍」として決起した。「輔国安民」「除暴救民」を掲げて地方官軍と戦い、五月末に道都・全州(チョンヂュ)を占領した。慌てた王朝政府は、宗主国・清国に農民軍鎮圧を要請、清国の出兵に対抗して日本も出兵した。そのころ農民軍は、王朝政府軍に全州を奪回され、政府側と「和約」を結んで解散、全羅道を中心に各地で「自治」に取組むことになった。

全州奪回の報を受けて、王朝政府は両国に撤兵を求めたが拒否され、七月末、朝鮮を舞台に日清戦争が始まった。日本軍の優位が決定的になった十月、日本による朝鮮完全支配を恐れた農民軍は、「反日」を掲げて再決起した。これに対し、日本は専任部隊を送り込んで農民軍の討伐を図った。十二月はじめの公州(コンヂュ)決戦で、農民軍は火力に勝る日本軍と王朝政府の連合軍に敗れた。農民軍は翌年二月まで、「殲滅」を目指す日朝連合軍の執拗な追撃を受けた。朝鮮半島西南部の山野と海峡を越えた珍島(チンド)の谷に、数えきれぬほどの屍を残して、農民たちの「世直し」の夢はついえた。

韓国ではこの戦いを例外なく「東学農民革命」と呼ぶ。日本では一八九四年のエトを冠して「甲午農民戦争」と呼ばれてきた。筆者は「東学農民戦争」と呼ぶ。農民軍の決起が、革命とも言い得るような規模と激しさを持っていたことは事実だが、「未完の革命」を革命とは呼ばない。中心的指導者・全琫準(チョン・ボンジュン)は尊王の愛国者であり、革命を志向してはいなかった。

東学の教理と農民軍の行動を結びつけて語ることは一応可能だが、農民軍兵士の「心性」に東学の教えがどのように作用したかは、想像するしかない。しかし当時、朝鮮各地で連携を欠いたまま散発していた民衆反乱は、「東学」という核を得てはじめて全国規模の統一的な戦いに発展した。「農民戦争」はやはり、「東学」の名を冠して呼ばれるべきであろう。

朝鮮近・現代史において、東学農民戦争はどのような役割を果したのだろうか。筆者は断言できるほどのものを持たない。しかし、次のことは言える。「一九七〇年代から八〇年代にかけて、苛酷な軍事独裁政権の弾圧に抗して民主化を勝取った人たちは、苦難のときに東学農民戦争を想起することによって、希望と耐える力を得た」と。

一九八〇年五月の光州事件で大きな役割を果した学生たちの組織の名は「野火夜学」であった。「東学農民戦争が掲げた戦いの灯を受継ぎ、広がる野火になろう」と願っての命名であった。

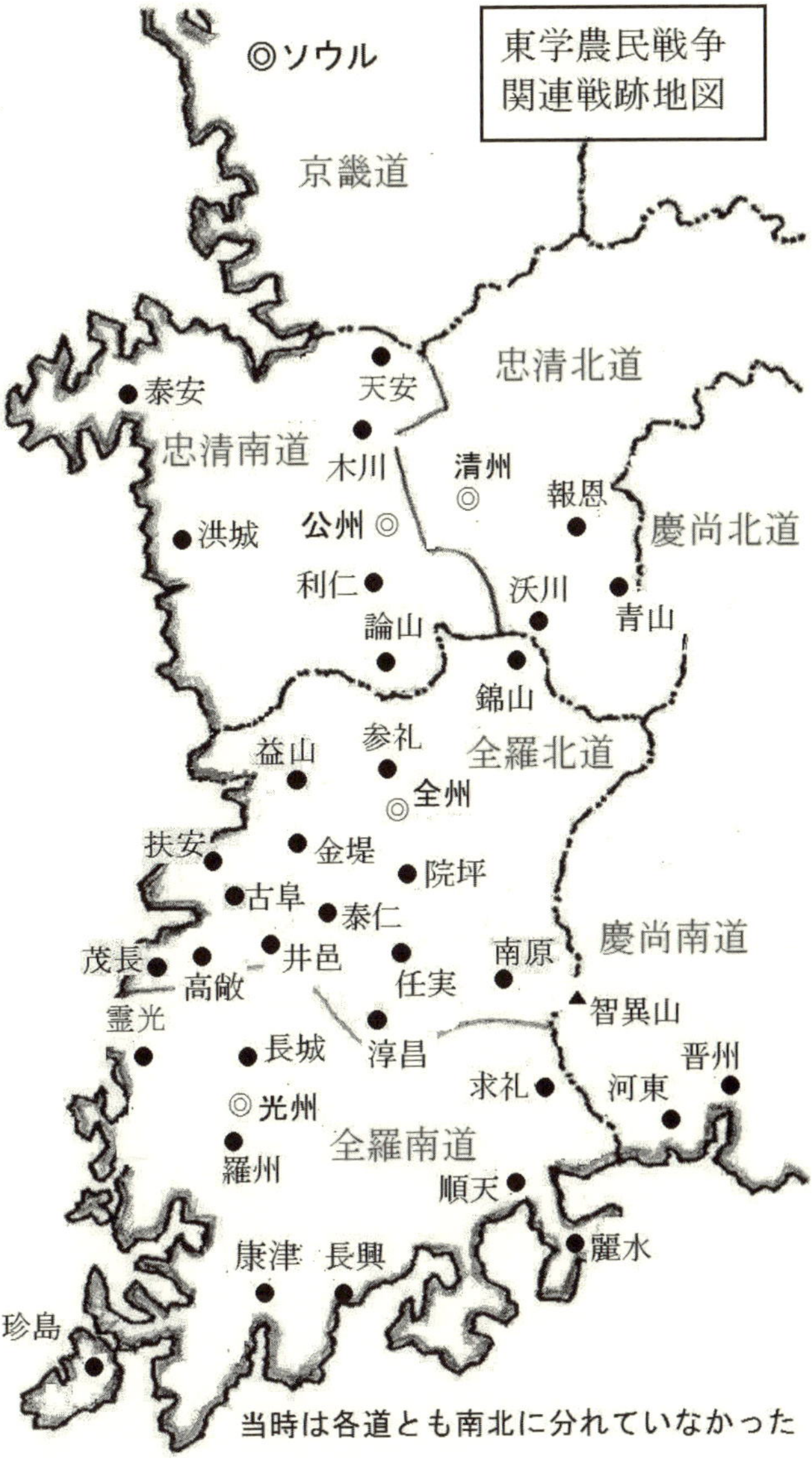
東学農民戦争
関連戦跡地図
ソウル
京畿道
忠清北道
天安
泰安
忠清南道
木川
清州
報恩
慶尚北道
公州
洪城
利仁
沃川
青山
論山
錦山
参礼
全羅北道
益山
全州
扶安
金堤
院坪
古阜
泰仁
慶尚南道
茂長
高敞
井邑
任実
南原
智異山
霊光
長城
淳昌
晋州
求礼
河東
光州
全羅南道
羅州
順天
麗水
康津
長興
珍島
当時は各道とも南北に分れていなかった

主な登場人物（日本人を除く）

◆東学と農民軍
崔済愚（チェ・ヂェウ）＝東学開祖
崔時亨（チェ・シヒョン）＝第二代教祖
孫秉熙（ソン・ビョンヒ）＝第三代教祖。天道教をおこす
全琫準（チョン・ボンヂュン）＝農民軍総大将
全彰赫（チョン・ヂャンヒョク）＝全琫準の父
孫化中（ソン・ファヂュン）＝農民軍指導者。茂長出身
金徳明（キム・ドンミョン）＝農民軍指導者。院坪出身
金開南（キム・ゲナム）＝農民軍指導者。全羅左道管轄
徐璋玉（ソ・ヂャンオク）＝南接東学のリーダー
柳泰洪（ユ・テホン）＝南原の東学運動家
李容九（イ・ヨング）＝一進会会長。日韓合邦運動
宋秉畯（ソン・ビョンヂュン）＝親日派、日韓合邦運動

◆王朝側と保守陣営
高宗（コヂョン）＝第二十六代朝鮮国王
閔妃（ミンビ）＝高宗王妃。日本人により暗殺される
大院君（テウォングン）＝高宗の父。反日工作
金鶴鎮（キム・ハクチン）＝全羅監司。農民軍と協力
洪啓薫（ホン・ゲフン）＝招討使として農民軍と戦う
趙秉甲（チョ・ビョンガプ）＝古阜郡守。農民から搾取
李容泰（イ・ヨンテ）＝按覈使。古阜の東学徒を弾圧
朴鳳陽（パク・ポンヤン）＝雲峰の保守地主

◆開化派
金弘集（キム・ホンジプ）＝開化派内閣首相

◆記録者
呉知泳（オ・ヂヨン）＝『東学史』の著者
黄玹（ファン・ヒョン）＝『梧下記聞』の著者
鄭碩謨（チョン・ソンモ）＝『甲午略歴』の著者

序章

二〇一六年十月七日、すでに秋の気配の濃い韓国全羅北道南原(ナムォン)。パンソリ「春香伝[*1](チュニャンヂョン)」の舞台として有名な広寒楼苑(クァンハルルウォン)の前を流れる蓼川(ヨチョン)の対岸に「観光団地」がある。パンソリの定期公演が開かれる国立民俗国楽院をはじめ、春香文化芸術会館、各種の娯楽施設やホテル、食堂などが広がる。その一角のカフェ「ビーンズ」の二階で、五人がテーブルを囲んだ。

韓秉鈺(ハン・ビョンオク)さん、小坪典子さん、元永常(ウォン・ヨンサン)さん、金松伊(キム・ソンイ)さん、そして筆者。

韓さんは地元の東学農民革命記念事業会のリーダー。小坪さんは韓国の人と結婚して南原暮らしが長い。元さんは同じ全羅北道の益山(イクサン)にある円光(ウォングァン)大学の教授で仏教学が専門。金さんは在日の女性童話作家であり翻訳家でもある。そして筆者は老退職者。五人が南原で顔を合わせるまでには、偶然の重なりともいえる経過があった。

封印した「ノート」

筆者は十数年前から東学農民戦争について調べ始め、何度も韓国に渡って全羅道、忠清道一帯の戦跡地を訪ね歩いてきた。二〇一三年秋に、その見聞を『全羅(チョルラ)の野を行く――東学農民戦争ノート』と題する冊子にまとめ、三十冊ほどを友人知人に贈った。しかし、評判は芳しくなかった。「東学農民戦争とは何だったのか、文献を読み、現地を訪れ、エピソード集め、記録することで、全体像を浮び上がらせることができれば」と、思った。しかし、あまりに多くのものを盛込もうとして、煩雑で読みにくいものになったと思う。

奈良女子大名誉教授の中塚明さんには、ツテを頼って目を通してもらった。中塚さんは日本近代史、日朝関係史の大家だが、NHKの「坂の上の雲」放映を糾弾し、司馬遼太郎の歴史観を、朝鮮を侵略した明治という時代を全面的に肯定するものとして強く批判した人である。京都府木津川市内のご自宅へ伺った。肝心の拙稿については「何を言いたいのかがよく分らない。引用資料の信用性が低い」などと指摘された。「日本の対朝鮮政策批判の筋が通っていない」ということだったのか、それ以前の、何かが欠けているということだったのか…。

韓国・円光大学の朴孟洙(パク・メンス)教授にも冊子を送った。筆者が多くを教えられた『東学農民革命一〇〇年』(「全北日報」紙の取材チームによるルポ)の監修者だ。実証的な研究で知られる。二〇一二年に京都大学で研究中の朴教授と二度お会いし、いろいろと教示を受けた。朴教授との面談を奨めてくれたのが、冒頭の「南原の五人」の一人である元永常さんなのだが、そのいきさつは、のちに。

朴教授が韓国へ帰る前に、いくつかのことを依頼した。全羅北道井邑（チョンウプ）市の古阜（コブ）にある「無名東学農民軍慰霊塔」の制作者を調べてもらうことも、その一つだった。朴教授は「確か資料があったと思うから、すぐ知らせる」と約束してくれた。

しかしその後、一九七〇年に亡くなった全琫準（チョン・ボンジュン）の娘の死亡記事（第九章参照）のコピーを送ってくれただけで連絡がなく、筆者の送った冊子についても「受取った」というメールももらえなかった。

京都府立大学の川瀬貴也・准教授（専門は宗教史）とは面識はなかったが、東学と農民戦争についての論考を何本かネットで読んでいた。「①東学農民軍に加わって戦った無名の農民たちの『心性』についてご教示願いたい、②千葉大学の趙景達（チョ・ギョンダル）教授の、東学農民戦争は正統東学ではない『異端』による民衆反乱であったという主張[*2]について、見解を伺いたい」旨の手紙を添えて冊子を送った。

東学農民軍とはいうものの、幹部は別にして、一般兵士は「東学信徒」と言えるような存在だったのかどうか。彼らの信仰はどのようなもので、何を考えながら日本軍と朝鮮王朝軍の連合軍（以下、日朝連合軍と表記）に立向かったのか——。ずっと考えあぐねてきたテーマだった。趙景達説は難解で、その意味するところが筆者には理解できず、『異端の民衆反乱』の書評を書いていた川瀬氏の解説を聞きたかった。冊子は研究室宛に送ったが、返事はなかった。

『全羅の野を行く』は、いわば中間報告で、まだ、いくつかの宿題をかかえていた。しかし、膨大なエネルギーを浪費した感があり、宿題に取組む意欲をなくした。「東学農民戦争」はしばらく封印することにして、買いそろえた『東学乱記録㊤㊦』(韓国史料叢書)をはじめとする書籍、京都府精華町の国立国会図書館関西館に何度も通ってコピーした大量の資料を処分した。

光州からの招待

三年が経った二〇一六年八月、JR西日本の労働組合の一つである「JR西労」の委員長・安田昌史さんからメールが届いた。「十月に韓国・光州(クァンヂュ)で、JR西労と光州事件関連団体や交通関係労組との交流集会を開く。打合わせの席で、集会に高橋さんを招待したいという提案が野火烈士記念事業会からあった。ぜひ招待を受けて欲しい」とあった(光州事件と野火烈士については、章末にコラム)。

話は二〇一〇年にさかのぼる。筆者は光州事件三十周年のこの年、市民軍のリーダーだった尹祥源(ユン・サンウォン)の評伝『光州　五月の記憶』を翻訳、出版した。原作者は当時、尹祥源の盟友であった林洛平(イム・ナクピョン)さんで、いまも記念事業会と関わりがある。筆者招待の推進役は林洛平さんだったのだろう。

七十歳代も終りに近くなって、もう韓国を訪れることはないと思っていた。「光州からの招待」は、うれしかった。尹祥源評伝の翻訳出版から六年も経つのに、今回の交流行事の当事者ではない筆者をゲストとして招いてくれるという。

光州は、二〇一〇年に野火烈士記念事業会が国立墓地で開いた光州民衆抗争(韓国ではこのように呼ぶ場合が多い)三十周年の記念追悼集会に出席して以来になる。この時も招待を受けた。

当時すでに光州事件の風化がいわれていたが、ここ数年、光州は変貌著しいらしい。特に一九八〇年五月二十七日未明、戒厳軍の銃撃で市民軍に多数の犠牲者が出た旧全羅南道道庁は、当時の弾痕の残る建物に連結して、巨大文化施設が建てられ、様相が一変したという。そんな光州の現状を見ておきたかった。

韓国へ行くのなら、これを機に、三年前に封印した宿題を片付けて『全羅の野を行く』の改訂作業に取組みたいと思った。宿題解決のためには、全羅北道の南原、井邑(チョンウプ)などを訪ねなければならない。日程上、光州には一泊しかできない。

野火烈士記念事業会の招待を受けながら、光州一泊というのは、申し訳ない気持ちだった。しかし、野火夜学と東学農民戦争は無関係ではない。労働者のために光州の学生が開いた野火夜学は「東学農民が掲げた革命の灯を受継ぎ、広めて行く野火になろう」と名付けられた。事業会の人たちも許してくれると思った。光州から南原へはバスで行くつもりだったが、記念事業会のキム・ナムピョ理事長が南原のホテルまで車で送って下さった。

東学農民戦争についての宿題はいろいろ残っていたが、①農民蜂起発祥の地・古阜の「無名東学農民軍慰霊塔」をデザインし、制作したのはだれか、②当時、農民軍総管領だった金開南(キム・ゲナム)が、全羅左道統治の拠点とした南原で、何があったのか——の二つを調べたかった。

東学農民軍兵士の具体像や心のありようを推測するのはむずかしいが、その「生と死」を思い描く

無名東学農民のレリーフ

手掛りになりそうなものはある。「無名東学農民軍慰霊塔」だ(カバーの写真)。

高さ五メートルの主塔には、左手に竹槍を持ち、右手で傷ついた仲間を抱いた兵士を陰刻した花崗岩板がはめ込まれている。主塔を取囲んで三十二基の石柱の補助塔が立ち、それぞれに名もなき農民軍兵士の顔、武器として使った鎌などの農具、食器などが浮彫りにされている。

全羅道と忠清道の各地に立つ東学農民「革命」の記念碑は、どれも左右均衡、垂直型の塔で、大きな墓石のような感じだ。無名東学農民軍慰霊塔は、中央の主塔も「高い」という感じはなく、主塔を囲む石柱群も一〜二メートルの高さに抑えてあって、全体に穏やかな印象を受ける。なによりも、そこに彫られた無名農民の表情が、見る者の心に訴えかけ、彼らの人生や戦いや死に思いをめぐらさせる。

一九九四年、東学農民革命百周年を記念して、地元の人たちが土地を提供し、お金を出し合ってつくったというが、このユニークな塔の全体構成を考え、実際につくったのは、どんな人だろうか。二〇〇八年に初めてこの塔を見たあと、井邑市の東学農民革命記念事業会に手紙を出して調べたが、分らなかった。今度こそ制作者を探し出したいと思った。

もう一つの課題は南原である。一八九四年六月、全州(チョンヂュ)戦闘のあと、日本と清国が出兵するという事態を受けて、東学農民軍は王朝政府と「全州和約」を結んでいったん解散、全羅右道は全琫準(チョン・ボンヂュン)が、全羅左道は金開南(キム・ゲナム)が管轄して自治態勢をとった。

金開南は七月二十七日、数千の農民軍を率いて南原に入った。南原の府使(長官)はすでに逃亡しており、抵抗は全くなかった。十一月十一日にソウルをめざして進撃を開始するまで、金開南は全羅左道一帯で暴力的ともいえる特異な統治を展開した。

朝鮮を舞台に戦われた日清戦争で日本の優位が決定的になると、日本による朝鮮支配を恐れた全琫準は、十月に「抗日決起」したが金開南は同調せず、南原にとどまった。十一月十一日になって独自に北進をはじめたが、十二月九日、清州(チョンヂュ)で日朝連合軍に敗れた。金開南の北進後も、南原土着の東学勢力は慶尚道への進出を目指し、雲峰(ウンボン=現・南原市雲峰邑)の保守勢力が組織した民堡軍と熾烈な戦いを繰広げたが敗れた。

そんな南原を筆者はこれまでに二度訪れながら、「南原と東学」について学習する機会を逸してきた。今回は南原をしっかりみて、『全羅の野を行く』の空白部分を埋めなければならないと思った。

出発前の準備

旅に出る前に二つの準備作業をした。

まず、井邑市庁に電話をかけて、無名東学農民軍慰霊塔の制作者を調べてもらった。井邑市庁には東学農民革命に関わる事柄を担当する専門の部署があり、趙銀徳(チョ・ウンドク)さんという女性が「全力を挙げて調べます」と約束してくれた。しばらくして趙さんがもたらした回答で判明した人物は、筆者にとっては意外であり、ある意味で衝撃的でもあった。

金運成(キム・ウンソン)氏。ソウル近郊の高陽(コヤン)市に住む彫塑作家。一九六四年生まれ。中央大学芸術学部彫塑科卒。ソウルの日本大使館前の慰安婦「少女像」を妻のキム・ソギョン氏(中央大学の同級生)と共同制作した人だった。筆者は帰国前日の二〇一六年十月十日、ソウルで夫妻に会った。その詳細は第二章に譲る。

出発前のもう一つの準備作業は、南原の小坪典子さんにメールを送って「南原と東学」について詳しい人を探してもらうことだった。名前があがったのが南原東学農民革命記念事業会のリーダー・韓秉鈺(ハン・ビョンオク)さんだった。事前に韓さんへの質問事項を金松伊さんに韓国語に翻訳してもらって送った。南原のホテルに着くと、フロントに小坪さんの手で日本語に翻訳された韓さんの回答が届けられていた。

小坪さんとはじめて会ったのは、二〇〇三年四月だった。当時、筆者は江戸時代の外交使節「朝鮮通信使」の漢城(現・ソウル)から江戸に至る旅の跡を辿っていた。通信使は、当初は豊臣秀吉の朝鮮出兵=「文禄・慶長の役」(韓国では壬辰・丁酉倭乱=イムヂン・チョンユ・ウェラン=と呼ぶ)の事後処理のための使節だったが、のちには主に徳川将軍の代替わりを祝う使節として、江戸時代を通じて計十二回、来日した。筆者は何度かにわたる旅で、通信使が通った韓国内の宿駅をほぼ辿り終え、ふと、南原というところへ行ってみたくなった。南原は通信使の通ったルートではないが、一五九七年の丁酉再乱(慶長の役＝第一章末のコラム参照)では、南原城に籠った将兵や一般住民が、日本の宇喜多秀家の軍の総攻撃を受け、多数の犠牲者を出した。

二〇〇三年の三月の中ごろだったと思う。南原の観光団地内にある「国民ホテル」宛に、苦心してハングルで書いた宿泊予約依頼の手紙を出した。なかなか返事が来ず、困っているところへ小坪典子という人からファクスが届いた。ボランティアで観光ガイドをしており、たまたま訪れた国民ホテルで筆者の宿泊依頼を見たという。

「国民ホテルはいま改装中で宿泊できません。ホテルに頼まれて別のホテルの予約をとっておきました」という内容で、「南原ではどんなご予定かお知らせ下さい」とも。

新羅の古都・慶州を巡ったあと、列車で大邱(テグ)へ出て、バスで南原に向かった。大邱は筆者の生まれたところ。一九四五年、国民学校二年生のときに終戦を迎え、父の出身地である香川県の観音寺町(当時)近くの村に引揚げた。想い出の大邱は素通りした。

南原のバスターミナルで小坪さんと運送業を営むご主人の薛鎮明(ソル・ヂンミョン)さんが出迎えてくれた。広寒楼苑(クァンハルルウォン)をひとめぐりしたあと、南原市立国楽団の若い女性の唄い手のパンソリを楽しんだ。映画「風の丘を越えて〜西便制」で親子三人が唱い舞いながら丘を越えて行くシーンを思い出し、「珍島アリラン」をリクエストして唱ってもらった。翌日も薛さんの営業車で丁酉再乱の犠牲者を祀る萬人義塚(マニンウィチョン)や蛟龍山城(キョリョンサンソン)など、市内外の史跡を案内してもらった。

当時は東学や農民戦争に対する認識が浅く、蛟龍山城に東学の開祖・崔済愚(チェ・ヂェウ)が籠って経典を編んだことや、金開南の配下の東学農民軍が駐留したことなど知らないままの見学だった。

二度目に南原を訪れたのは二〇〇六年三月だった。東学農民戦争への関心が高まり、少し長期に韓国に留まって韓国語の勉強をしながら農民戦争の戦跡を訪ねる計画を立てた。小坪さんのお世話になることにして拠点を南原に定めた。張切って乗込んだ南原だったが、ちょっとした行違いがあり、滞在を四日間で打切り、帰国した。しかし、その後も交流は続き、筆者が私家版『朝鮮通信使の旅』や『光州　五月の記憶』を贈ったのに対して、小坪さんからは丁寧で的確な感想が送られてきた。

金松伊さんの登場

二〇〇八年の六月だったと思うが、朝日新聞の地方ニュースを扱う面(大阪地方版)に「在日の女性が光州事件に関する小説を翻訳出版した」という記事が載った。韓国の著名作家・宋基淑(ソン・ギスク=男性)著、金松伊訳の『光州の五月』。早速、取寄せて読んだ。

光州事件に小説的なふくらみをもたせ、土俗的な祭祀の場面が長々とあったりして、翻訳作業のむずかしさが察しられた。戒厳令下の光州に空輸された鎮圧部隊が「攻守団」となっているのが気になった。読み進むうちに「あっそうか」と気づいた。ハングルで攻守は공수(コンス)と書く。空輸も공수でまったく同じ。空輸団を攻守団にしたのだ。誤訳だと思った。

発行元の藤原書店に電話した。二、三日して「光州の五月を訳したキムソンイです」と名乗る電話

があった。金さんの説明は「空輪団」は災害救助隊のようなニュアンスがあるので、あえて避けたということだった。光州鎮圧部隊が空輸されたことは常識だし、大阪朝鮮高級学校の教師を経て近畿大学講師、中澤啓治氏の『はだしのゲン』の韓国語訳や韓国語の童話も発表している人が、「공수＝空輸」を知らないはずはないので、説明を了承した。

ときどき大阪・鶴橋の喫茶店で会って光州や東学農民戦争の話をし、居酒屋でマッコリを飲んだりした。金さんは宋基淑さんの大河小説『緑豆（ノクトゥ）将軍』（緑豆は、小柄だった全琫準の愛称）全十二巻を翻訳する計画を持っており、農民戦争についても話が弾んだ。年が明けた二〇〇九年二月、やはり鶴橋の喫茶店で「光州へ行って来ました。お土産です。翻訳して下さい」と、分厚い本を手渡された。林洛平著『尹祥源評伝』だった。

長編の翻訳に自信はなかったが、とりかかることにした。ある程度分量がたまると、メールに添付して金さんに送る。金さんは一字一句を原文と照合して赤ペンを入れる。鶴橋で会って訳文を検討する――そんな作業が年明けまで続いた。

途中、光州を訪ね、原作者の林洛平（イム・ナクピョン）さんをはじめとする尹祥源（ユン・サンウォン）の野火夜学の仲間や先輩、父親の尹錫同（ユン・ソクトン）さんに話を聞いた。すべての面会をアレンジし、通訳の労をとってくれたのは柳在淵（ユ・ヂェヨン）という人だが、柳さんを紹介してくれたのも金松伊さんだった。光州の隣の羅州（ナヂュ）の大学で日本語を教えている柳さんは、『はだしのゲン』の韓国語訳出版を通じて、金さんと知り合ったという。

『光州　五月の記憶』は、こうして二〇一〇年四月、光州事件三十周年の直前に社会評論社から刊行することができた。金松伊さんに負うところ、多大であった。

実は、二〇一六年八月に光州への招待を受け張切って日程を組んだものの、九月半ばに体調を崩し、五泊六日の韓国旅行はとても無理だと思った。金松伊さんにメールした。「韓国行きは取りやめ。東学農民戦争の追加取材もなし。『全羅の野を行く』の改訂、完成はあきらめる」。

折返しメールが来た。

「絶対にダメです。韓国へ行って、『全羅の野を行く』を完成させて下さい。私も同行して通訳その他のサポートをします。여동생(ヨドンセン＝女同生＝妹)がついていれば、心強いでしょう」

これが十月七日、南原の観光団地のカフェ「ビーンズ」に金松伊さんが座っている理由である。

最後は元永常(ウォン・ヨンサン)さん。彼は金松伊さんに会うために、益山(イクサン)から南原まで車をとばしてきた。金さんと元さんは、一九九七年ごろに、次のような偶然によって出会った。

金さんの大阪朝鮮高級学校の教え子の呉厚香(オ・フヒャン)という女性が韓国へ行った帰りの機内で、日本へ出張する円光大学の総長と隣合わせた。話を交すうちに「実は、うちの大学から京都の仏教大学に留学する学生がいるんだが、日本には知合いがいなくて…」と、総長。「留学生の相談相手なら金松伊先生が適任」と思った呉厚香さんは、金さんに連絡した。しばらくして、金さんがある学会の通訳をしている会場に、韓国人学生が姿を現した。元さんだった。

元永常さんと筆者は南原ではじめて会ったのだが、実は、ずっと前に筆者とも関わりを持っていた。二〇一二年四月、何度目かの東学農民戦争戦跡を訪ねる旅に出る前に、金松伊さんに不安を漏らした。

「今回は田舎まわりで不便なところが多い。うまく現場に辿り着けるかどうか心配だ」と。金さんは、筆者の目的地に近い益山に住む元さんに電話をしてくれた。元さんは「東学革命のことなら、いま専門家の朴孟洙教授が京都大学で研究してるから会ってみたら」と奨めてくれた。元さんと朴教授は円光大学の同僚だが、朴教授は高校の先輩でもあるという。

筆者は金松伊さんとともに京大で朴教授と会い、筆者が訪ねようとしていた院坪(ウォンピョン。現・全羅北道金堤＝キムヂェ＝市)について教示を受けた。朴教授は金堤東学農民革命記念事業会の崔高遠(チェ・ゴウォン)さん(女性)に電話をしてくれ、崔さんからは筆者に「お待ちしています」とのメールが届いた。院坪については第六章で。

南原の観光団地に戻る。好漢・元永常は翌日から出張で慶州に行かねばならず、夕食を共にしたあと益山に帰ることにしていた。乾杯のビールにも口をつけなかったが、韓秉鈺さんを囲んだ韓定食の席が盛上がると、「僕も飲みます。今夜は南原に泊ります」と宣言して、ピッチを上げた。いったん筆者の泊るホテルに立寄って部屋を確保したあと、久しぶりに会った「日本の姉」金松伊さんと飲み直しに出かけた。戻ったのは零時過ぎだったと、翌朝聞いた。

韓国から帰ったあと、韓秉鈺さんからの手紙で、われわれの南原訪問の十日後に、奈良女子大名誉教授の中塚明さんと円光大の朴孟洙教授が引率する「東学農民軍の歴史を訪ねる旅」一行二十四人が南原を訪問、韓さんの案内を受けたことを知った。そして二〇一七年八月、筆者の住む大阪府枚方市の教職員組合ＯＢらの一行十九人が南原を訪ね、韓秉鈺さんの案内と小坪典子さんの通訳で東学遺跡を巡った。一行は院坪でも、崔高遠さんの懇切な案内を受けた。

＊1 パンソリと春香伝　パンソリは十六世紀後半から十七世紀にかけて、全羅道を中心に発達した語り節。パンは「場」で、ソリは「音または声」。一人の唱者が、一人の鼓手の小太鼓の調子に合わせた唱と語りと身振りによって、長い物語をアドリブをまじえて繰り広げる。

春香伝は古典的な演目の一つで物語の筋自体は他愛もないが、純愛や貞節の物語として人気がある。「南原府使の息子・李夢龍(イ・モンニョン)は広寒楼で妓生の娘・春香を見初め恋仲になるが、父の転勤で都へ去る。後任の府使が春香に言い寄るが、拒まれて投獄する。科挙に合格した夢龍が暗行御史として南原に戻り、春香を救い出し、幸せに暮らす」というのが粗筋だ。

＊2 異端の反乱　東学の教義に「為さずし化す」があり、めざす理想社会(開闢状況)は革命的な行動によるのではなく、内省的な修養により、人心と天心が一体化する時に実現するとされる。この教義と農民戦争を結びつけるには、何らかの理論操作が必要になる。趙景達氏は『異端の民衆反乱』で次のように書いている(要約)。

正統東学は天との一体化について、汎神論的天観に傾斜して内省主義を標榜したため、開闢状況は自ら切り開くものではなく、既存の道徳秩序に従順に対することでもたらされるとした。一方、異端の教理は、唯一絶対の人格的な天＝上帝観を前提に、神秘主義に徹した依頼の信仰＝他力を説くことを通じて、自らの上帝への転身を易行のものとみなし、民衆の世界観を転換した。農民軍の最大の精神的武装は上帝との一体化による神仙化・君子化を易行のものとみなすことで、民衆自らが正義の実態＝変革主体として自己認識できることであった。

光州事件と野火夜学

column

1980年5月18日から27日にかけて、戒厳令下の光州市で民主化を求める市民や学生を韓国軍が武力鎮圧し、多数の死傷者を出した。

前年10月26日、朴正熙・大統領が金載圭・中央情報部長に射殺された。民主化への期待が強まったが、12月12日、全斗煥・国軍保安司令官らが鄭昇和・戒厳司令官を逮捕して実権を握った。各地で民主化要求デモが続く中、新軍部は80年5月17日、戒厳令を全国に拡大、大学休校などの措置をとり、野党指導者の金大中や民主化運動関係者らを逮捕した。

翌18日、全南大学での学生と戒厳部隊の衝突に端を発し、鎮圧行動は次第にエスカレートして死傷者が続出、21日には学生・市民側も武装して「市民軍」をつくった。市民軍は戒厳軍を追出して全羅南道道庁を占拠した。

戒厳軍の再侵入が迫る中で、市民側は収束派と抗争継続派に分裂、抗争派の一部が道庁に残留した。27日未明、戒厳軍の一斉攻撃が始り、道庁付近だけでも20人が射殺され、多数が逮捕されて光州抗争は完全に鎮圧された。

「野火夜学」は光州の全南大学女子学生だった朴琪順(78年に練炭ガス中毒死)が始めた労働者のための夜学。東学農民が掲げた革命の灯を継承し、広がる野火になろうと名付けられた。のちに光州市民軍のリーダーになる尹祥源や全南大の学生たちが教師役を務めた。

光州事件に際して、市民の結束を図るための広報活動などに力を注いだが、5月27日に道庁に立て籠っていた尹祥源は、戒厳軍の銃弾を受けて死亡した。

その他のメンバーも事件後に逮捕され、獄中で抗議のハンストを繰返して病死した者、拷問により精神を患った者など、多くの犠牲者を出した。彼らは「野火烈士」として追慕されている。

第一章 南原よ、智異山よ

第一節　痛恨の南原城北門

二〇〇三年四月に、初めて南原へ行った。小坪夫妻に蛟龍山城などを案内してもらったあと、特急「セマウル号」でソウルに向かうため、南原の市街を駅へと歩いていたら、いきなり目の前に駅舎が現れた。どうしてこんな街の中に駅舎が？と思ったが、深くは気に留めなかった。

二〇〇六年に再訪した時、列車で全州へ出ようと、ホテルの前でタクシーを拾った。二〇〇三年の印象があるので、「南原駅まで。近くで悪いね」と乗込んだが、タクシーは市街を抜けて郊外へ出て行く。「南原駅へ行くんですよ」と念を押すと、運転手さんが「駅は移転したんだよ」と言う。

南原駅は二〇〇四年八月、旧駅の二キロほど西の山林を切り開いて建てた新駅に移った。移転したと聞いても「市街地を線路が横切り、駅舎が居座っていては、開発のジャマになったのだろう」くらいのことしか考えなかった。しかし、旧南原駅が市街の中にあったのには理由があり、それは、南原の歴史を知る人にとっては、「許すべからざる」位置に建っていた。当局の新駅移転の意図が何であれ、それは歴史の痛恨の記憶をよみがえらせる出来事だった。

「歴史の証人」旧南原駅

二〇一六年十月八日、前夜に小坪典子さんが手配してくれたチャーター・タクシーで、南原の東学遺跡を回った。一応の下調べはしてあったので、われわれ(筆者と金松伊さん)だけで回るつもりだったが、韓秉鈺(ハン・ビョンオク)さんが「何も予定がないから」と、案内してくれることになった。「南原と東学」について、最も詳しい人の説明を聞きながら、という贅沢な遺跡巡礼になった。

あいにくの雨の中を蛟龍山城↓旧南原駅↓旧大都会所跡↓広寒楼苑↓パンア峙戦闘記念碑と回ったが、韓秉鈺さんがわれわれを一番連れて行きたかったのは、旧南原駅ではなかっただろうか。

閉じられた駅舎の横手から構内に入ると、コスモスなど秋の草花が咲き乱れる原っぱの真ん中に線路とプラットフォームが残っていた。フォームの駅名標もそのままだ。プラスチックのテーブルと椅子が置いてあり、お菓子の包装が散らばっていた。訪れる市民がいるのだろう。あるいは韓国の「撮り鉄」に格好の被写体を提供しているのか、ネット上にはこの廃駅の画像が多い。

韓さんはまず、われわれを構内の片隅にいざなった。掘り下げられた地面の中央に「南原城北門址」の小さな標石があった。二〇一四年に試掘した結果、南原城北門の基礎と入口が現れた。旧南原駅が、南原城北門を取壊してその場所に建てられたことを示す、動かぬ証拠だった。

『旧南原駅　パズルを解く』という南原東学農民革命記念事業会などの諸団体が制作した冊子（A4判、百ページ）に、「衛星写真で見る旧南原駅と南原城」の写真が掲載されている。空から見た市街の写真に南原城の城壁の四角いラインが重ねてある。西北部を斜めに線路がよぎり、北門址は駅構内のど真ん中にあることが分る。

全羅線（益山―麗水）は日本の統治下の一九三一年に着工、全州―南原間は三五年に開通した。線路敷設も駅舎建設も日本＝朝鮮総督府だ。韓さんは「南原に関する限り、線路と駅舎の配置はどう見ても合理性に欠け、ある目的を持ってやったことだと考えざるを得ないと」言う。先の冊子は、「日帝の陰謀」として、次のように書いている。

衛星写真で見る旧南原駅と南原城

全羅線の「南原城侵入」は計画的かつ意図的であり、その標的は南原城の北門であった。

①一五九七年の丁酉再乱（豊臣秀吉の朝鮮再出兵＝慶長の役。章末のコラム参照）では南原城北門で最後の激しい抗戦があり、約一万人が殉死した。その現場に南原駅を建てることにより、後孫たちの（報復、反抗の）試図を排除し、無情にも踏みにじろうとした。

②殉死した一万余名は北門の近くの窪地に埋葬され

た（一九六四年に「萬人義塚」を整備して移葬）が、プラットフォームと何本ものレール（十軌道で二十本）で、殉死の現場と埋葬地の間を遮断した。

③機関車の到着、出発時の轟々たる音で殉死した先烈たちの心と魂を落着かせないようにした。

南原城北門は、東学農民軍とも関わりが深い。一八九四年十一月、金開南が北へ出発したあと、残った地元の東学農民軍は、雲峰（ウンボン＝旧・雲峰郡。現・南原市雲峰邑）の保守勢力が組織した民堡軍と戦って敗れた。十二月二十四日には南原城を包囲されて猛攻を受け、北門から散り散りに逃れた。この戦闘で接主（東学の地域指導者）八名を含む三十余名が射殺され、百余名が捕虜になった。金開南軍はすでに十二月九日、日朝連合軍に清州城で敗れていた。南原城のあとにも、いくつかの戦闘はあったが、全羅左道の「東学農民軍革命」は、南原城北門において実質的に終った。

日本が意図的に南原城北門を消したとすれば、それは丁酉再乱だけでなく、抵抗を続けた東学農民軍の記憶をも、南原住民の脳裏から消そうとしたのかも知れない。

コストも安全も無視

韓さんたちが、南原における全羅線のコース選定と駅舎の配置が意図的な陰謀であったとする理由は、「経済的にも、鉄道の安全面でも、合理的でない」からだ。

次ページの図面は、先に挙げた冊子に掲載されている。アルファベットの「D」の右側のカーブしている部分が旧全羅線。南原市街に食込み、南原城（下方の四角形）の西北角の内側を斜行、北門のあった場所にある駅舎（○印）を通ってさらに斜行し、西北にカーブして次の山城駅（左上○印）に至る。

「D」の左側の直線部分は、韓さんたちが「合理的」と考えた路線で、駅舎を三百メートルほど西南へ動かして城外に置き（長方形）、そこから直線状に北上して山城駅に至る。二〇〇四年に移転した新南原駅はこの地点よりもさらに西にあるが、新路線はそこからまっすぐに北上して山城駅を目指しており、韓さんたちが「合理的」と考えた案に沿っていると思われる。

旧路線は、誰が考えても分ることだが、距離がうんと伸びて、工事費がかかり、経済効率が悪い。しかし、それ以上に問題なのは地形であった。全州方面に向かう上り列車は、発車してまだ加速度がつかないうちに、急傾斜を登らなければならない。急傾斜が終ると、今度は急カーブが続く。この辺りは固い岩盤地帯で岩壁もあり、それを避けつつ線路を敷設しなければならなかった。

不合理なコース選定と駅舎の配置を示す図面

急傾斜に起因する事故は現実に起きた。一九七一年十月十三日午前六時四十分、修学旅行で群山（全羅北道西北端の港湾都市）へ行く南原小学校の六年生や一般乗客を乗せた上り普通列車（順天発ソウル龍山行き）が、南原駅を出発して一・五キロ地点の傾斜を登りきれず止まった。ブレーキをかけたが圧縮空気が漏れ、南原駅へ後退し始めた。南原駅ホームには、普通列車が出たあとに入った油槽貨物列車が止まっていた。

普通列車からの無電連絡を受けて油槽貨車を退避させようとしたが間に合わず、衝突した。修学旅行生が乗っていた八号車を含む三輌が脱線したが、八号車には前の車輌が食込むような形になり、小学生十六名を含む二十二名が死亡、三十数名が重軽傷を負った。当時の新聞報道は、事故原因を機関車の推進力やブレーキ操作に問題があったとしているようだが、韓秉鈺さんたちは南原城北門の存在を消し去るための、「ムリな線路コースが生んだ急傾斜」に事故の根本原因があるとみている。

丁酉再乱や東学農民戦争の現場であった南原城北門を消し去って、その上に建てられた旧南原駅は、もう一つの歴史の体験者でもあった。一九五〇年十月十五日、米軍機が旧南原駅と龍城館(由緒ある南原客舎＝迎賓館。現・龍城小学校)を爆撃、ともに焼失し、南原駅は六年後、現地に建て直された。五〇年六月二十五日、三八度線を越えて奇襲攻撃をかけた北朝鮮人民軍は、たちまちソウルを陥落させ、介入した米軍主体の国連軍も釜山まで追込まれた。国連軍は九月半ば、仁川上陸作戦を敢行、反攻に転じた。十月十五日といえば、人民軍はソウルを奪回され、すでに北へ敗走していた。米軍は逃げ遅れた人民軍が南原駅構内にいるとの情報により爆撃したようだが、人民軍はいなかった。

朝鮮戦争の前後、南原に近い智異山(チリサン)山中では、北朝鮮系のパルチザンが暗躍しており、米軍機の爆撃も、それと関連があったのかも知れない。智異山という特異な山については、次節で。

「旧南原駅については、語るべきことがあまりにも多くて…」と韓さんが言うのに、深く頷かざるを得なかった。

第二節　失われた根拠地

南原市山東面釜節里(プヂョルリ)に建つ「パンア峙戦闘地入口」の碑(写真)。碑文を読む。

後方の山は一八九四年の東学農民革命当時の南原パンア峙の戦闘地である。当時、金開南将軍が指揮していた全羅左道農民軍が北進したあと、金洪基、崔承雨接主らを中心に慶尚道方面に進出しようと、陰暦十一月十四日夜明けから十五日まで、ここで雲峰民堡軍と守城軍を相手に戦ったが、嶺南地方の支援を受けた朴鳳陽軍を退けることができず、数千名の犠牲者を出して再び南原城に退却した。ここはパンア峙と呼ばれる場所の入口にあたる。

二〇〇七年十一月十七日

東学農民革命参加者名誉回復審議委員会

東学農民革命南原記念事業会

パンア峙戦闘地入口の碑

二〇一六年十月八日、韓秉鈺(ハン・ビョンオク)さんに南原の東学遺跡を案内してもらった。その最後がパンア峙(チ＝峠の意)を望む山東面釜節里だった。パンア峙の入口はもう少し奥の方なのだが、そこまで行

くと山並みが見えなくなるので、この場所に「入口」の碑を建てた。因みにパンア(방아)は、臼や杵など穀物を搗く器具のことで、山容がそのどれかに似ていたのであろう。

背後の山並みは「白頭大幹」(ペクトゥテガン＝後述)の一部が西側に張出したパンア峙、観音峙、コナム山などの峰々である。この山並みを越えた向こう側の高地が、朴鳳陽(パク・ポンヤン)の根拠地・雲峰(ウンボン)である。南原の平原とは高度差三百五十メートル以上の高原だ。嶺南(ヨンナム)＝慶尚道進出をめざした南原の東学農民軍は、結局、この稜線を越えることができなかった。なお、雲峰は当時は郡であったが、現在は南原市に編入され、雲峰邑(邑＝ウプ＝は「町」に該当する行政区)になっている。

半島の背骨、白頭大幹

白頭大幹という魅力的な名称を持つ山脈は、北朝鮮と中国の国境の白頭山(二七四四メートル)に発して南へ下り、金剛山(クムガンサン)を越えて韓国に入り、雪嶽山(ソラクサン)、五臺山(オデサン)を経て太白山(テベクサン)に至って南西に向きを変え、小白山(ソベクサン)、俗離山(ソンニサン)、徳裕山(トギュサン)と続いて終点に智異山(チリサン。一九一五メートル。智異は通常「チイ」と読むが、なぜ「チリ」になったのかは分らない)が鎮座している。要するに、白頭大幹は朝鮮半島の背骨である。

智異山は雲峰の南に位置し、その東や南に慶尚道の咸陽(ハミャン)郡、山清(サンチョン)郡、河東(ハドン)郡がある。つまり、全羅道の南原は智異山によって慶尚道と隔てられている。南原から慶尚道に進出しようとすれば、まず雲峰郡を確保し、さらに智異山を自らの勢力圏内に留めておかなければならなかった。

朴鳳陽の民堡軍に敗れて雲峰を確保できなかったことは、南原農民軍が慶尚道進出の手がかりを失い、崩壊の道を辿ったというにとどまらず、東学農民軍全体の運命にも大きな影響を与えた。日朝連合軍に敗れた全琫準や金開南にとっても、後方の橋頭堡たりえた南原、再生を期して籠る場所たりえた母なる山・智異山(後述)を失ったのだから…。

南原農民軍と雲峰民堡軍の戦いの跡を、表暎三(ピョ・ヨンサム)氏『全羅左道南原地域の東学農民革命運動』、南原東学農民革命記念事業会編の『南原の東学と東学農民革命』(以下『南原の東学』)によって辿ろう。これらの論文は、『朴鳳陽経歴書』[*1]、『嶺上日記』[*2]、『梧下記聞』[*3]などに基づいている。

雲峰民堡軍の反乱

一八九四年六月、全州戦闘のあと朝鮮王朝と「全州和約」を結んだ東学農民軍は、全羅道一帯で「自治態勢」をとることになった(第三章参照)。全羅道を東西に分け、右道(西側)は全州に本拠を置く全琫準(チョン・ボンジュン)が、左道は南原に本拠を置く金開南(キム・ゲナム)が統括することになった。金開南は七月末、南原に入城した。

朴鳳陽(パク・ポンヤン)は雲峰の富豪地主であり、郡の下級役職にも就いていた。金開南が南原に入城すると、農民軍による銭穀、家財などの討索(あさり回って奪うこと)が頻発した。生産手段を持たない農民軍が数万も駐屯すれば、官庫を襲うか両班や富農から奪う以外に、食糧調達の道はなかった。次の決起に備えての備蓄も必要だった。金開南軍の場合、全琫準や孫化中の軍に比べて農民が少なく、賎民層の出身者が多かったから、略奪行為も荒っぽかったのかもしれない。

朴鳳陽は略奪を防ぐために、南原の北隣の長水(チャンス)郡の黄乃文(ファン・ネムン)接主にたのんで東学に入道し、東学徒が唱える「侍天主令我長生…」の呪文を暗記、経典も学んだ。しかし、入道者の財物も奪われることを知り、八月末には一族郎党数十名を集めて民保軍を組織し、農民軍に対抗することを決意した。九月初めには、南原の東学総本部である「大都会所(テドフェソ)」に脱会を通告した。

「朴鳳陽の背信」は、慶尚道への進出・席巻を至上課題としていた南原の東学農民軍にとって重大な事態であった。それはようやく東学に追随する者も出始めていた慶尚道の住民との間に、雲峰の保守勢力が立ちはだかり、途絶状態になることを意味した。

南原側では九月半ば、雲峰へ通じる道であったパンア峙の麓の山東面釜洞(プドン＝現・釜節里)に、雲峰との戦いに備えて蛟龍山城にあった大量の武器や火薬が運び込まれた。十月十五日には、釜洞の接主が雲峰の村を夜間に奇襲したが、小戦闘に終った。

この間に、雲峰の民堡軍は著しく増強された。東学の進出を恐れる慶尚道各地から銃などの武器の支援を受け、雲峰の新郡守・李義絅(イ・イギョン)からも強力な支持があった。当初、一族の数十名で発足した民堡軍は、小作人などを加えて五千名に達し、南原との境界の峰々の防衛に、十分な人数を配置できた。

十一月十一日、金開南は精鋭八千余(五千とも)を率いて北方の清州(チョンヂュ)、ソウルをめざして出発した。九月二十四日に、滞在していた任実(イムシル)の上耳庵(サンイアム)から南原に戻り、十月の全琫準の再決起の呼びかけにも同調せず、北進の準備をしてきた金開南にとっても「慶尚道席巻」は至上課題であったはずで、九月と十月の釜洞東学徒の動きは金開南も承知していた。慶尚道進出を、南原土着の東学農民軍に託して北へ向かう金開南の胸には、朝鮮王朝を倒す決意が込められていたのだろうか。

金開南の出発から間もない十一月二十一日、朴鳳陽の率いる雲峰民堡軍二千名は、ほとんど無人状態であった南原城を襲い、戦うことなく占領した。前雲峰郡守で、南原に住んでいた梁漢奎(ヤン・ハンギュ)らが、朴鳳陽に「農民軍が手薄ないまが好機だ」と知らせた。南原城が無人であったのは、主だった接主が各地へ食糧や軍需物資の調達に出かけていたからだろう。

南原の西南、潭陽(タミャン)の東学接主・南応三(ナム・ウンサム)は、金開南軍の物資調達の責任者である「典糧官」だった。金開南は北上にあたって「部下を率いて同行せよ」と命じたが、南応三は病気を理由に応じなかった。金開南なきあとの南原城を守る積りだった。前月末から、食糧などの軍需物資調達のために各地を回り、潭陽に帰ったところで朴鳳陽の南原城占領を知った。ただちに数百の農民軍を率いて南原に向かい、途中、泰仁(テイン)や任実の農民軍を合流させ、数千の規模になった。

農民軍が南原に向かって来ることを知った朴鳳陽は、占領四日目の十一月二十四日、逮捕した東学徒や奪った食糧を地元の役人に託して雲峰に引揚げた。南応三の残留は、この段階では南原城を守った。

パンア峙の戦い

南原農民軍と雲峰軍(守城軍と民堡軍)が、パンア峙で本格的に戦ったのは、十二月十日の丑の刻(午前二〜三時)から翌十一日の辰の刻(午前八〜九時)にかけてであった。前日から釜洞に布陣していた数千名の農民軍は、パンア峙めざして駆け登っていった。

雲峰軍は二千余名。慶尚道から持込まれた銃砲三百丁で武装し、いくつかの峰に配置されていた。駆け登って来る農民軍を、逃げるふりをして誘い込み、いきなり向きを変えて銃砲や弓矢で攻撃した。農民軍は奮闘したが雲峰軍の火力に圧倒された。

雲峰軍は上方から石を落す「石戦」も採用した。釜洞から雲峰にのぼる道は険しく、切立った崖に挟まれている。まるで崖が崩れるように石が降ってきた。農民軍側は石戦を予期し、石を防ぐための戸板を用意したというが、戸板が役立つはずもなく、犠牲者が続出した。

パンア峙は漢字で砧峙(침치＝チムチ)と書く。すぐ上方のパンハク山の山頂には、三国時代以前の古い石城があった。砧[*4](きぬた)は人が手を加えた石であり、雲峰軍がパンハク山城の城石を使った可能性が高い。さきに、パンア峙のパンアは、穀類を搗く道具のことで、山容が似ていたのではないかと書いたが、パンハク山のパンハクが変化したのではないかとの説もあるという。

パンア峙の戦いは、農民軍の敗北に終った。『南原と東学』は「この山の渓谷には、数百から数千の南原東学農民軍の屍が散らばっているか、あるいはどこかに埋められているはずだが、屍は誰かが運び出したのだろうか、それとも自然に帰ってしまったということだろうか」と書いている。

すさまじい略奪

十二月二十一日、またも南原から「城内は、いま手薄だ」との通報を受けた朴鳳陽は、民堡軍を南原近在の村に進出させた。長水の黄乃文・接主の率いる東学軍が駆けつけ、二十二日、雲峰軍を奇襲攻撃したが、反撃にあって敗れた。

いったん雲峰に帰って戦列を整えた朴鳳陽は二十四日、南原にとって返し、蓼川（ヨチョン）の川岸の林の中に軍勢を隠した。南原城内を砲撃させたあと、四千余の兵力で完全に包囲した。城内の農民軍はわずか八百余名だったといわれるが、東西南北の四つの城門を堅く閉ざし、城壁の上から銃撃や投石を繰返して雲峰軍の侵入を阻んだ。

夕刻が迫り、雲峰軍は城下の民家に火をつけたあと、城の西門と南門に火を放って城内に突入した。農民軍は北門に殺到、城外に逃げた。農民軍は三十名が射殺され、百余名が捕虜になったが、雲峰軍も五名の死者と多数の負傷者を出した。

城内に入った雲峰軍の略奪は凄まじかった。『駐韓日本公使館記録[*5]』には「日本軍討伐隊（第四章参照）が南原に着くと、東匪（農民軍）はすでに逃走した後であったが、城内の家々はすべて焼け、まともな家は一軒もなかった。雲峰民堡軍が火をつけたのだ。民堡軍は味噌、鍋、釜、その他一切の住民財産を奪った。南原には官米と軍糧米が多くあったが、朴鳳陽はこれも民堡軍にすべて奪わせた」（要旨）との記述がある。

南原城北門から辛うじて逃れた南原農民軍のリーダーたちは、四方に身を避けて命を繋いだが、朴鳳陽による討伐は執拗に続いた。南原の接主・金洪基(キム・ホンギ)は、翌一八九五年三月に入って逮捕され、南原市場(現在は広寒楼苑の敷地になっている)で処刑された。一部には、次節で触れる柳泰洪(ユ・テホン)のように、智異山に潜んで生き延び、東学の後身である天道教の地方幹部になり、解放後の朝鮮戦争まで体験した例もある。

朴鳳陽の南原での行状は、のちに日本軍が問題にして、朝鮮政府の裁判にかけられた。以下のような裁判記録が残っている(要旨)。

全羅道雲峰居住、前参謀官
被告朴鳳陽　年齢五十九歳
朴鳳陽は湖南東学党が暴れていた時に雲峰などの討匪参謀官として南原などに駐留したが、被告の管轄する軍兵が民の財産を略奪した。捕えて尋問したところ、被告が略奪を禁止しなかった証拠が明らかになった。
大明律・軍政編の「軍人の略奪は管轄する頭目の取締りが厳重でない故である」との条文に照らして、処罰する。
被告朴鳳陽を杖刑六十回に処する。
開国五百四(一八九五)年三月
法務衙門臨時裁判所

法務衙門大臣　徐光範
（以下五人の裁判官を列挙）
会審
京城駐在日本帝国領事　内田定槌

略奪の監督責任が問われただけで、杖刑六十回（実際に執行されたのかどうか）で釈放された。いま、南原市雲峰邑西川里には、朴鳳陽将軍の「甲午討匪事跡碑」なるものが建っている。

母なる智異山

さて、智異山に戻ろう。この山をなぜ「オモニ山＝母なる山」と呼ぶのか。

二〇一六年十月六日、南原観光団地の一角のカフェで韓秉鈺さんの話を聞いているとき、朝鮮戦争当時の米軍機による旧南原駅爆撃が話題になった（前節参照）。国連軍の反撃で、逃げ場を失った北朝鮮人民軍の一部は智異山に籠った。筆者が「麗水・順天事件[*6]」などを思い起し、「いつでも敗者は智異山に逃げ込むんですね」と訊くと、小坪典子さんが「南原では、智異山にさえ入れば生きてゆける、と言われているんです」と答えた。

韓秉鈺さんたちの編んだ『南原の東学』の、南原農民軍の敗北と崩壊をえがく章のタイトルは「지리산 품속에 잠든다＝智異山のふところに眠る」である。すべての者をふところに抱く山。

以下は京郷新聞のチョン・ギユン記者の記事「我が山の人文学」からの抜粋（大意）である。

智異山は、主峰・天王峰(チョヌァンボン)を中心に、百を超える峰々からなる。丸みを帯びた、ゆったりとした山容から、豊かでふくよかな母を思い浮べることができるが、天王峰の頂上には、昔から聖母像をまつる祠堂があり、周辺の住民は智異山を「神聖な母の山」として崇拝してきた。

智異山が「オモニ山」であることは、金剛山(クムガンサン)と比べてみればよく分る。金剛山は天下の名山だが岩山であり、人々が村をつくって住むような山ではない。一方、土山である智異山は、自然条件にも恵まれて、多様な動植物が育った。肥沃な耕地と豊富な水のおかげで、数百年も前から人々が住みつくことができた。現在も山域には、五百余りの自然村があり、約四万七千名が住んでいて、韓国の山地では最も人口が多い。

谷間が深い智異山は、隠れて生きる逃避の土地であると同時に、世の中の変革をめざす抵抗勢力の拠点だった。十七世紀以降、朝鮮の政局が混乱して数々の反乱が起きたが、敗者が身を避けたのは智異山だった。さらに、東学が慶尚南道の西部地域に広がっていく根拠地にもなった。

智異山は二十世紀の帝国主義列強の対立が生んだ朝鮮戦争前後の歴史的過程で、民衆の抵抗、パルチザン活動の現場になった。

『南原の東学』は、南原東学軍の崩壊について、以下のように総括している。

全琫準が牛禁峙で敗れ、金開南が清州城で敗れたあと、後方の橋頭堡として、最も希望がもてたのは南原であった。しかし、パンア峙に続いて南原城でも敗れた農民軍は、後方の橋頭堡を事実上、失ってしまった。昔から、行詰った人が最後に頼ることのできる唯一の場所はオモニ山＝

智異山であった。しかし、南原城敗戦のあと、雲峰によって智異山と隔てられてしまったため、農民軍は唯一最後の隠身地まで絶たれてしまった。

さまざまな因果関係があったとはいえ、金開南であれ全琫準であれ、南原または智異山に隠身することができないままに逮捕されたのは、このような状況が下敷きになったと、みることができる。


『南原の東学』は、牛禁峙、清州城、パンア峙の敗戦について「止むを得ないことであり、戦いには一定の意味があった」と認めながらも、すべて無謀な戦いであったと指摘している。前の二つは王朝軍の戦力だけを見て日本軍の戦力を見ず、後者は雲峰民堡軍の戦力だけを見て、慶尚道による支援の大きさを考慮しなかったと。

記述には悔しさがにじむ。三つの戦闘は避けられなかっただろうし、南原と智異山が確保されていたとしても、金開南や全琫準がそこに入って抵抗を続け、再起を図ったかどうかは分らない。しかし、あり得たかも知れないわずかな可能性が、南原農民軍の敗北によって失われたことへの悔しさは、よく分る。

＊1 **朴鳳陽経歴書**　東学農民戦争が終ったあと、朴鳳陽は南原城戦闘の際に西門と南門を焼いたことに対する罪を問われた。そこで彼は自分の功績を列挙して官に提出し、罪を軽くしようとした。自画自賛の

面はあるにせよ、南原における農民戦争の貴重な記録にもなっている。

＊2 **嶺上日記**　南原の儒学者・金在洪（キム・ヂェホン）が残した一八九二年から一八九五年にかけての詳細な日常記録。

＊3 **梧下記聞**　全羅南道の光陽出身の黄玹（ファン・ヒョン、号は梅泉）が残した記録。一八六四年から一九〇七年までの出来事を月日別に記したもので、甲午農民戦争の全過程も詳細克明に記録されている。情報収集手段が限られていた時代に、どのようにして取材したのか、興味が持たれる。
科挙に合格したが仕官せず帰郷、求礼に住んで詩作と歴史記述に励んだ。一九一〇年、日本の韓国併合に抗議して自決した。

＊4 **砧**　石の台の上に半乾きの布を乗せて木槌や棒でたたき、皺をのばす。石の台のことをいう場合と、木槌や棒とセットでいう場合があるようだ。朝鮮では、アイロンが普及するまでは一般的に使われた。夜になると、どこかの家から砧を打つ、郷愁をそそるような音が聞こえてきたという。在日の作家・李恢成の『砧を打つ女』は、朝鮮から渡って来た母の生涯を描いた作品で、芥川賞を受賞した。

＊5 **駐韓日本公使館記録**　一九四五年の日本敗戦時に、本来なら処分されるはずであった公使館時代（一八九四〜一九〇六年）の文書が韓国に残された。日本政府が公表を前提にしていなかった多くの機密文書が含まれていた。文書は、韓国国史編纂委員会によって一九八六年から公刊され（全二十八巻）、ネット上に公開されている。現在、国会図書館などにあるのは復刻版四十巻である。

＊6 **麗水・順天（ヨス・スンチョン）事件**　大韓民国が建国された一九四八年、南朝鮮労働党（共産党）は、

各地の部隊に工作員を浸透させ、反乱の機会を窺っていた。十月十九日、四月に済州島で起きた事件(済州四・三事件)の鎮圧出動命令が下った麗水駐屯部隊で、隊内の南労党員が反乱を扇動、隊員が呼応して部隊ぐるみの反乱となった。反乱は麗水から隣の順天にまで及んだ。

李承晩大統領は鎮圧部隊を投入、一週間後に反乱は一応、鎮圧された。しかし、残兵は北部の智異山山中へ逃げ込み、十年間もゲリラとして抵抗、一九五七年になってようやく完全鎮圧された。事件後の韓国政府の左翼勢力摘発は過酷を極め、反乱部隊に加えて、非武装の民間人も八千名が殺害されたという。

第三節　すべてを見た人

二〇一六年十月八日の南原に戻る。韓秉鈺(ハン・ビョンオク)さんに東学遺跡を四時間近くも案内してもらい、最後に小雨に煙るパンア峙を遠望した。南原市街に戻る途中、韓さんがタクシーを止めさせ、左側の窓を開けた。石碑があり、「東学農民革命遺跡地　柳泰洪の墓入口」と刻まれていた(次ページ写真)。どういう人なのか、さほど気にも留めず、小雨が降っていたせいもあって、外へは出ずに座席から写真を撮った。タクシーが動き出してから、韓さんがさりげなく言った。

近・現代史の体現者

「柳泰洪(ユ・テホン。柳は류「リュ」だが語頭では「ユ」に変化する)は東学農民革命に参加したあと、独立運動にも携わり、解放後、朝鮮戦争のときまで生きていたんですが、独立した朝鮮が南北に分れて争うのに絶望して、若い時から書溜めてきた日記をすべて焼いてしまったんです」。

東学農民革命から朝鮮戦争に至る、韓国近・現代史の体現者。タクシーが石碑の前で止まっているときにこの話を聞いたら、降りて墓所まで行ったのに…、と残念だった。しかし、柳泰洪については日本に帰って調べれば分るだろうと思って、韓さんに質問はしなかった。金松伊さんが「残念なことでしたね」ともらした。それは、貴重な歴史的証言が失われたことに対してよりも、柳泰洪の無念を思いやってのことのように聞こえた。

「東学農民革命遺跡地　柳泰洪の墓入口」と刻まれた石碑

帰国後に、南原で韓秉鈺さんにもらった『南原の東学』を読んでいると、初期の南原東学の状況を書いた中に、次のような文章があった。

一八九二年冬、教祖・崔済愚(チェ・ヂェウ)の伸冤(シンウォン=恨みを晴らす)と官吏・土豪の(苛政や収奪の)改善要求のため、参礼(サムネ=全州北方)で集会が開かれた。[*1] 南原の道人も数百名が参加した。指導者の徐丙鶴(ソ・ビョンハク)が全羅監営の営将・金始豊(キム・シプン)宛の訴状の伝達者を探していると、(弾圧を恐れてためらう者が多い中で)全羅右道からは全琫準が、全羅左道からは柳泰洪が自願して、伝達した。

どこかで読んだことのある話だと思い、三年前に筆者が書いた「全羅の野を行く」の旧版をとり出してページをめくると、参礼集会について「この時、官史の圧迫が厳しいことによって訴状を告呈する者がなく躊躇彷徨中に、右道に全琫準、左道に柳泰洪が自願して観察府(監営)に訴状を提出した」との趙景達氏の『異端の民衆反乱』から引用した記述があった。全琫準の、東学史の舞台への登場のエピソードとして書いたため、柳泰洪の名前は記憶に残っていなかった。参礼集会当時、柳泰洪は二十六歳だった。

柳泰洪のことを調べるために、ネット検索を繰返した。東学入道、農民戦争参加、生き延びて智異山などでの逃亡生活、天道教入道、三・一独立運動での活躍と逮捕・投獄、解放後の建国準備委員会(後出)との関わりなど、詳細に知ることができた。しかし、晩年の日記焼却に触れた資料はなかった。

韓秉鈺さんに教えてもらうほかないな、と思って手紙を書いた(第五節参照)。韓さんの返事は、率直なものだった。

柳泰洪先生について私が高橋兄以上に知っていることは、ほとんどありません。ただ、柳泰洪先生の曾孫の柳ユングンさんは六十歳代の方で、天道教の仕事をされており、私とは有機的な関係(韓国では、よく使われる表現らしい)です。その曾孫に直接聞いた話です。

先生(柳泰洪)は解放(一九四五・八・一五)とともに建国準備委員会と連動し、南原の委員長として意義のある仕事を担当されましたが、その後に韓半島は左翼、右翼、米国とソ連の国益対立、冷戦に巻込まれました。全民衆がともに戦っても困難な時期なのに、民族が分裂し、血族が血を流さざるを得ない状況の悲痛さに、老年の激しい感情を抑えることができず、その結果、大いに誤ったことをされた——と聞きました。

日記については、曾孫の柳ユングンさんの話以外に確認できる手だてがありません。

韓秉鈺さんは、日記焼却の事実確認ができないからといって、焼却に疑念を持つのは、「先賢を冒涜することにつながるので、信じることにしました」と書き、資料として尹ヨングン・崔ウォンシク編著『南原抗日運動史』のコピーを送ってくれた。その第七章「南原の独立闘士」の柳泰洪の項には、次のように書かれていた。

柳泰洪は東学に賛同し倭敵と闘いを始めたときから、抗日闘争日記を書き始めた。だが、日帝支配が極度に達したとき、日記を壺に入れて土中に埋め、保管した。

解放後に日記をとり出したが、それを燃やしてしまった。祖国は解放されたが南北に分断され、同族が相争い殺し合う「民族相残」の悲劇が続いているのに、これが必要とされるのかと、大切にしてきた闘争日記を痛嘆しつつ焼捨ててしまった。

南原城からの脱出

日記焼却の詳細は確認できない。しかし、二十歳の東学入道以来、六十余年の民族独立への苦闘の日々を想えば、柳泰洪の無念は察するに難くない。彼の生涯で、最も苛酷な時期は一八九四年十二月二十四日の南原城敗戦からの数年間であったろう。以下は李炳圭(イ・ビョンギュ)氏の『南原地域土着東学農民軍の活動~金洪基と柳泰洪を中心に』などによる。

柳泰洪は雲峰軍の包囲をかいくぐって南原城脱出に成功し、五百名ほどの兵を集めて順天(スンチョン)をめざした。順天方面では嶺湖大都所(ヨンホ・テドソ)の大接主・金仁培(キム・インベ)が日朝連合軍と戦っていた。

嶺湖大都所の「嶺」は嶺南(ヨンナム)=慶尚道のことであり、「湖」は両湖(ヤンホ)=全羅道のことである。金開南の南原入城から時をおかず、順天に嶺湖大都所が設けられ、大接主として金仁培が派遣された。金開南の南原大都会所が管轄する全羅左道が、北の錦山(クムサン)、茂朱(ムジュ)から南の光陽(クァンヤン)、麗水(ヨス)などに至るまで、一括統治するには広域すぎるため、分割を図ったともみられるが、真のねらいは慶尚道南部の河東(ハドン)や晋州(チンヂュ)攻略の、拠点づくりにあった。

嶺湖大都所の設置と金仁培の派遣が金開南の発案なのか、全琫準との合意に基づく、南原入城以前からの方針であったのかは分らないが、金仁培には、独自の作戦立案、戦闘行動が認められていたようである

金仁培軍は、一八九四年九月末から蟾津江(ソムヂンガン)を渡った慶尚道南部を攻撃し、一帯を掌握したが、十一月末、河東、晋州方面で日朝連合軍に敗れ、光陽に退却した。十二月中旬には、麗水の全羅左水営を連続攻撃したが、三度目の攻撃を仕掛けた十六日、農民軍は日本軍と朝鮮官軍に挟撃

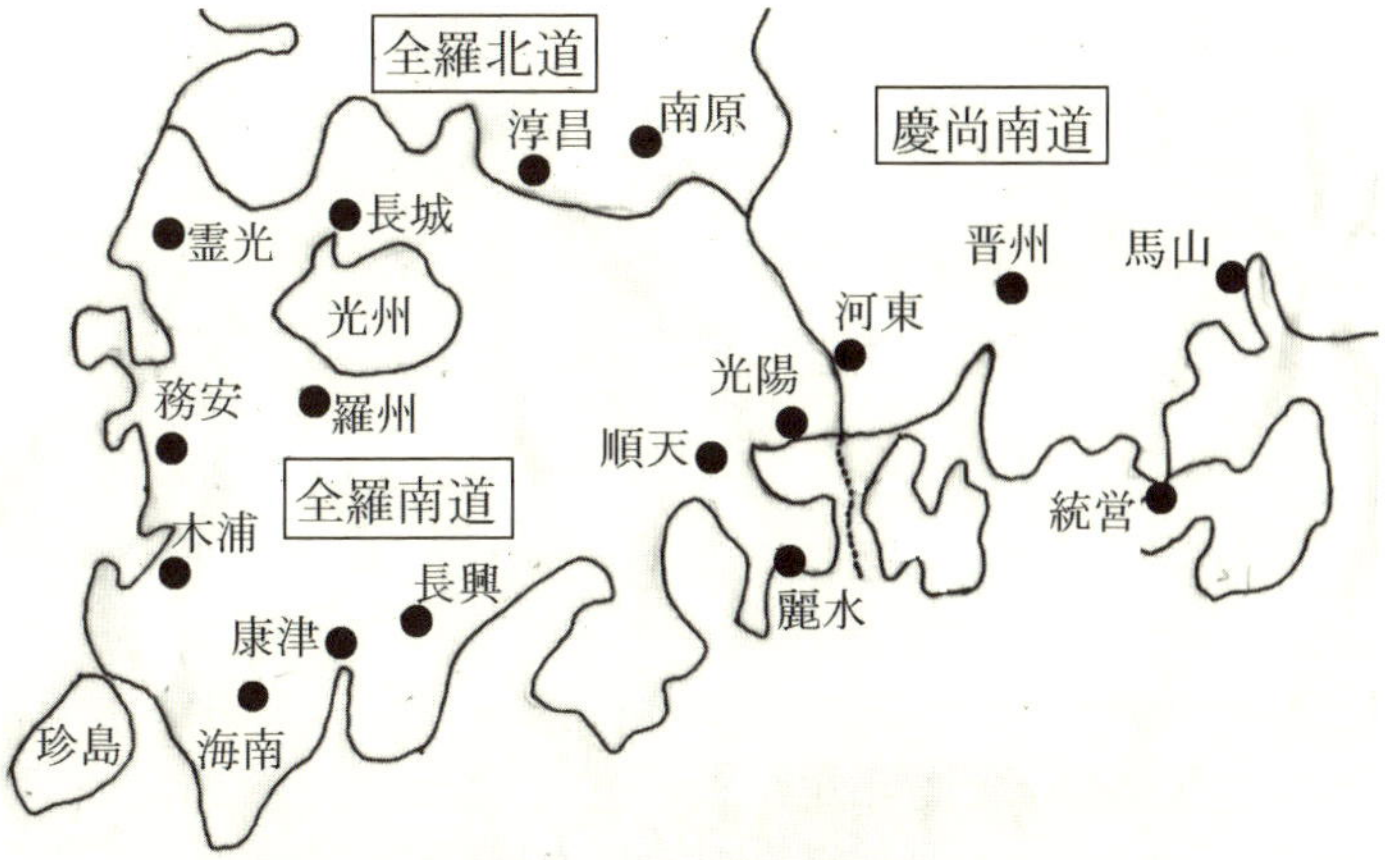

されて敗れ、左水営占領に失敗した。

　これを機に、嶺湖大都所は急速に力を失い、翌一八九五年一月、金仁培と彼を補佐する劉夏徳(ユ・ハドク)は捕えられて梟首(斬首のうえ、さらし首)され、同時に捕えられた農民軍九十余人は銃殺された[*2]。

　以上から明らかなように、南原城を脱出した柳泰洪が、五百名を率いて順天に向かった十二月二十四日には、嶺湖大都所軍はすでに全羅左水営の戦闘に敗れてバラバラになり、金仁培自身も追われる身となっていた。

　柳泰洪の軍(軍といえるような形態を保っていたかどうか)も順天の民堡軍の攻撃を受けて敗れ(一説には金仁培軍の敗戦を知って、戦う前に)解散した。「流離乞食(ユリコルシク)」として、母なる山・智異山に隠れ住んで生き延びるほかなかった。

　公州・牛禁峙(ウグムチ)で全琫準軍が敗れ、清州城で金開南軍が敗れたあとも南部で奮闘してきた金仁培軍が敗れたことによって、東学農民軍の戦いはほぼ終結した。一八九五年秋、「東学残党」に対する討伐・弾圧が一段落したころ、柳泰洪は故郷・南原に帰ってきた。そのときに逮捕され、最初の獄苦を味わったとする資料もあるが、確認できない。その後、やはり南原に戻ってきていた東学道人たちと連絡をとり、ひそかに布教を再開した。

南原天道教と三・一運動

時は流れ、一九〇五年末には東学第三代教祖・孫秉熙(ソン・ビョンヒ＝一八九八年七月に刑死した第二代教祖・崔時亨のあとを継いだ)によって天道教が創立され、柳泰洪は南原教区の教区長になった。この間の東学の歩みは複雑だが、経過の概略を辿っておく(詳細は終章に)。

日本の影響力強化に伴って現れた文明開化を目にした孫秉熙は親日の度を深め、一九〇一年に日本に亡命した。一九〇四年に日露戦争が始まると、日本軍に積極的に協力し、在韓の腹心・李容九(イ・ヨング)に親日団体「進歩会」(のちの一進会)を組織させた。

一九〇五年、韓国の外交権を奪う第二次日韓協約締結を前に、「一進会会長・李容九」の名で日本の保護を求める宣言書が出された。世論の批判が東学に向かうことを恐れた孫秉熙は、東学の衣替えをはかって天道教を創設した。

柳泰洪は、天道教南原教区長に就く前から、中央の動きに対応した進歩会支部としての活動など、親日的開化運動の一端を担ったと思われる。しかし、南原の天道教徒は中央本部の路線に同調しない面もあったという。

漢城大学のチョ・ギュデ教授の『東学農民運動以後の南原出身東学人と天道教の活動』によると、「三

・一独立運動[*3]」よりあとの一九二三年三月のことだが、南原の天道教徒は「甲午(一八九四年)以来の殉教人慰霊式」を挙行した。これは東学農民革命当時の「平等・後天開闢(のちの世に素晴らしい世界が開かれる)・反外国勢力」という思想を守ろうとしたものだという。一九二七年には、急進的な抗日団体「新幹会」の支部である「南原新幹会」も結成された。こうした南原天道教の社会変革的・民族的性格は、柳泰洪の影響が大きいようだ。

話が後先になってしまったが、一九一九年、孫秉熙らが主導した三・一独立運動に際して、柳泰洪はめざましい活躍を見せた。柳泰洪は天道教のルートでソウルの動向を把握しており、迅速に対応した。ソウルのパゴダ公園(現・タプコル公園)で「独立万歳」が叫ばれた翌日の三月二日午前九時ごろ、教徒の李起元(イ・ギウォン)が、任実郡獒樹(オス)の天道教伝道師・李起東(イ・ギドン)から受取った「独立宣言書」数十枚を運んできた。

柳泰洪は長男の柳錫(ユ・ソク)、教徒の金性在(キム・ソンヂェ)、崔炳鉉(チェ・ビョンヒョン)ら数名を集めて宣言書の内容、ソウルの状況を話し、郡内の要所に独立宣言書を貼り出すよう指示した。柳錫らは夜のうちに、光州地方法院南原支庁など、公共機関九ヵ所の掲示板に独立宣言書を貼り出した。

同夜、柳泰洪らは以前から連絡場所として使っていた教徒の李某の家で、その後の行動計画を話合っていた。日本の憲兵数名に踏み込まれたが、柳泰洪は泰然として「宣言書を貼り出したのは、私たち親子だ」と名乗って手錠を拒否、柳錫とともに憲兵らの先頭に立って歩き出したという。

四月八日、光州地方法院南原支庁において検事役の朝鮮総督府警視・安武基熊の関与の下に、判事・岡崎隆が下した判決は次の通りであった。

南原郡二白面藍鶏里　農業
柳泰洪　五十三歳　懲役一年
南原郡二白面藍鶏里　農業
柳錫　三十歳　懲役三月
南原郡山内面大井里　農業
金性在　四十六歳　懲役三月

「罪状」は「不穏文書を貼り出して民衆を極度に困惑させ、治安を妨害した」というものであった。

出獄後、警察の監視の下で、民衆に民族自決や抗日独立を語りかけながらも暗鬱な日々を送っていた柳泰洪に、一九四五年八月十五日、解放の日が訪れた。

その日のうちに独立国家への動きがスタート、呂運亨(ヨ・ウニョン)らは、朝鮮総督府からの政権委譲の受皿として、「朝鮮建国準備委員会」を結成した。『南原抗日運動史』には、「南原郡民は柳泰洪を南原郡建国委員長に推戴し、柳泰洪は行政の空白を埋めた」とある。しかし柳泰洪は、一ヵ月で委員長職を投出した。柳泰洪の日記焼却についての韓秉鈺さんの手紙にあったとおり、祖国分断の現実と左右両翼の果てしない論争が彼を苦しめた結果だった。

建国準備委員会は九月六日、「朝鮮人民共和国」の建国を宣言した。しかし、米国とソ連は朝鮮人が自主的に建てた政府を認めず、南北は分断され、南では米国による「軍政」が始った。

『宗理院史附東学史』という、南原東学の沿革を記した資料がある。柳泰洪の口述をもとに、弟子の南原郡主任宗理師・崔炳鉉が書いたもので、一九二六年に南原郡宗理院（チョンニウォン＝天道教の宗務所）が刊行した。「南原郡宗理院」「南原郡東学史」「殉教略歴」からなる。「南原郡東学史」は一八六一年に教祖・崔済愚が南原に入ったときのいきさつに始まり、一八九二年の教祖伸寃の参礼集会の内容、一八九四年の金開南の南原入り、全琫準との関係などが詳細に語られているという（筆者はもちろん未読）。南原と東学に関する論文には、必ずと言ってよいほど、引用される。

すべてを見た人・柳泰洪は、日記に代る貴重な歴史の証言を残して逝った。朝鮮戦争さなかの一九五〇年十月十日。八十四歳だった。

＊1 **教祖伸冤**　教祖・崔済愚が処刑されたのちも東学徒は増え続け、弾圧は激化した。東学幹部は一八九二年十二月初旬、忠清道の公州で教祖の無実の罪を雪ぎ、布教の自由を求める集会＝「公州集会」を開いた。全羅観察使・李耕稙（イ・ギョンジク）の「東学徒への官吏の暴虐を禁じる」旨の甘結（下部への通達）を獲得した。

この成果を全羅道にも及ぼそうと、徐丙鶴が第二代教祖・崔時亨を説得して開いたのが、十日間にわたる「参礼集会」だった。しかし、その後も観察使の通達は守られず、弾圧が続いた。

＊2 **左水営の戦闘と処刑**　朝鮮水軍は慶尚道と全羅道に「節度使」駐屯基地を持ち、全羅道の基地は麗水の左水営と海南の右水営に分れていた。左水営の戦闘についての日本側の記録によると、左水営の長が日本軍艦「筑波」に援軍を要請、「筑波」は陸戦隊を上陸させて農民軍を撃退した。
　金仁培らの処刑については、執行者を「官吏と府民」とする、後備歩兵第十連隊第一大隊の第四中隊長・鈴木安民大尉の報告がある。第七章第二節を参照。

＊3 **三・一独立運動**　東京の朝鮮人留学生たちが一九一九年二月八日、「独立宣言書」を採択した。これに呼応した朝鮮の天道教、キリスト教、仏教の指導者三十三名が、三月三日の大韓帝国皇帝・高宗の国葬に向けて行動を計画した。天道教からは孫秉熙ら十五名が参画した。
　宗教指導者らは、独自の「独立宣言書」を採択、三月一日にソウル中心部のパゴダ公園(現・タプコル公園)に集まって宣言書を読上げることを決め、宣言書は印刷を終え、ソウル市内に配布するとともに、地方にも発送されていた。

　ところが、混乱を恐れた宗教指導者らは、前夜になって予定を変更、市内の旅館で宣言を朗読したあと朝鮮総督府に連絡して逮捕される道を選んだ。

　一方、パゴダ公園に集まっていた数千名の学生は、独立を宣言したあと、「独立万歳」を叫びながら行進、市民も合流して、深夜までデモが続いた。以後、運動は朝鮮全土に広がり、四月まで示威行動が展開された。

第四節　荒ぶる金開南

一八九五年四月二十四日未明、全琫準（チョン・ボンヂュン）、金徳明（キム・ドンミョン）、孫化中（ソン・ファヂュン）、崔景善（チェ・ギョンソン）の絞首刑が、ソウルの義禁府において執行された。ちょうど一年前、古阜の白山に集って「輔国安民」「除暴救民」を誓い、決起した東学農民軍最高幹部のうち、金開南（キム・ゲナム）だけがその場にいなかった。

一八九四年十二月、全琫準軍とは別行動をとり、清州（チョンヂュ）城で日朝連合軍に敗れた金開南は、故郷の泰仁（テイン）に潜んでいたが、翌年二月二十七日、密告によって逮捕され、全州に連行された。本来、ソウルに移送されるべきであったが、全羅監司・李道宰（イ・ドヂェ）の独断により、裁判もないまま二十九日に斬首され、四十二年の苛烈な一生を閉じた。李道宰は、ソウル移送の途次、金開南が脱走などの面倒な事態を起すことを恐れたという。

金開南

『梧下記聞』が記録する金開南の処刑のさまは、凄まじい。斬首のうえ腹を割き、内臓を取出した。並はずれて大きく、甕からあふれるほどの内臓を、金開南に恨みを持つ者たちが争って噛んだという。それだけでは足りず、肉を分けて持帰り、先祖の法事の供物にしたともいう。

一八九四年十一月十一日、南原を発って北進を始めた金開南は、十三日に道都・全州に入った。途中、新院(シノォン)というところで出くわした順天(スンチョン)府使・李秀弘(イ・スホン)と古阜(コブ)郡守・梁弼煥(ヤン・ピルファン)を全州へ連行し、監禁した。順天府使は三千両を払って解放されたが、古阜郡守は抵抗したために杖刑を受け、「杖毒」で死んだ。

翌十四日には、南原府使に任命されて赴任する李龍憲(イ・ヨンホン)がソウルから全州に下って来ているのを知り、逮捕した。李龍憲は南原に人を送って金開南なき南原城の奪取をそそのかす一方、雲峰(ウンボン)の朴鳳陽(パク・ポンヤン)のもとへも人を送り、農民軍の討伐を企んだ。金開南の追及をかわし続ける李龍憲の襟元から、一枚の紙片が落ちた。国王からの東学軍討伐任命書だった。金開南は李龍憲を斬った。

全州には当時、前全羅監司・金鶴鎮(キム・ハクチン)が農民軍の運糧官となって残っており、全琫準軍の補給任務にあたっていた。金開南は金鶴鎮に対して尊大な態度をとり、冬服一千着を用意するように命じた。金鶴鎮が拒むと、金開南は大いに罵倒したという。

こうした金開南の荒っぽい行動もさることながら、恨みを買ったのは官庫から武器や税米を奪っただけでなく、地主、富農、土豪からの食糧や物資の徴収や略奪であった。生産手段を持たない農民軍が食ってゆくためには、奪うしかなかった。ソウルへの進撃=北進に備えての備蓄も必要だった。農民軍として行なう組織的な調達に加えて、暴行を伴う私的な略奪もあった。その点は、全琫準軍でも同様だが、金開南軍の場合、農民よりも下層の出身者が多く、手荒い面があった。

表暎三(ピョ・ヨンサム)氏は『南原地域の東学革命運動』の中で、農民軍の武器と食糧の調達について、次のように書いている。

武器は兵器庫をたたけば獲得できるが、食糧を確保するのは容易ではなかった。まず、刈入れが終らなければどうにもならないし、強制的に徴収しなければならなかった。例えば五千人を二ヵ月間食べさせようとすると、一日一人当り七百グラムとしても二百余トンが必要だ。

金開南は軍需物資調達の適任者として潭陽（タミャン）接主の南応三（ナム・ウンサム）を典糧官に選んだ。南応三は、各郡・県に対して（実にこまごまとしたものまで＝筆者）一定量を割当てた。結（課税のための土地の面積単位）当り米七斗、毎戸当り馬餌の豆一升ずつ。鶏籠、綱、秸褙子（藁の背当て？）、火薬、廂車（戦闘用の車付きの竹籠？）をつくるのに使う青竹、わらじ、皮麻、骨麻（皮をむいた麻の茎）、稲わら、木板などなど。

北進に備え強制徴収

一八九四年十月に入ると、北進の準備に拍車がかかる。南原在住の儒者・金在洪（キム・チェホン）の『嶺上日記』によると、官からの大同木（テドンモク＝税として納めさせる綿布）に加え、民間からも公銭と「結」ごとの田税米十斗ずつを納めさせた。四十八坊（坊は行政の末端単位）が納めた米は、何百石にのぼるのか、見当もつかないほどだった。『駐韓日本公使館記録』にも、十月半ばに獒樹（オス）の察訪（役職名）や綾州（ヌンヂュ）の牧使（地方長官）から「南原大都会所の命令だとして、大量の米、綿布、銅銭が奪い去られた」との報告があったと記されている。

これらのものを割当てどおりに完納させるには、荒っぽい強制力も必要であった。当時、全羅左道で強く抵抗したのは雲峰郡だけだったというが、各地で不満や怒りが鬱積していたはずである。

では、金開南は「暴虐一途」の人だったのだろうか。韓秉鈺さんは「剛直だが融通の利かない原則主義者だったのではないか」という。

南原に入った金開南は、まず、民衆から搾取してきた郡の役人、儒者、土豪たちに財産を返還させた。地主には土地を農民に返させたが、その際、農民の代表を選んでまとめて返還し、公平に分配させた。奴婢を解放し寡婦には再婚を許した。これらは、東学農民軍による「自治」が行なわれた地域に共通する政策だったが、南原の東学本部であった「大都会所」支配下の貧民、賤民たちは、金開南を救世主として仰いだという。

一方、雲峰の大地主・朴鳳陽は、土地返還や掠奪を免れようと、東学に入道した(先述)。しかし金開南は「農民から奪ったものは農民に返す」という原則を曲げず、例外を認めなかった。朴鳳陽は東学を脱会し、南原の農民軍は「背信者」の配下の雲峰民堡軍によって駆逐されるという結果を招いた。

金開南は一八九四年八月十七日、配下の農民軍を解散、百名ほどを連れて南原を去り、任実(イムシル)の上耳庵(サンイアム)というところへ移った。

この任実移転には、「南原大会」(後述)を巡る複雑な事情が絡んでいたようだが、表暎三氏はこれを「金開南の、住民に対する配慮の現れであった」としている。南原地方は七月から深刻な日照りが続き、川は乾き穀物は枯れた。南原に数千の軍を留めれば住民に迷惑をかける、と金開南は判断し、荒っぽいだけではない一面を見せた。

南原大会の「対立」

金開南についての筆者のイメージは、「反体制・革命派」である。朝鮮王朝を倒すことが目標であり、あるとき、本名の永疇(ヨンヂュ)を開南と改名したのは「南朝鮮に新しい王国を開く」という意味であったという説がある。*1　一方、全琫準は「尊王愛国」であり、革命を志向していなかった。*2　その違いが表面化したのが「南原大会」だった。

『梧下記聞』の七月(陽暦八月)の条に「是月望間、琫準開南等、大会于南原、衆数萬人」とあり、続けて「京師の乱を聞き及んだ金鶴鎮が宋司馬(司馬は官名)に書を持たせて南原に行かせ云々」と書かれている。「八月十五日(陽暦)に全琫準、金開南らが南原で大会を開き、数万名が集まった。日本軍の王宮占拠(七月二十三日)を聞いた全羅監司・金鶴鎮は、南原にいた全琫準と金開南に、国難にどう対処するか話し合おうと呼びかけた」というのだ。

数万の農民軍を集めた南原大会が、何のために開かれたのか、現在でも定説がない。ソウル攻略をめざす金開南が、北進への「決起集会」として開いたというのが大方の見方のようであり、「抗日決起は時期尚早」とする全琫準が南原を訪れ、金開南を説得した――という筋書だ。しかし、全琫準を含む接主たちが話し合って開催を決めたとする資料もある。

大会開催の翌日、八月十六日に全羅監司・金鶴鎮からの要請があり、全琫準は全州行きを決めた。十七日、大会参加者はそれぞれの地元へ帰り、金開南も配下の軍を解散した。自らは少数を率いて全琫準とともに出発したが、途中、全州行きを拒否して任実の上耳庵に入った。

ここに至るまでに、全琫準は八月二日に南原に来て金開南と話し合い(『南原東学史』は「或争或議」と表現している)、六日には全州に帰って金鶴鎮と会談、九日に再び南原にやって来ている。当時、全琫準は自治機構としての執綱所(チプカンソ)のあり方、治安の維持、農民軍の武器返納、日本軍への対応などを金鶴鎮と協義していたが、金開南とは意見の相違があり、調整に苦労していた。金開南は特に、農民軍と朝鮮王朝の代表である全羅監司・金鶴鎮が手を携えて事にあたる「官民相和」の執綱所体制には強硬に反対していた(『東学農民革命一〇〇年』)。

金開南配下の農民軍解散と任実行きについて、韓秉鈺さんは次のように推測する。

①全羅監司・金鶴鎮と会談することについて、全琫準と金開南のあいだで意見の相違があった。

②北進についても(全琫準の慎重論が通った結果)金開南が南原に留まって準備を進める大義名分がなくなった。

③ひどい干ばつで、南原地域内に多数の農民軍を留めることができず、各地に分散させる必要があった。

筆者は①に注目する。金開南は、全琫準が金鶴鎮と会談を重ねてつくりあげてきた、執綱所を中心とする「官民相和」の体制に反対であった。三者会談を開けば、ますます「官」との融合が進み、北進の道を閉ざされると思ったのではないか。

全琫準は八月十七日、全州における金鶴鎮との二者会談で①「一死報国」の一念をもって、ともに国難に対処する②清国と戦っている日本軍の戦力は侮れず、当面、情勢を見守る③全羅道の軍事指揮権を全琫準に委ね、日本の介入を招かないよう、平穏を保つ――などで合意、農民軍が主導権を持った形で執綱所体制をスタートさせた。

大院君の工作

金開南が「反体制・革命派」であることは、大院君*3(テウォングン)の工作に対する対応でも明らかだ。七月の日本軍による王宮占拠の際、担ぎ出されて執政となった大院君は、面従腹背、日本軍が南下して朝鮮全土を占めないよう、東学農民軍を利用しようとしたが、金開南は大院君を相手にしなかった。

農民軍にさまざまな働きかけをしてきた大院君は十月、大詰めの工作にとりかかった。農民軍の解散を命じる暁諭文(ヒョユムン＝教えさとす文)「東学宣諭文」を発して日本の目をくらます一方、国王が発したように装った「密旨」を送って農民軍の決起・北上を促すという、手の込んだものだった。清国に対しては日本軍を追払うよう南下を要請し、南北から日本軍を挟撃する計画だった。

十月六日、南原の金開南のもとに暁諭文をもたらしたのはソウルから来た金泰貞(キム・テヂョン)、高永根(コ・ヨングン)の二名と全州に住む、かつて大院君の近くにいた鄭碩謨(チョン・ソンモ)という男であった。三名は全州で全羅監司・金鶴鎮から金開南のところへ行くよう、すすめられたという。

金開南は三名を、そのまま監禁した。実はその前日、李建永(イ・ゴニョン)という男が、国王・高宗(コヂョン)の「密旨」(実際は大院君周辺が発したもの)を持って金開南を訪れ「こちらこそが大院君の真意であり、(いずれ届くはずの)暁諭文は外部に迫られて書いたものだ」と話して去った。密旨の内容は、「倭寇が闕を犯し(日本軍の景福宮占拠)、禍が宗社に及んで命は朝夕にある。(中略)汝らがもし来なければ、期して禍患が迫る」と、高宗の窮状を訴えるものであった。

全琫準が大院君の密使たちとどのように接したのかは、はっきりしない。しかし、それまで、日清戦争の行方、日本と開化派政権の出方を見極めようとしてきた全琫準が再決起を決断したのは、「国王の密旨」がもたらされた直後の十月十日ごろであった。国王の窮状(それは国王自身から発せられたものではなかったが)を知り、さらに君側の奸・閔氏排除の希望を托した開化派政権も、王宮を侵した日本の言いなりになりつつあることを知った。「国王崇拝と国家防衛のための反日反開化闘争が、再決起決断の理由だった」と趙景達(チョ・ギョンダル)氏は言う(『異端の民衆反乱』)。

一方、金開南は密旨を持ってきた李建永を相手にせず、暁諭文を持ってきた鄭碩謨らを監禁して大院君を無視した。[*4] 全琫準の再決起の呼びかけにも応えず、十一月十一日に北上を開始するまで、自分のペースで戦いの準備を進めた。金開南は九月二十四日に任実から南原に帰ってきたが、それから十一月十一日までのあいだに四十九日が経過していた。讖書(チャムソ=予言書)の「南原占領から四十九日間は動くな」を守ったといわれる。

金開南についての以上の記述は、鄭碩謨の「甲午略歴」(甲午=カボは、一八九四年のエト)によるところが多い。鄭碩謨は金開南に捕えられて二ヵ月間拘束されたが、自身の体験と見聞をもとに農民戦争の過程、東学組織のありよう、金開南や全琫準の人物像など、貴重な記録を残した。[*5]

なお、表暎三氏は『南原地域の東学革命運動』の中で、「全琫準が大院君の密旨によって再起を決断したなどということはなく、金開南も同様である。彼らは自らの判断で決起した。全琫準が逮捕されたあとの裁判で、大院君との関係を否定することで大院君を守ったというのも誤りである」(大意)

と書いている。

筆者には判断がつかないが、天道教の宣道師として、東学農民革命について数々の実証的な研究を残した碩学の見解として、付記しておく。

清州城で敗れる

一八九四年十一月十一日に南原を発った金開南が、全州で南原府使として赴任の途にあった李龍憲を斬ったことには、すでに触れた。表暎三氏の前掲論文によって、清州城の戦いに敗れるまでの経過を辿ろう。

五千の金開南軍が参礼(サムネ)を経て錦山(クムサン=当時は全羅道に属していた)に入ったのは十一月二十五日ごろであった。錦山と珍山(チンサン)の境界付近で、金開南軍と錦山の保守勢力との戦闘があったようだ。錦山にしばらく駐留し、現・大田(テヂョン)広域市内の鎮岑(チンヂャム)を攻略したのは十二月六日だった。前日、公州(コンヂュ)の牛禁峙(ウグムチ)では、全琫準軍が激戦の末に日朝連合軍に敗れていた(次ページ地図参照)。

儒城(ユソン)、懐徳(フェドク)、新灘津(シンタンヂン)=いずれも現・大田市内=を抜けるうちに、五千だった金開南軍は一万五千余に膨らんでいた。『駐韓日本公使館記録』には「十二月九日六時四十分ごろに一万五千〜六千名の東学徒が清州へ一・五キロの所まで進出、文義(ムニ=清州の南)方面から来た東学徒一万余名が結集した」と書かれている。忠清道東北部の東学徒が文義に集り、九日明け方、清州の手前の地点で金開南軍に合流した。総勢は二万五千を上回った。

日本軍は前日の十二月八日、すでに清州に入っていた。城内で金開南軍を迎撃する予定だったが、相手の数があまりにも多いので計画を変更、川を隔てて数百メートル南側の丘の上に布陣した。隊員はわずか四十名だったが、新式銃を装備していた。[*6]

九日早朝、押寄せる金開南軍を迎撃に出た清州兵営軍は、数に圧倒されて城内に逃げ戻ったが、追う金開南軍を背後から、丘の上の日本軍が集中射撃した。金開南軍は次々に倒れ、後退し始めた。南方の新灘津まで下がって最後の抵抗を試みたが、耐え切れず四散した。午前十時四十分ごろだったという。

金開南は南原に何を残したのだろうか。

韓秉鈺さんは「名だたる両班[*7](ヤンバン)の村であった南原で、米や軍需品の調達で相当無理をした結果、世論形成に力のあった両班たちに『むごく、容赦ない男』という印象を与えた。被害者としての記憶が強く、南原では現在でも他地域に比べて、東学や農民革命に対して否定的な見方が強い」と話した。韓さんたちがつくった「南原東学農民革命記念事業会」の発足も二〇〇五年と、他地域にくらべて遅かった。

＊1 **南朝鮮の王国**　朝鮮王朝中期の予言書『鄭鑑録(チョンガムノク)』に「李氏王朝が五百年で滅亡したのち、朝鮮南部から現れた鄭氏の王朝が建国されて八百年続く」とあり、禁書とされたが民間に流布した。一八九〇年代末は、李氏朝鮮の建国(一三九二年)からちょうど五百年。社会の乱れが『鄭鑑録』の記述と重なった。南部から現れる鄭氏は「真人」とみなされ、救世主到来への期待と新王朝待望論は、東学思想にも影響を与えた。金開南は自らを「真人」になぞらえたのだろうか。

＊2 **全琫準の尊王愛国**　陸軍砲兵少佐・渡辺鉄太郎が全州で全琫準にあったとき、全琫準は「君側の奸(閔氏一族)を除くために兵を起こした」と語った。渡辺が「閔氏は糞の中の蛆虫のようなもので、あなたは糞(朝鮮王朝)をそのままにして、蛆虫だけを殺そうとしている」というと、全琫準は「それは臣子が口にすべきことではない。それを実行したら、大義はどうなるのか、名分はどうなるのか」と答えた(『東学党余聞』)。

＊3 **大院君**　一八六四年に国王・哲宗が死去した。哲宗には直系の子がおらず、傍系王族・李昰応(イ・ハウン)の十二歳の次男が即位、第二十六代国王・高宗となった。李昰応は興宣大院君(フンソン・テウォングン)の称号を贈られ、政治的実権を握るようになった。
大院君とは、王位が父から子への直系継承されなかった場合、新国王の実父に対して贈られる一般的

な称号で、他にも大院君は存在した。したがって李昰応の場合も興宣君を冠して「興宣大院君」と呼ぶべきだが、その存在感の強さから、大院君と言えば興宣君を指すようになった。

＊4 **金開南の対応**　趙景達氏は、金開南は大院君の密使・李建永を「礼遇すること甚だしかった」という『梧下記聞』の一節を引いて、次のように言っている(要旨)。

金開南は易姓革命的志向をちらつかせているが、零落した郷班(官職に就くことのなかった地域両班＝筆者)であった家門の復興のために、大院君との提携によって中央権力に参画し、閔氏に代るような有力者への上昇を企図したと思われる。大院君は自らの権力参与の仲介者ではあっても、心底からの敬意の対象ではなかった(『異端の民衆反乱』)。

＊5 **『甲午略歴』**　趙景達氏は「裏の事情を知らず、感激をもって大院君より命を受けた鄭碩謨の冒険に満ちた功名譚である」と評している(『異端の民衆反乱』)。

＊6 **日本軍の銃**　初期にはスナイドル銃、その後、性能の良い村田銃を採用した。ともに銃身に施条のあるライフル銃で、後者は射程距離二キロにおよんだ。一方、農民軍は射程五十メートルほどの火縄銃しかなかった。朝鮮王朝軍との戦闘で捕獲した新式銃や大砲もあったが、多くは使い方を知らなかった。

＊7 **両班**　両班、中人、常民、賤民という朝鮮の身分制度の頂点に立つ特権階級。文官を東班、武官を西班と呼んだことに由来する。科挙に合格して官職に就くと土地が与えられ、世襲地主となって政治的・経済的に支配者階級を形成した。さらに、文化面でも知識人(ソンビ)として地域の指導的役割を担った。

南原ではそのような人士が輩出し、世襲的両班が多く住んだようである。

第五節　韓秉鈺さんのこと

「それ程永くも生きていないのに、このような日が来るとは想像だにしませんでした。このような日とは、日本人(倭人、倭の奴ら、日本の奴ら)を指称する言葉の中から『日本の方』という用語を選び出し、使いたくなるような年が二〇一六年に訪れたという意味です。驚くべき変化だと言わざるを得ません」。

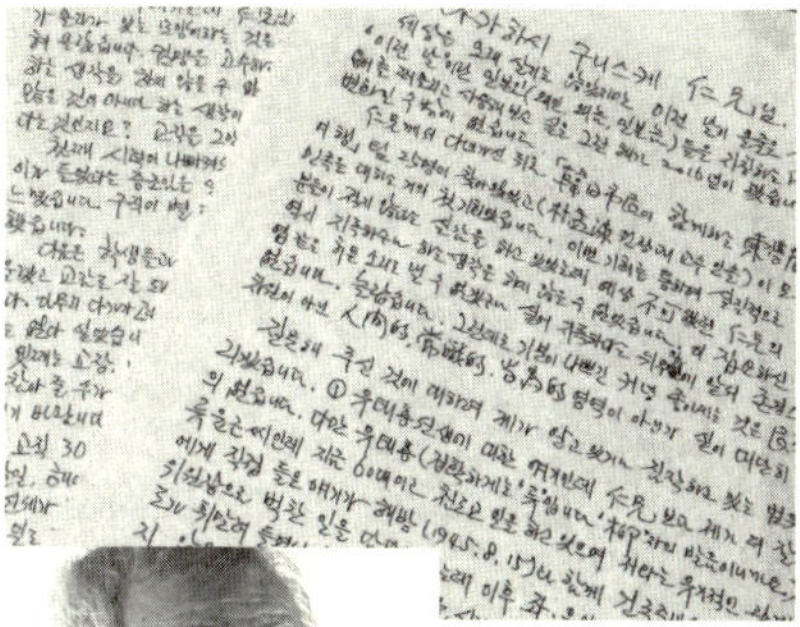

韓秉鈺さん

これは二〇一六年秋、韓国から帰国したあと、筆者が南原の韓秉鈺(ハン・ビョンオク)さんに送った手紙への返信の書出しである。返信はA4用紙三枚に細かい字でびっしり綴られていた(写真)。話の順序として、まず筆者の手紙のあらましを掲げる(柳泰洪についての質問の部分は第三節ですでに触れた)。

韓秉鈺先生

過日は大変ありがとうございました。先生のお話を聞き、東学遺跡を案内していただいたお蔭で、私の東学学習で欠落していた「南原と東学」の相当部分を埋めることができたと思います。加えて、旧南原駅にまつわる数々のお話を聞き、あの廃駅の線路やプラットフォーム、コスモスの咲き乱れる構内に、「一冊の本」が書けるほどの歴史が詰まっていることを知りました。

帰国後に、金開南(キム・ゲナム)軍の北進後の南原土着農民軍の戦い、とりわけ柳泰洪(ユ・テホン)のことをもっとよく知りたいと思い、いただいた『南原の東学と東学農民革命』や李炳圭(イ・ビョンギュ)氏の「南原地域土着東学農民軍の活動~金洪基と柳泰洪を中心に」、蔡吉淳(チェ・ギルスン)氏の「南原地域東学農民革命の展開過程研究」など(いずれもネット)を読みました。三つの質問をさせていただきます。

①柳泰洪の晩年と日記廃棄について
②金開南の南原再入城の日付について
③韓先生が教師の職を辞されたことについて

①南原でお聞きした話の中で、最も強い印象を受けたのは柳泰洪のことでした。農民戦争を戦い、反日独立運動に邁進し、解放後も建国運動に関わった柳泰洪が、南北分断の事態を慨嘆して、営々と書きとめてきた日記を廃棄してしまった…。帰国後に、その生涯と日記のいきさつを調べるつもりでした。

諸論文を読み、ネット検索を繰返しても、金洪基や柳泰洪の活動については詳しく書かれているのに、柳泰洪の晩年の様子に触れたものはありません。柳泰洪の晩年と日記廃棄について、ご存じのこと、あるいは資料があれば、お教え下さい。

②金開南が南原を一時退去して任実(イムシル)の上耳庵(サンイアム)へ行ったあと、再び南原に入った日付を韓先生は「七月二十五日」(陰暦)としておられます。失礼ですが、これは「八月二十五日」ではないでしょうか。

③は韓先生ご自身のことについてです。

十月七日から八日にかけての、わずか「一夜と半日」のご縁でしたが、私は先生の東学の遺跡再発見・発掘に尽してこられた実績に敬意を抱くとともに、お人柄に対して親愛の気持ちを持ちました。いまの世相に批判的でシニカルだが、為すべきことに対しては強い情熱と実行力を持っている人だと感じました。

ネット検索で先生のことを調べさせていただきました。しかし、私が最も知りたかった(韓先生理解のカギになりそうなので)「韓先生はいつごろ、どんな理由で教師を辞められたのか」についての回答は、ネット上にはありませんでした。差支えなければ、お教え下さい。

韓先生について、私が現在、知っていることの概略は以下のとおりですが、間違いがあれば、ご指摘下さい。

○龍城女子中学校の国語教師をされていた。
○一九九七年、五十四歳の時に「南原地方を中心とする城郭の追跡研究」を出版された。
○学校を退職されたあと、経済正義実践市民連合に入られ、オリンピック道路の料金問題・安全対策に取組まれた。
○東学農民革命遺族会の懇望を受け、二〇〇四年に南原東学農民革命記念事業会を発足させた。

遺族会は南原文化院に支援を要請したが断られ、韓先生を頼った。
○二〇一四年一月、南原文化院院長が公開の場で「南原東学農民軍が南原の官衙を燃やしたのだ」と発言したことに対して「歴史を歪曲する妄言だ」として、公開質問状などで追及した。

私の質問への回答のために、韓先生に貴重な時間を割いていただくことになり、恐縮ですが、何卒、よろしくお願いいいたします。

寒さが厳しさを増す折、韓先生のご自愛を祈ります。私は「お酒は夕刻五時になってから」がなかなか守れず、自らの意志の弱さを嘆く日々です。

高橋邦輔拝

最後のくだりは南原で昼食をとった際「焼酎を一本もらいましょうか」と声をかけたら、韓さんはいったん「夕方五時までは酒を飲まない」と言ったが、結局、飲むことになったので。

韓さんの返事の書出しには、強い印象をうけた。手書きのハングルを筆者は判読することができず、金松伊(キム・ソンイ)さんに翻訳を頼んだのだが、金さんは「これから翻訳にかかりますが、とりあえず最初のくだりだけ、お知らせします」と、メールで知らせてくれた。

言葉どおりなら、韓さんは十月七日に筆者とはじめて会ったとき、筆者を「倭人、倭の奴ら、日本の奴らの一人」と頭の中でとらえていたということだ。しかし、そのことに衝撃を受けたわけではない。七十歳代の半ばまで、日本の侵略と植民地支配に対する痛憤を胸に溜めこんで生きてきた韓さんが、二〇一六年の秋に至って「日本の方、と呼んでもよいか」と思うほどには心を開いたということが、筆者の胸を締めつけた。

　韓さんによれば、筆者と会った十日ほどあとに日本の「東学農民軍の歴史を訪ねる旅」の一行二十四人の訪問を受けた。この出会いを通じて「日本の方」と呼んでもよい人も少なくないと感じていたところへ、思いがけず筆者の長い手紙が届いた。これは「至毒」だと思った。こういう執拗な人たちの前では、いい加減な言葉は口にできないと思ったが、気分は損なわれず、むしろ良かった。これは民族的、国家的な次元ではなく、人間的、常識的、当為的領域だからではないかと思ったという。

　剛直を含羞でくるんだような韓さんの風貌と物言いを、筆者は好もしく感じていたが、その論理展開は屈折している。手紙も古い文体や用語を使っており、金松伊さんはその味わいを損なわないように訳すのに苦労したようだ。

　「至毒＝지독(チドク)」は、辞書には지독하다＝形容詞として出ており、訳は「ひどい。ものすごい」。「지독한 욕(チドッカン　ヨク)＝ひどい悪口」などの用例がある。しかし「지독방망이(チドクパンマンイ)」というのもあって、こちらは「(からかいの意味で)ひどい人、猛烈な人」の訳があるから、「至毒」自体に全否定ではない、肯定的な「からかい」のニュアンスが含まれているのかも知れない。

　「東学農民軍の歴史を訪ねる旅」というのは、序章で触れた奈良女子大学名誉教授の中塚明さんが、韓国円光大学の朴孟洙(パク・メンス)教授と組んで続けている日韓の民間交流行事である。毎年、一般から参加者を募って戦跡を巡っており。二〇一六年に十一回目を迎えた。八十七歳の中塚さんがなお引率を続けている。参加者にはリピーターもいて、東学農民戦争を含む韓国の近・現代史への関心が高い。そんな中塚さんや参加者の真摯な態度に接したことが、韓さんに心の雪解けをもたらしたのだろうと想像する。「訪ねる旅」の一行は二〇一四年にも南原を訪れているようだが、そのときは韓さんとは会っていないようだ。

韓さんの手紙に戻る。独特の皮肉や諧謔を読者に伝えたいが、手紙をそのまま載せるわけにもゆかないので、以下、要約で。

十数年前に、定年を待たず教師を辞めた理由を訊いたのに対して韓さんは、「好奇心が並じゃないですね。世の中にははっきりと知っておかなければならないことは、それほど多くないと思うのですが、この韓秉鈺について、そんなことを訊いてどうするのですか」という前置きにも関わらず、実に詳しく語ってくれた。

①視力が衰え、曇った日にはルーペがないと教科書が読めなくなった。就職難の時代に既得権を振りかざして、後輩の職場を奪ってはいけないと思った、②生徒たちとの意思疎通が急にできなくなった。生徒との交感もスムーズにでき、教職は天職だと思っていたのだが…、③校長、教務主任との軋轢。権威をかさに守旧を強いられれば、どういう事態になるかを恐れた。

もう一つ、「正確に教えて来なかった」という反省もあったというのだが、韓さんはその例として「李光洙[*1](イ・グァンス)が朝鮮最初の現代小説『無情』を書いたことは教えたが、彼が親日を脱ぎ捨てた否日作家であったという事実を強調して教えなかった」ということを挙げている。読み書きや言語表現を教える前に「人」を教えなければならないのに、カリキュラムから抜け出せなかった、とも言っている。

韓さんの韓国教育の現状批判は「日本帝国の統治時代に学ばれた先生方の教育方法に、大韓民国の軍隊式教育方法を混ぜ、暴力と競争が支配している」と厳しく、「教育はかくあるべきと、多少なりとも悟ったとき、自分自身が嘆かわしく、教壇に立っていられなかった」と述懐している。

教職を去る、という韓さんの決断に奥さんも同意、翌日、退職届を提出した。教職について三十年目、定年まで六年半を残していた。最後の勤務校は、のちに韓さんが関わることになる金朱烈[*2](キム・ヂュヨル)の出身校である南原市立金池(クムヂ)中学校だった。

退職後の韓さんは「やること、やらなければならないことが多かったのに、なぜか経済正義実践市民連合[*3](略称は経実連)の運動にのめり込み、金朱烈のことをやりながら(韓さんは金朱烈追慕作業会の執行委員長に就任した)、まったくの『他意』により東学農民革命のことまでやることになってしまった」と言う。

「他意」というのは、南原農民軍の事績を継承しようと、南原文化院に支援を頼んで断られた遺族会の人たちの懇望もだしがたく、東学農民革命記念事業会をつくって活動を始めたことをいう。しかし、韓さん自身も認めるように、すべてのことは宿命的に絡み合っていたのであり、韓秉鈺という人間は、それらを引受けるべく、運命づけられていたのだと筆者は思う。

いま、韓さんが取組んでいるのは、丁酉再乱のとき、南原城に侵入した左軍(日本軍は左右に分れて全羅道へ攻め込んだ。章末のコラム参照)の侵略路線を復元する仕事だと言う。しかし、南原城の復元は市の予算不足で遅々として進んでいない。

「先祖が過去の恥辱(丁酉再乱)を忘れてしまったために、東学農民革命のときに日本軍の体質を知らず、侵略の道を開けてしまった。いまからでもそれを忘れず、記憶し、覚醒し、心に刻印して日本を克服する方案を探さなければならない。日本の克服なくしてわが国の恒久平和はない」というのが、韓さんの信念だと言う。「克服」が具体的に何を指すのかは分らないが、日本人の呼称について、少し心を開いた韓さんの胸中には、なおも激しいものが宿っている。

「日本の耳塚を南原の萬人義塚に移葬するのを手伝っていただけるか」

これは筆者の手紙に対する返事の中にあったのではなく、南原を訪問する前に筆者が出した質問状への回答の末尾に、唐突に書き加えられていた一行である。

韓さんの痛憤の「執拗さ」を象徴していると思った。韓さんこそ筆者にとっての「至毒」ではないか。(耳塚と萬人義塚については章末のコラム参照)。

なお、筆者の質問のうち、①の柳泰洪の晩年と日記廃棄についての回答には、第三節ですでに触れた。②の金開南の南原再入城の日付については「高橋兄が正しい。困乱させて申し訳なかった」と書かれていた。

＊1 **李光洙** 一九一五年、早稲田大学に留学、啓蒙的小説や評論を発表。一九年に「朝鮮青年独立団宣言」を起草し上海に亡命、大韓民国臨時政府に参画。帰国後に逮捕されるが不起訴釈放。

東亜日報に入り、のちに編集長。「朝鮮民族の現状は遅れており、独立のためには民族性を変えなければならない」との「民族改造論」を発表。民族改造を進めるために発足させた「修養団体」の印刷物が問題となり、三七年に裁判にかけられるが、無罪。釈放後に「親日派」への転向を強める。創氏改名が施行されると、率先して香山光郎と改名。「親日文学」と呼ばれる日本語小説を発表、朝鮮人の戦争協力を訴えて全国で講演会を開く。

解放後も執筆活動を続けるが四九年、「反民族行為処罰法」により検挙・投獄ののち釈放。五〇年の朝鮮戦争勃発直後、ソウルを占拠した北朝鮮人民軍に拉致された。十月二十五日、北の人民軍病院で死去。死因は結核の悪化と伝えられた。五十八歳。

李光洙の「親日」には、さまざまな解釈があるが、韓秉鈺さんの「親日を脱ぎ捨てた否日作家」という指摘の根拠は、筆者には分らない。

＊2　金朱烈と馬山事件・四月革命　一九六〇年三月の大統領選挙は、与党・自由党の李承晩大統領と争う民主党の候補者が急逝、焦点は副大統領選に移ったが、自由党は露骨な不正選挙運動を展開した。
投票日の三月十五日、慶尚南道の馬山(マサン)で投票所の民主党側立会人が排除される事件があり、学生と市民が抗議デモ、警察の発砲で多数の死傷者が出た。四月十一日、デモに加わり行方不明になっていた馬山商業高校生の金朱烈が、二十七日ぶりに馬山埠頭沖で見つかり、遺体の目には催涙弾が突刺さっていた。

四月十八日、ソウルで高麗大生の抗議デモに暴徒が襲いかかり、一名が死亡、二十名が重軽傷を負った。翌十九日、ソウルでは十万名が結集、警官隊の発砲で「血の火曜日」と呼ばれる事態に至り、各地に戒厳令が布かれた。二十六日、戒厳司令官の仲介で開かれた李承晩大統領とデモ隊代表の会談で大統領は下野を表明した。

＊3 **経済正義実践市民連合**　一九八九年設立の市民運動団体。公正な所得分配による経済正義を実現し、福祉社会の基盤づくりをめざす。議会活動監視団、公共事業の監視団を設けて活動してきた。

丁酉再乱と南原（1）

column

1593(文禄２)年１月、平壌まで進出していた小西行長軍が明軍に敗れたころに始まった明との講和交渉は、延々と続けられた。しかし、３年越しの交渉は1596(慶長元)年に決裂、９月、豊臣秀吉は朝鮮再出兵を決意した。

「文禄・慶長の役」を韓国ではそのエトから「壬辰・丁酉倭乱＝イムジン・チョンユ・ウェラン」と呼ぶ。丁酉乱は、壬辰乱に続いてという意味で「再乱」と呼ぶ。

1597年２月には14万余の大軍の朝鮮国内での配置を定め、各軍は釜山上陸を開始した。照準は「全羅道攻略」。穀倉地帯・全羅道を手中にできなかったことが、文禄の役の苦戦の原因だったからだ。

８月、まず日本水軍が釜山近くの巨済島(コヂェド)沖海戦で朝鮮水軍を壊滅させ、統制使・元均(ウォン・ギュン)は戦死した。９月、日本軍の主力は、二手に分れて全羅道の道都・全州を目指して進撃を開始した。

宇喜多秀家、小西行長、島津義弘らの左軍約５万。毛利秀元、加藤清正らの右軍約６万４千。藤堂高虎らの水軍約７千は左軍と併進した。

左軍の目標は南原城。朝鮮の将たちは平地の城ではなく、険阻な地にある蛟龍山城で戦うことを主張したが、明の援軍の将・楊元は聞入れなかった。騎兵を率いる楊元は、山城での戦いを不利とみて避け、代りに南原城の城壁をかさ上げし、濠を深くした。

９月25日、３日前から南原城を包囲し、濠を埋め、城内を射撃するための高櫓を建てるなど、準備を進めてきた左軍と水軍の５万７千が四方から一斉攻撃をかけた。

この時、城内にいたのは明兵約３千名、全羅兵使・李福男(イ・ボンナム)ら朝鮮の将と兵約千名、朝鮮の役人や民間人約６千名だった。朝鮮兵と民間人の数には諸説がある。

丁酉再乱と南原 (2)

column

1597年9月25日、南原城を包囲して総攻撃を開始した日本軍と、城内の明軍・朝鮮軍の兵力には、圧倒的な差があった。同夜、日本軍は、明兵の守っていた南門、東門、西門を相次ぎ突破して城内になだれ込んだ。明軍も民間人も、全羅兵使・李福男が率いる朝鮮兵が守っていた北門に殺到した。

北門内外では夥しい数の死者が出た。李福男らの将は敗戦必至の状況下で焼身を遂げた。死者は明と朝鮮軍の４千名に民間人を加え、約１万名とされる。戦闘での日本兵の残虐ぶりについては、豊後臼杵藩の従軍僧・慶念の『朝鮮日々記』などに詳しい。

明将・楊元は数十騎の部下とともに脱出した。辛くも城外に逃れた兵や民間人も島津義弘らの手勢に討たれた。島津は、文禄の役に続いて南原からも多数の陶工を薩摩に連行した。

南原城陥落後、避難先から帰って来た住民らが将兵だけでなく殉死者すべてを城の北門の西北の一角に合葬した。1964年になって「萬人義塚(マニンウィチョン)」を整備して移した。元の場所は萬人義塚本墓と呼ばれている。

豊臣秀吉は慶長の役で、戦功の証に朝鮮人の耳鼻を削いで送ることを命じた。塩などを詰めた樽で送られたものを京都・方広寺の西方に埋めて小高い塚にした。「耳塚」と呼ぶ。南原城の戦いでも、この酸鼻を極めた行為が行なわれた。全体の数は10万体以上との見方もある。韓国では耳塚を韓国に移そうとの動きがある。

左軍が南原城を陥落させた翌日の９月26日、右軍は黄石山城(現・慶尚南道咸陽郡)で勝利し、共に全州に進撃して無血入城した。

以後、翌1598年８月の秀吉死去、11月末の日本軍撤収完了に至る経過は省略。

第二章 無名農民軍像と慰安婦像

第一節　ユニークな造形

二〇一六年十月九日朝、筆者と金松伊さんは湖南線の井邑(チョンウプ)駅に降り立った。まず、市の西南部にある古阜(コブ)面の「無名東学農民軍慰霊塔」を再訪する。このモニュメントをデザインし制作した人を、ようやく見つけたいきさつは、序章に記した。彫塑作家・金運成(キム・ウンソン)氏。翌日、ソウルで彼に会う前に、もう一度「慰霊塔」を見ておきたかった。そのあと、全琫準に率いられた東学農民の蜂起の跡を、いくつか回る予定でタクシーに乗った。

謀議の村で

二十分ほど走っただろうか、舟山(チュサン)村に入ってすぐの小高い場所に「東学革命謀議塔」が建っている。塔が建てられたのは一九六九年の四月だった。前年末にこの村で、一八九三年に全琫準ら二十名が蜂起を謀議し全員が署名した文書が見つかった。主謀者が誰か分らないように、円形状に署名してあり、これが鉢を伏せたような形であるところから「沙鉢通文」（サバルトンムン）と呼ばれる。通文とは回覧用の通知文のことだ。

文書署名者の子孫たちが記念碑の建立運動を起こし、村の人たちも協力して謀議塔を建てた。発見当時、文書は沙鉢通文の原本と見られていた。文書を塔の中に入れて永久保管することにし、塔の裏面には、沙鉢通文の円形状の署名図と本文を刻んだ。ところがその後、文書の信憑性を巡ってさまざまな見解が出され、現在では「文書は沙鉢通文の原本ではない」という評価が定まっている。

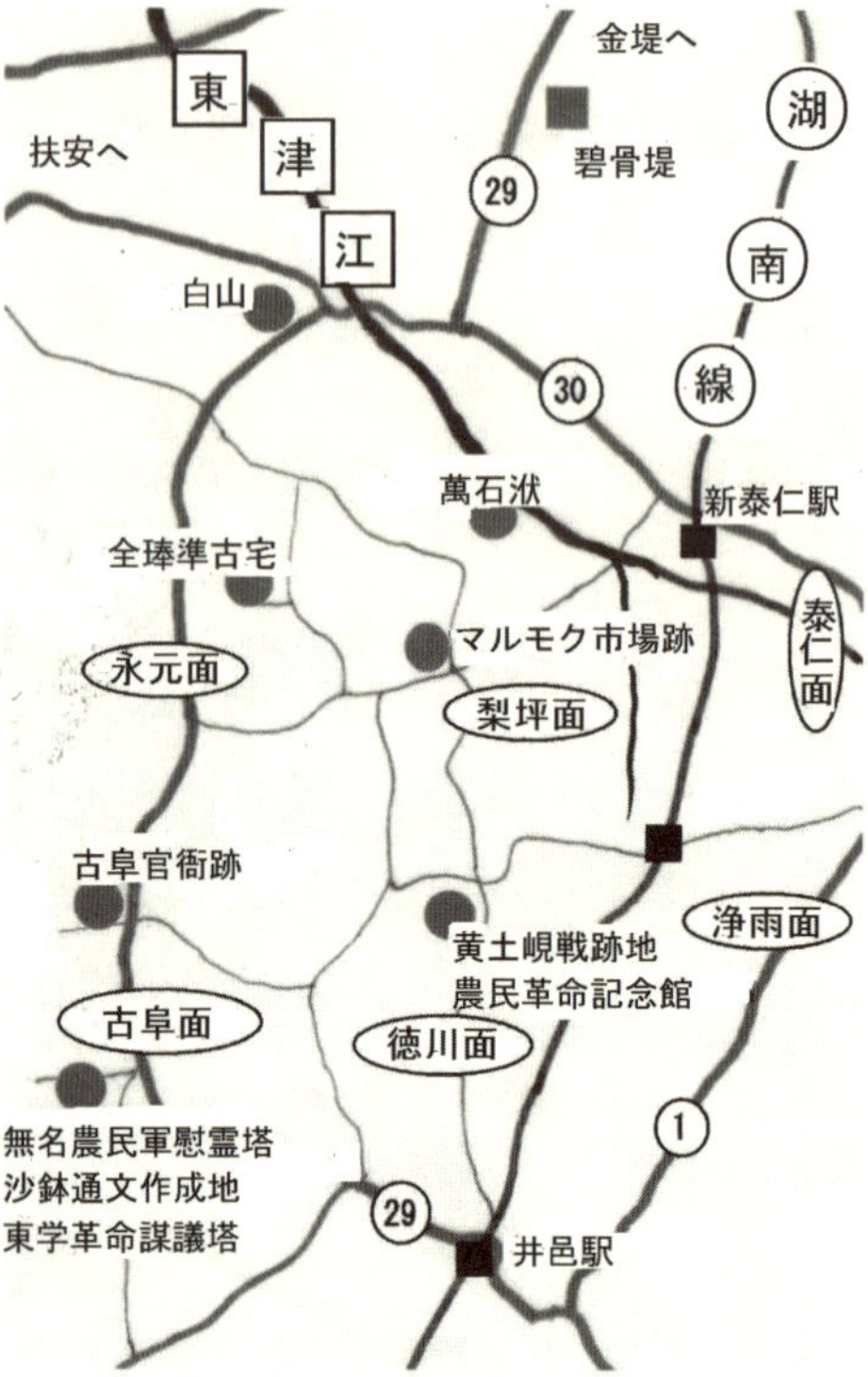

詳細は省くが①文書が「右와如히(右の如く)」で始まっており、本文が欠落している②二十人の署名がすべて同じ筆跡であり、署名

を含むすべての漢字にハングルで振り仮名がしてある——などから、文書は「署名者のうちの誰かが、自分の成し遂げたことを後世に伝えるために、通文を書写したものだ」との説が支持された。謀議塔に入れられた文書は現在、徳川面（トクチョンミョン）の東学農民革命記念館に保存・展示されている。

なお、謀議の行われた宋斗浩（ソン・ドゥホ）の家の跡地には、いま別の人が家を建直して住んでいる。門柱にハングルで「東学革命謀議場所　沙鉢通文作成の家」と大書した看板がかかっている。


謀議塔を過ぎて村の中ほどへ進むと、秋の陽ざしを浴びた石柱群が現れた。「無名東学農民軍慰霊塔」（カバーの写真）。二〇〇八年以来だ。当時の印象より、全体にこぢんまりとしている。中央の五メートルの「主塔」も、もっと高いように思っていた。

主塔には四角い花崗岩がはめ込まれ、右手に傷ついた同僚を抱きかかえ、左手に竹槍を持って叫ぶ農民軍兵士が陰刻されている。主塔を取り囲む、高さはまちまちの三十二本の石柱には、無名の農民兵士の顔や武器として使った農具、食器などを浮き彫りにしてあり、これは「補助塔」という。これらをひっくるめて「慰霊塔」と名づけられたのだが、「塔」という印象はない。造形物、モニュメントとでも呼ぶほかなさそうだ。

石柱の上、中、下段に彫り分けられた農民兵士の顔を一つ一つ見てゆく。下段に彫られた顔は風化が進み、表情を失ったものもある。下草が顎を埋めかかったものもある。総じて憤怒や怨念の激しさはなく、むしろ諦観のようなものが漂う。それが却って、それぞれの農民兵士の生と死への想像力をかきたてる。

制作者は、なにをイメージして、これだけ多様な表情を描き出したのだろうか。うっかりして三十二本の石柱のうちの何本に農民兵士の顔が彫られているのか、確かめなかった。カメラに写っている顔から推定して、十五本だと思うが、間違っているかも知れない。序章一八ページの写真は、その一部である。

「無名東学農民軍慰霊塔」の裏手に地区センター「대뫼녹두(テメ・ノクトゥ)会館」が建っていて、現在は東学農民革命展示館になっている。대は竹、뫼は山、녹두は小柄だった全琫準のニックネーム「緑豆将軍」から採った。謀議があったころのこの村の名は竹山(チュクサン)だった。農民戦争の二十年あと、日本の支配下の一九一四年に、強制的に舟山(チュサン)に変えられたという。「竹山緑豆会館」の名前には、往時の村名にこだわり、全琫準をしのぶ村人の抵抗の気持ちが表れているのかも知れない。

古阜郡守は逃亡

井邑駅で乗込んだタクシーは「外れ」だった。舟山村から同じ古阜面にある「古阜郡衙跡」(郡役所跡)へ行こうとしたが「正確な住所をカーナビに入力しないと行けない」という。あきらめてマルモク(말목=馬の首。漢字の場合は馬項=マハン)市場跡を経由して萬石洑(マンソクポ)へ行くことにした。当時の古阜郡の様子は、節末のコラムを参照されたい。

一八九四年二月十五日未明、全琫準に率いられた農民千名ほどがマルモク市場に集結し、古阜郡役所を襲ったが、郡守・趙秉甲(チョ・ビョンガプ)は逃亡し、寝所は空っぽだった。郡役所跡はいま、礎石さえ残っておらず、跡地に小学校が建っている。筆者は二〇〇六年に一度、ここを訪れている。農民たちの郡役所襲撃の模様を一人の日本人が目撃し、ソウルの日本公使館に報告している。

十日(陰暦一月。陽暦は二月十五日)、鶏鳴を待て東津江頭に勢揃いをなしたる民軍は、何れも白木綿を以て頭部を纏い、長さ五尺有余の竹槍を携えたり。最初集りたるものは凡そ五百人計りなりし、而して首領以下皆徒歩せり。城府の関門難なく通過し、朝堂と称する郡守の事務を執る所の前面に出たり。寝所を冒して進んで内部の諸衙を突き、捜索周密。而して夜来未だ明けず。竪子(じゅし＝小役人。趙秉甲のこと)已に逸し追うに方角なし。先ず京路を追蹤す。及ばず。午時反対の方角、井邑の辺に遁れたるを知れり。

首領(中略)先ず朝堂に入り、使をして吏部其他重なる悪政の助力者を喚ぶ。来らざるものは捉捕す。陣営整粛、号令明晰、他の席旗軍に似ずと云う。先ず悪政の始末を厳重に取調ぶる為め毎日拘留の面々を鞠問す。陣営は府の内外にあり、皆幔幕を連ね、夜は篝火を焚き、糧は敵に依る。彼の堰堤報酬(萬石洑を築き、不当な水利税を課したこと)として取溜め居たる籾千四百有余石は劈頭に彼等の用に供せられたり。

十一日、十二日、十三日、十四日、加盟する村落十有五個、全軍一万余人、先ず壮丁を抜き、老少は帰えし、之を総ぶるもの毎村五名、隣郡到処同情を表し、概して悪評を加うるものなし。然れども亦進んで之に合し自己が頭上の悪政を払わんと欲するものなし(『全羅古阜民擾日記』＝伊藤博文編『秘書類纂　朝鮮交渉資料』中巻所収)。

『民擾日記』は古阜近くの扶安郡茁浦(チュルポ)に住んでいた「巴渓生」なる者の見聞報告だ。茁浦には港があり、米を買付ける日本人商人が大勢集っていたから、巴渓生もその一人かと思われる。日本公使館の依頼を受け、定期的に情報を送っていたのだろう。

古阜郡役所を襲撃した農民たちは、七日あとの二月二十二日にはマルモク市場に戻って陣を張った。そのマルモク市場跡は現在の梨坪面(イピョンミョン)の面事務所前だ。さすがに運転手さんも面事務所は知っていて、カーナビに頼ることなく直行した。

マルモク市場は東西と南北の大きな道が交わる三叉路にあり、近在に知られた大きな市場だった。市場に駐屯した農民たちの様子を、先に挙げた『民擾日記』は次のように伝えており、一種の「解放空間」が形成されていたことが活写されている。

民軍は互に交代して人員に減少を見ざるのみならず、竹槍を執て三々五々相往来するもの絶ゆることなし。此等のものに就て聞くに、一度び陣営に入れば殆んど人生別境の如く、家に帰りて耜鍬(すきくわ)を手にするを物憂く思われて、省家の念殆んど絶ゆるものありと云えり。又事の起りしより已に二ヵ月、人員も亦た(ママ)多数のことなれば、彼の設営の近傍は自然物売り商估の集合する処となり、飲食店より雑貨店の類俄かに市を作し、甚だ盛なる景況なりと云う。大凡その如くなれば日々牛馬を侶として隴畝(うね=田畑)に歳月を送り、嘗て楽事に慣れざる土民の常として、日月を忘れて野営に嬉遊するも亦怪しむに足らざるなり。

当時、市場には柿の木があり、全琫準が郡役所襲撃に先立ってこの木の下で演説、農民たちを奮い立たせたと伝えられる。東学農民戦争百周年の一九九四年、なお健在だった柿の木の近くに有志の手で儒教に因む楼閣が建てられた。「農民蜂起の舞台に、両班文化の象徴である亭を建てるとは」と批判され、亭は二〇〇二年に道を隔てた梨坪面事務所前に移された。

一方、樹齢百八十年、風雪に耐えた柿の木は二〇〇三年の台風で根元から倒れた。楼閣を建てたときの基礎工事で、根が傷んでいたという。現在は代りの柿の木が元の位置に立っており、倒れた木は、防腐加工を施して黄土峴(ファントヒョン)の東学農民革命記念館(後述)に展示されている。

萬石洑「遺址碑」と「遺址」

梨坪面事務所前の大きな案内板で萬石洑(マンソクポ)の位置を確かめ、タクシーは出発した。ところが途中で舗装道路を外れて田舎道に迷い込んだ。やっと元の道に戻ったが、金松伊さんは六万ウォン(六千円)ほどになっていたメーターを見て、「六万ウォン以上は払いませんよ」と宣告した。ようやく東津江(トンヂンガン)の岸に出た。「萬石洑遺址碑」が建っている。洑(ポ)とは灌漑用水を堰き止めるための堰堤のことだ。郡守・趙秉甲は、既存の民洑の下流に農民の賦役で萬石洑を造らせ、約束に反して水利税を取立てた。農民蜂起の直接的なきっかけになったのは、この水利税取立てだったが、趙秉甲の悪行には限りがなかった。

農民戦争敗北後、捕えられ裁判にかけられた全琫準の供述を再現してみよう(韓国史料叢書第十の下、『東学乱記録』所収の『全琫準供草』=チョンボンヂュン・コンチョ=による。原文は漢文)。

問　たとえ貪官汚吏といえども、何らかの名分があったはずである。詳細に話せ
供　大略は次のとおりである
一、民洑の下に新たに洑を築かせ、一斗落(斗落は面積の単位)当り良田は二斗、下田は一斗の水税を納めさせ、約七百石を着服した
一、(さまざまな罪名をでっち上げ)富民から二万両を収奪した
一、かつて泰仁県監だった自分の父の功績を讃える碑閣の建立資金として、約一千両を収奪した
一、大同米(税米)の徴収の際、農民からは結(税計算のための面積単位)当り精白米十六斗分の金を集めながら、上納時には下等米に変えて差額を横領した。このほかにも多くのことがあり到底、言尽せない
問　いま告げた中で、二万両の金の収奪は、いかなる名目だったのか
供　不孝、不睦、淫行、賭博(原文は雑技)などの罪名を着せた
問　古阜郡守の名は何と言うか
供　趙秉甲だ
問　貪虐事件は古阜郡守だけのことか、他の下級役人の悪事はなかったのか
供　郡守の単独犯行である

郡守の収奪に加え、古阜蜂起の前年の一八九三年、全羅道西部は凶作に見舞われた。趙秉甲は全州の全羅監営に願い出て、古阜郡の北側の四つの面の田税を免じてもらったが、農民には「免除は認められなかった」と嘘をつき、北側四つの面の税を南側の面に移して加重取立てした。そのうえで北の四面に恩を売り、莫大な報償を手にした(『東学農民革命一〇〇年』による)。農民の積年の恨みは限界に達していた。

全琫準の蜂起には、父・全彰赫(チョン・ヂャンヒョク)が、趙秉甲の苛政に抗議したために殺されるという「前史」があった。全彰赫は、他の二人とともに、古阜郡内十六面の農民を代表して苛政を改めるよう、訴状を提出した。ところが趙秉甲は農民たちを「乱民」とみなし、状頭(訴状の最初に名前を書いた代表者)の三名を逮捕して全州の監営に移送し、集った農民たちを杖で打ちすえて追返した。

時の全羅道観察使(クァンチャルサ＝長官。監司ともいう)金文鉉(キム・ムニョン)は、状頭たちが農民を扇動して乱を起こしたとして「古阜の獄に移送し、厳罰に処せ」と命じた。三名の状頭は古阜に下送されて重杖の刑を受けたうえ、獄舎につながれたが、筆頭代表の全彰赫は、獄中で杖刑による傷のために死んでしまった(呉知泳＝オ・ヂヨン＝『東学史』*1)。

二〇一六年十月九日の萬石洑の現場に戻る。ここで金松伊さんが「大発見」をした。萬石洑は、西に向かって流れる東津江に、南から流れてきた井邑川が合流した地点の下流に築かれた。われわれの立っている「萬石洑遺址碑」の前の流れは、井邑川と合流をすませた東津江である——筆者は、二〇〇六年の最初の訪問時から、そう信じてきた。

萬石洑を初めて見る金松伊さんが、案内板の「萬石洑鳥瞰図」(上図)と前方の実際の流れを見比べて言った。「目の前を流れているのは東津江ではなく、井邑川らしいですよ。右上の方から流れ込んでくる川が見えますね。あれが東津江で、合流点はあそこじゃないかなあ。萬石洑も、もっと左手のはず…」言い終らないうちに駆けだした金さんが、百メートルも下流で手をあげた。

駆け寄ると、そこに「萬石洑遺址」と刻まれた石碑があった(写真右)。先ほど見た「萬石洑遺址碑」(同左)とは一字違いだ。これで、はっきりした。筆者がこれまで東津江と思いこんでいたのは合流する前の井邑川であり、「萬石洑遺址碑」の前の流れの中にあった洑らしきものの痕跡は、萬石洑ではなく、民洑(旧洑)のそれであった。
どちらの碑が先に建てられたのか、どんないきさつがあったのか分からない。地元はもちろん、東学農民

戦争に関心のある者なら誰でも知っていることなのであろう。

東学農民軍の誕生

左手、東津江の下流の彼方に、白山(ペクサン)がかすかに望める。当時は古阜郡だったが、現在は扶安(プアン)郡に属する標高五十メートルに満たない丘だ。全琫準の率いる農民たちは、マルモク市場から三方を川に囲まれた天然の要塞・白山に移動した。[*2] 新郡守・朴源明(パク・ウォンミョン)の「故郷に帰り農に精を出すなら、罪を許し悪政を改める」との懐柔策を受入れ、農民たちは解散、帰農した。しかし、古阜に乗込んできた按覈使(アネクサ=王朝派遣の不正調査官)李容泰(イ・ヨンテ)は、農民と新郡守との約束を反故にして、蜂起の指導者らを徹底的に弾圧した。

李容泰の弾圧について全琫準は、「古阜にやってきた李容泰は、蜂起した人民はみな東学徒であるとして次々に捕え、その家を焼払い、当人がいなければ妻子を捕えて殺した」(『全琫準供草』)と語っているが、全琫準自身は弾圧を免れた。

全琫準は盟友の茂長(ムヂャン)大接主[*3]・孫化中(ソン・ファヂュン。孫華仲とする資料もある)を頼って身を寄せた。茂長に各地の農民を集めて一八九四年四月二十五日、「輔国安民を以て生死の誓いとする」との倡義(義を唱える)の文を天下に布告して再起を果した。東学農民軍の誕生である。

農民軍は各地を転戦したあと、李容泰に蹂躙されたあの恨みの古阜を占領、四月三十日、戦列を整え強化するため、一ヵ月ぶりに白山に戻った。白山には金開南(キム・ゲナム)や崔景善(チェ・ギョンソン)らの軍が加わり、総勢は八千に膨らんだ。全琫準を総大将に、孫化中と金開南を総管領に、金徳明(キム・ドンミョン)らを総参謀に、崔景善を領率将に選んだ。さらに、農民軍の行動綱領として、「四大名義」と十二ヵ条の軍紀を定めて進撃の態勢ができ上がった。[4]

白山を発った農民軍は、泰仁(テイン)、院坪(ウォンピョン)、扶安一帯の官衙を襲って武器を奪い、税米を民に分け与えた。そして五月十一日、古阜近くの黄土峴(ファントヒョン)で、全羅監営の「官軍」と戦うことになる。

われわれを乗せたタクシーも、黄土峴をめざして、東津江の川辺を離れた。

＊1 **呉知泳の『東学史』** 農民戦争当時、東学内部の両湖都察(全羅道と忠清道の組織の調整役)という地位にあった呉知泳が、一九三八年になって書いた回想記。当事者しか知らないデータが多い反面、主観的解釈による誤りもあるといわれる。呉知泳自身が「歴史小説」と断ってもいる。

＊2 **白山** 筆者は二〇〇八年にこの丘に登り、農民軍がここを拠点にした理由がよく分った。五十メートルに満たない丘だが、広大な古阜平野の中で、土の盛り上がった場所は白山しかない。頂上に立てば四方が一望でき、敵の接近を直ちに察知できる。東は東津江、北はその河口、西は古阜川と、三方を川に囲まれ、襲撃を防ぎやすい。官の米蔵が置かれていて、大量の米が蓄えられていたことも大きかった。

現在の白山の丘容は当時とはかなり異っている。付近には他に石材を採れる山がなく、数十年前から採石業者が丘を削り取ってきた。

＊3　**東学の地方組織**　地域のリーダーを中心にした東学徒の集りを接(チョプ)と呼び、リーダーを接主(チョプチュ)と呼ぶ。接の集りが包(ポ)であり、包の指導者が大接主である。

＊4　**農民軍の行動綱領**　四大名義は①人を殺さず、家畜を殺さない、②忠孝を尽し世を救い民を安んじる、③倭夷(日本)を逐滅して、聖道を清らかにする、④兵を駆って京に入り、権貴(閔氏政権)を滅ぼす――である。

十二ヵ条は①降者(降伏した者)は愛対せよ、②困者は救済せよ、③貪官は之を逐(お)え、④順者は敬服せよ、⑤飢者は之を饋(おく)れ＝食物を与えよ、⑥姦猾(悪賢い者)は之を息(や)めさせよ、⑦走者(逃げる者)は逐うな、⑧貧者は賑恤(しんじゅつ＝金品援助)せよ、⑨不忠は之を除け、⑩逆者は之を曉喩せよ(諭せ)、⑪病者は薬を給せよ、⑫不孝は之を刑せよ――である(『東学農民革命一〇〇年』などによる)。

往時の古阜

column

古阜(コブ)はいま、井邑(チョンウプ)市西南部の古阜面にその名をとどめるに過ぎない。全琫準が蜂起したころの古阜郡は、どんなところだったのだろうか。古阜は「豊穣の地」であり、悪辣な郡守らの役人が私腹を肥やすには、好都合な土地だった。

朝鮮王朝のあらゆる文書を保管した役所「奎章閣」の所蔵物は、ソウル大学に移されてデータベース化されている。その『古阜邑誌』の中の「1907年古阜郡編」を見る。

「坊里」の項を開くと古阜郡内の面名が並んでいる。梧琴、達川、水金、伏未、長順、雨日…富安、西部、南部、東部…巨麻、白山、沓内と面の名が並び、計19もの面を持つ大きな郡であったことが分る。

1914年の朝鮮総督府による行政区域改編で、19面のうちの15面は統廃合されたうえ、隣の井邑郡(現・井邑市)に編入された。白山面など3面は扶安(プアン)郡に、富安面は高敞(コチャン)郡に移管された。

古阜郡は肥沃な「穀倉」のイメージが強いが、白山と富安の2面は、それぞれ海に接していた。さらに、良港として知られた扶安の茁浦(チユルポ)も古阜郡の管轄下にあった。これらの地域が他郡に移管される前の古阜は、海産物にも恵まれ、通商による利益も上げることができた。

「古阜邑誌」の「戸口」によると、郡の戸数は6,526戸、人口は28,651人だった。この古阜郡の大部分が、隣の人口1万足らずの井邑郡に吸収され、わずかに一つの面の名称として「古阜」が残された。

総督府の行政区域改編は朝鮮全土にわたって実施され、古阜だけが対象になったわけではない。しかし、古阜に関しては、東学農民戦争の発端となった蜂起の地に対する、報復の意図が含まれていたのではないだろうか。

第二節　独裁者の思惑

井邑市古阜面の東隣の徳川面（トクチョンミョン）に「東学農民革命記念館」という大きな施設がある。二〇一六年十月九日の正午前、わがタクシーは、やっと最終目的地に着いた。記念館見学のあいだ、待ってもらうことにした。メーターは八万ウォン近くになっており、このあと井邑駅まで戻ってもらうことを考えると、金松伊さんの「六万ウォン以上不払い宣告」がどうなるのか、ちょっと気がかりだった。

記念館の左前方に、高さ三十メートルほどの丘陵が広がる。黄土峴（ファントヒョン）だ。「峴」は漢和辞典に「山の頂上が平らなさま」とあり、峠（これは日本製の漢字＝和字）のことだ。やはり峠の意味の「재＝チェ」を付けてファントチェ（濁音化する）と呼んでいた時期もあったが、「黄土峴戦跡地」として国の史跡二九五号に指定されてからは、ファントヒョンが定着したようだ。

全羅官軍を破る

一八九四年五月一日、東学農民軍は全羅監営（道庁）のある全州（チョンヂュ）をめざして白山を出発した。一方、農民軍の動きを知った全羅監司・金文鉉（キム・ムニョン）は、監営の営兵約七百に加え、農民郷兵約五百、褓負商*1（ポブサン）約千名の軍勢で農民軍を追った。五月七日、各地を転戦し院坪（ウォンピョン＝現・金堤市内）に布陣していた農民軍は、監営軍の出動を知り、三つの部隊に分れて古阜をめざした。

五月十日、両軍は相次いで古阜に到着、黄土峴付近に布陣した。十一日未明に農民軍が決戦を仕掛け、監営軍に圧勝した。東学農民戦争の白眉ともいわれる黄土峴戦闘だが、両軍が布陣した具体的な場所、戦闘がどこでどのように戦われたのかについては確実なデータが残されておらず、諸説がある。

筆者は諸資料や地図を眺めて位置を特定しようとしたこともあったが、あきらめた。今回、記念館で「東学農民革命文化解説士」の肩書を持つ柳太吉(ユ・テギル)さんに詳しく説明してもらったが、この辺りの地形が頭に入っていないために、よく理解できなかった。柳さんも「官軍側の記録と農民軍側の記録には違いがある」と言っていた。

ごく大まかに言えば、五月十日に古阜に着いた農民軍は、監営軍を誘い込むように黄土峴に導き、自軍は西南の斗升山(トゥスンサン)側で宿営した。「天道教の聖地」というネットのページによると、同夜、農民軍は褓負商を装った者たちを敵陣に送り込んで状況を探らせ「敵陣では肉を食い酒を飲み、男女の歌舞まで繰広げたあとで寝入った」との報告を受けた。監営軍の陣営では、目視可能な距離にあった農民軍の宿営地に動きがなく、油断したようだ。

十一日午前三時過ぎ、農民軍は部隊を二つに分けて前後から奇襲、営兵と郷兵、褓負商を殲滅し、武器と食糧を奪った。「天道教の聖地」の記事には、「全琫準実記によれば」という追記があり、農民軍が「営兵らの死体を埋葬すると、彼らが行軍中に略奪した金銀財宝が多く出てきた。死人の大半は、略奪してきた女性であった」と、信じ難いようなことも書かれている。

天道教(チョンドギョ)は東学の第二代教祖・崔時亨(チェ・シヒョン)の高弟だった孫秉熙(ソン・

ビョンヒ)が一九〇五年に起こした。東学を継承する唯一の組織である天道教の「東学農民革命」についての記述は、信頼に足るものであろう。一九三二年に現地取材した菊池謙譲(朝鮮通信社社長)も、この内容を裏づけている。

黄土峴の西南は斗升山脉(脈)に連なる渓谷地帯にして渓を隔てゝ柿木里あり両軍の陣営は呼べば応うる対峡である。官軍の油断其夜は全く武装を解き恰も凱旋夜宴の如くに睡眠と歓呼と酒興に安んじていた。時正さに(ママ)三更を過ぎ(中略)東軍は二隊に別れ(ママ)一隊は正面より一隊は後営を奇襲すべく全軍剣槍を持し、田畦を伏進し、径路を徐歩し気声を殺して進撃した。

東軍已に官軍の陣営に到着したが誰何するものなし。当時官軍は黒色の軍服を着し、負商民は便衣なりしより東軍の来襲を以て負商民の巡警となし別に阻止せず、やがて黄土峴の高地に達するや始めて(ママ)吶喊突撃し縦横襲撃す。官軍まったく不意を襲われ全軍隊形を作るの暇なく、乱撃の下に敗滅す(『近代朝鮮史』)。

菊池が会った褓負商の生残りの者は、当夜の「敗亡の光景」を次のように語ったという。

東学陣営は全く寂として火光すら見えなかったゝめ一同安心して酒を飲み、酔興して乱舞高歌のまゝ熟睡した。夜半に大声で敵襲来を叫ぶものあり、眼を醒せば乱軍雑沓、逃げるもの、倒れるもの、叫ぶもの、伏すもの、隠くるるもの、陣営の周囲は死人を以て累々…。

東方へ逃げたものは東学軍の別隊に襲われ、七日(陽暦五月十一日)の未明頃まで大抵敗亡殺害された。此役で自分の同志負商民七百八十名が戦死した、否な殺害された。官軍は軍器を棄て大砲二門も其のまま敗退し、米穀百石を失った。

朴正熙の出資と祝辞

東学農民軍が、監営軍と農民郷兵および褓負商の混成部隊とはいえ、「官軍」を討ち破った黄土峴には、二つの記念造形物がある。それぞれ、朴正熙(パク・チョンヒ)と全斗煥(チョン・ドゥファン)という二人の軍部独裁政権の大統領の思惑が絡んでいる。

一九六三年十月、この丘の最上部に「甲午東学革命記念塔」(次ページ写真)が建てられた。除幕式には朴正熙大統領が出席して祝辞を述べたが、そのいきさつを全北郷土文化研究会会長をつとめた李治白(イ・チベク)氏が証言している(ネット要旨)。

一九六三年七月のある日、酒席で軍人出身の金仁(キム・イン)全羅北道知事に「甲午東学農民革命をご存知ですか。あれは『乱』とか『逆賊徒党』とか言われてきましたが、実際は『除暴救民、輔国安民、斥倭斥洋』です。発祥の地・井邑で何か記念事業をやりませんか」と話した。

「よかろう」とのことで話がまとまり、道と農協と井邑郡(当時)が百万ウォンずつ出し合って、黄土峴に記念塔を建てることになり、建設推進委員会をつくった。国家最高会議(一九六一年の五・一六クーデターで誕生した軍事革命委員会が改称)関係者がこの話を聞込んで、朴正熙議長に話すと、百万ウォンが出資されて予算は四百万ウォンになり、建設を急いだ。

十月三日、大統領選挙を控えた朴正熙議長を迎えて除幕をした。朴議長は祝辞で「…実は私の祖父も東学軍に加担して官軍に捕えられたが、どういうわけか、幸いにも死を免じられた。お陰

甲午東学革命記念塔

で私が生まれ、今日、この席で皆さんに会い、意義深い東学革命塔の除幕をすることになった」と話した。

朴正熙議長が出資を命じたり、除幕式に出席して祝辞を述べたりしたのは、忠清道の公州・牛禁峙（コンヂュ・ウグムチ）の「東学革命軍慰霊塔」建立への肩入れ（後述）と相俟って、彼が自らの五・一六軍事クーデターを「東学農民革命」と重ねあわせて意識していたことをうかがわせる

八月末の記念塔建設決定からわずか四十日ほどで、この巨大な塔を完成させたということは、十月十五日の大統領選挙が迫っていたことと関係があるのかも知れない。塔に刻まれた「保国安民」は「輔国」の誤りである。なお、東学軍に加わったのが朴大統領の祖父だというのは、李治白氏の誤記だろう。祖父ではなく、父の朴成彬（パク・ソンビン）であり、若いころ慶尚北道・星州（ソンヂュ）の東学接主だった。

同じ黄土峴の丘の麓には、朴正熙に続いた全斗煥大統領の「遺跡聖域化事業」に伴う造形物があるが、その前に、朴正熙が建立に直接的に関わった、もう一つの東学記念塔について触れたい。

一八九四年十二月、農民軍は公州南郊の要衝・牛禁峙で日朝連合軍に敗れた。農民戦争の大勢が決したと言われる。その牛禁峙に農民戦争八十周年の一九七三年十一月、慰霊塔が建てられた。「東学

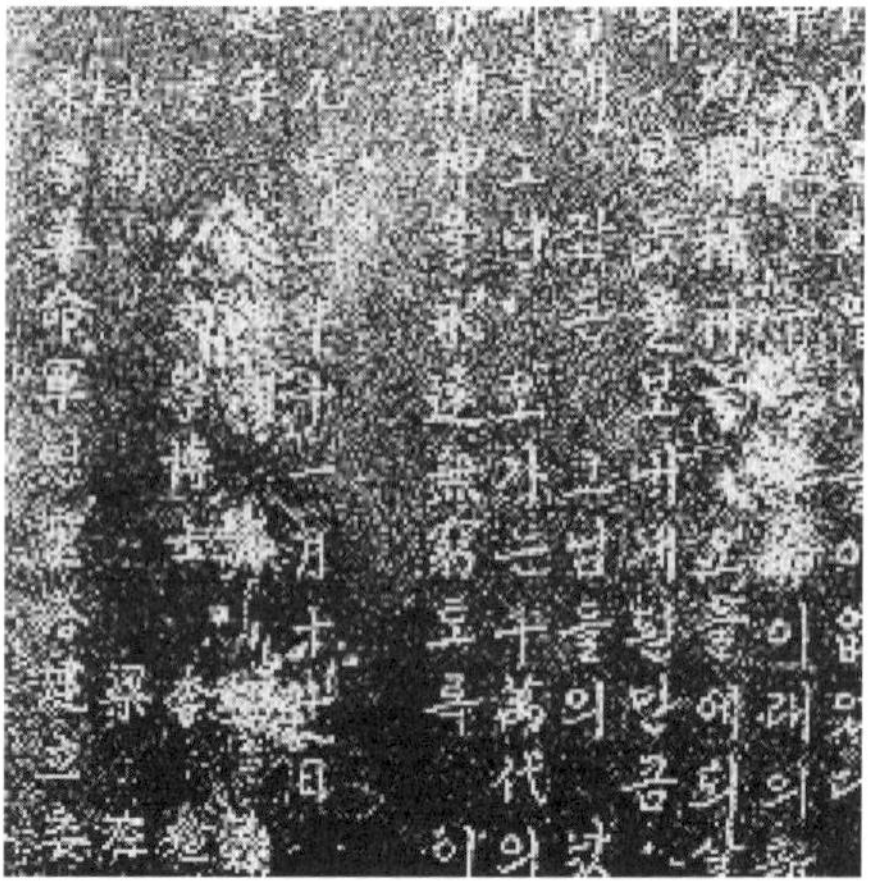

ところどころ削られた東学革命軍慰霊塔の碑文

革命軍慰霊塔」の題字は朴正熙大統領の直筆である。

建立は東学の後身、天道教関係者を主体にした建設推進委員会によるが、文学博士・李瑄根(イ・ソングン)氏の書いた碑文を読めば、朴正熙政権の意向が強く働いていたことが歴然としている。ところが、この碑文はところどころ、肝心の部分が削り落とされている。最後の部分を訳しながら読んでみよう。カッコ内は削り落とされた部分だ。

あなた方が去られて八十年。(五・一六革命)以来の新生祖国が新たに東学革命軍の殉国精神を今日に蘇らせ、輝く(十月維新)一周年を迎えたのを機に、われわれすべてが、血の滲むこの丘に眠るあなた方の霊を慰めようと、この塔を建てた。行き交う千萬代の後孫たちよ、かの偉大な革命精神を永遠無窮であるように受け継ぎ、力強く宣揚せよ。

「一九七三年十一月十一日」の日付に続く「題字　大統領　朴正熙」の部分も削られている。

自ら題字を書いた塔の碑文として、このような内容を刻ませた朴正熙大統領の意図は、父の東学革命運動参加を誇るという次元にとどまらない。張勉内閣を倒し、自身が実権を握った五・一六軍事クーデター、長期独裁の道を開いた「十月維新*2」。朴正煕は、自らの「革命」の淵源を「東学革命」に求め、その継承者であることを強調し、国民にその精神に従うことを碑文で求めている。

東学農民革命の評価、朴正煕の政権奪取と「開発独裁」に対する評価は人によって異なる。しかし、牛禁峙の碑文の傷跡は、両者を同一線上に置くことに対する「異議申立て」であることは、確かだ。

全斗煥の「為先事業」

黄土峴の丘に戻る。

一九八一年に全斗煥大統領は井邑郡庁(当時)を訪問し、「全琫準は立派な軍人で愛国先烈だ。私と同じ全氏でもあり…」と切出し、「黄土峴を顯忠祠(ヒョンチュンサ。倭乱勝利の英雄・李瞬臣を追慕する祠堂)並みの規模で聖域化するように」と指示した。

八三年から「遺跡浄化作業」が始まり、五年の歳月と数百億ウォンを費やして、黄土峴の麓に記念館や全琫準将軍の銅像が誕生した。文化財庁長官をつとめた兪弘濬(ユ・ホンヂュン)氏によれば、全大統領は自分の先祖を称える「為先(ウィソン)事業」を進めており、自身の本貫(祖先発祥の地)である旌善全氏(チョンソンチョンシ)と全琫準の本貫である天安全氏(チョナンチョンシ)が同系であるところから、事業を思いついたようだ。

しかし兪氏は、「全琫準と全斗煥は本貫以外にどんな関係があるのか。二人の生き方が中身も質もまったく違うのに…」とあきれ、「全斗煥の〈為先〉事業は〈偽善〉なのか」(発音が同じウィソン)と皮肉っている(『私の文化財踏査記』)。

さて、出来上がった全琫準将軍の銅像は、まことに評判が悪い。歴史学研究所の朴チュンソン氏は『農民戦争の記念造形物を訪ねて』（ネット）で次のように手厳しい批判を展開している（大意）。

銅像の頭は丁髷（ちょんまげ）だ。「逮捕されて移送される全琫準」としてよく知られる写真（第八章参照。これは実は移送中の写真ではないことが判明している＝筆者注）を見てつくったのだろうが、「倡義」の檄文を手に、戦いの先頭に立って叫ぶ農民軍指導者の頭が囚人と同じになってしまった。

高い台座の上に三メートル近い全琫準の銅像が威圧的に立って、背景の農民軍の隊列のレリーフを踏みつけにしているように見える。自身が農民であり、農村知識人として農民と痛みを共にした緑豆将軍の姿とは、かけ離れている。農民軍のレリーフも、命をかけて戦場に出て行く悲壮感が全く感じられない（別のある人は、ふっくらと太った農民が、行楽に出かけるような姿だと評している＝筆者注）。

制作者は著名な彫像作家の金景承（キム・ギョンスン）。全琫準将軍以外にも金庾信（キム・ユシン）将軍、安重根（アン・ジュングン）義士、世宗（セジョン）大王、李承晩（イ・

全斗煥大統領の指示で建立された全琫準将軍の銅像と農民軍群像

スンマン)元大統領ら有名人の銅像を手がけているが、彼の銅像は、それぞれの人物の業績とは関係なく、みな形状が似ている。

金景承には一八九四年に命をかけて闘った農民軍の闘争意志、農民戦争の意味、全琫準の精神を理解して形状化できる実践と経験がなかった。全斗煥政権の権力と金景承の権威が握手をしたが、銅像から歴史は消えて、彼らに似せた形態だけが残っている。

独裁権力者が自分の周辺を美化し、自分を農民革命の後裔に仕立てようとした「浄化事業」は、成功しなかったようだ。筆者は見落としたが、近くに一九八七年に建てられた「黄土峴戦跡地浄化記念碑」なるものがあり、その碑文の最後の名前も、牛禁峙の碑同様、削られているという。

一九八〇年の光州で、戒厳軍の銃弾に倒れた尹祥源(ユン・サンウォン)たちが開いていた労働者のための教室は「野火夜学」と名づけられていた。「全琫準将軍に率いられた農民たちが掲げた、あの革命の灯を引継ごう」という思いからだった(序章章末のコラム参照)。

光州郊外の望月洞(マンウォルトン)の墓地には、光州事件の犠牲者だけでなく、軍部独裁と戦った民主化運動の犠牲者たちも眠っている。彼らは、自分たちを死に追いやった軍部独裁政権の主役が、その行動の淵源を東学農民戦争に求めたことを、どう受止めているだろうか。

われわれを乗せて古阜を一巡したタクシーは、午後一時過ぎに井邑駅に戻った。メーターは九万ウォンほど。運転手のアヂョシは「会社に四万ウォン納めなければならないので、七万ウォンはもらわないと…」と言った。言値どおりに支払って、車を降りた。

＊1 **褓負商**　日用品を背負って農村地帯を回る行商人だが、ギルド的な組合を組織して結束が固く、しばしば政府側に動員された。乱が起これば商売ができないので、農民軍を敵視していた面もあっただろう。

＊2 **十月維新**　一九七一年の大統領選挙で朴正熙は野党の金大中に追い上げられて辛勝、直接選挙による政権維持に限界を感じた。七二年十月十七日、朴大統領は特別宣言で国会を解散、全国に非常戒厳令を宣布した。
　国会に代る非常国務会議が憲法改正案を公告、国民投票で維新憲法が誕生した。大統領は直接選挙によらず、統一主体国民会議が選出することになり、十二月に朴正熙を第八代大統領に選出、永久政権を保証する体制がスタートした。

農民軍の姿(1)

column

黄土峴の全琫準の銅像のバックには、行進する農民軍のレリーフがあるが、実際はどのような姿だったのだろうか。

黄玹という人の書いた『梧下記聞』には、次のような描写がある(原文は漢文)。

先頭は十四、五歳の少年を背負って進む。少年は青い笏旗(フルギ。不詳)を持ち、あたかも行進の指揮をとっているようだ。少年の後に農民軍兵士たちが続く。まず胡笛を吹く者、次は「仁」の字、「義」の字の旗を掲げた一組、さらに「禮」の字、「智」の字の旗の一組が続く。白い旗二本には「普濟」、「安民昌徳」とあり、次の黄色い旗には「普濟衆生」と書かれている。その後は村々の名が書かれた旗だ。

次は甲冑を着て馬に乗り剣舞をする者、そして帯剣した歩兵四、五組、さらに笛を吹き太鼓をたたく赤い団領(官服)の二人に続き胡笛の二人。折風帽をかぶって傘を持ち道服姿でロバに乗った一人を、袖の詰った服を着て帽子をかぶり、傘を持った六人が取囲んで従う。

次には二列になって数多くの銃手が続くが、みんな色とりどりの五色の頭巾を巻いている。銃手の後は竹槍部隊だ。

(中略)

賊たちは子供の中から背が低くて悪賢そうな(原文は「黠狡」となっている)者を選び、陣中で何日間か教えこんで、「神童」なるものに仕立てるのだが、愚かな民たちは、そうとも知らずに「神人」として真に受けた。

＊＊＊

農民軍の行軍が民俗色の濃い示威であり、祝祭の雰囲気すら漂うパフォーマンスであったことが伝わってくる。

農民軍兵士は肩に「弓乙」の護符をつけ、背に「同心義盟」の四字を書付けていたという。護符を持ち、「侍天主造化定永世不忘万事知」の呪文を唱えれば、敵弾をよけられると信じられていた。

農民軍の姿 (2)

column

農民軍については、日本の新聞『二六新報』の「馬嘶剱鳴録」にも描写がある。「剱鳴録」は1894年６月末から７月にかけて、同紙の鈴木天眼らが釜山からソウルをめざした折の道中記である。

６月29日に釜山を発った天眼らは、7月８日に淳昌で、約500名の東学軍と遭遇した。大将・金奉均(全琫準の別名)らと筆談したり書状を交したりで「剱鳴録」には「首領等に直接に聴きたる同党の歴史、其組織、其儀式を略報す」とある。

「鉢巻は樺色、黄色、青色あり、部署に従いて区分する如し。衣服は赤勝ちの玉子色の麻布なり。上下皆一様、肩にしたるは火縄銃にして、腰にしたるは薬筒と火縄なり」と記事があり、二枚のスケッチに「東学党員　銃卒」(図左)、「東学党の指揮官　洋傘をさし刀をさげ居る　従卒は火縄銃を肩にす」(図右)と説明が付されている。

以上を見れば「馬嘶剱鳴録」は二六新報記者の東学ルポのようだが、実は、一行は福岡の玄洋社メンバーが中心の「天佑侠」の面々であり、全琫準と会って「助力」を申し出、ともに戦おうとしていた。鈴木は二六新報主筆として、内田良平、武田範之らとともに天佑侠に加わっていた。

のちにメンバーの一人によって、実際に戦闘に参加したかのような荒唐無稽な武勇伝『天佑侠』が書かれた。

彼らへの評価は、日清間に戦端を開かせるための挑発行為とするものと、東学農民への共感もあったとするものに分れる。

第三節　思いがけぬ作者

二〇一六年十月十日、筆者と金松伊さんはソウル市庁近くのホテルのコーヒーショップで金運成（キム・ウンソン）、金ソギョン夫妻に会った。予想どおり、運成氏ひとりではなかった。

九月下旬に井邑市庁の趙銀徳（チョ・ウンドク）さんから、古阜の「無名東学農民軍慰霊塔」の制作者は、ソウル近郊に住む金運成という人だと連絡があった。筆者は二〇〇八年にこの（塔とは言い難い）モニュメントを見て以来、制作者を知りたいと思ってきた。序章に書いたとおり、今回の旅に出る前に、金松伊さんに頼んで井邑市庁に電話をしてもらった。担当部署の趙銀徳さんが「全力を挙げて探します」と言ってくれ、数日後にメールが来た。

金運成・金ソギョン夫妻

早速、ネットで「김운성（キム・ウンソン）」を検索した。ソウルの日本大使館前に置かれている、従軍慰安婦だった人たちの象徴とされる「少女像」のミニチュアのうしろで、中年の男女が微笑んでいる写真が目に飛込んできた。八月二十日付の「京郷新聞」紙面だ。金夫妻は少女像の共同制作者だった。

予想外の事態だった。筆者は外国公館前に少女像を置くことが、ウィーン条約違反だとか、外交儀礼に反するとかの理由からではなく、

「少女像は、慰安婦だった人たちの象徴として、ふさわしくない」という理由から、像をあちこちに「ばら撒く」ことに反対であり、その行為を苦々しく思ってきた。

「無名東学農民軍慰霊塔の制作者＝少女像の制作者」という事実は、筆者にとって、心理的に居心地が悪かったが、とにかく連絡をとることにした。金松伊さんの電話に対して金運成氏は、「近郊の高陽(コヤン)市に住んでいますので、ソウルでお会いしましょう」と、快諾してくれた。

われわれとの面談のあと、金夫妻は日本のメディアの取材をいっさい拒否しているらしい。われわれと会ったのは、インタビューの主題が「少女像」ではなく、「無名東学農民軍慰霊塔」だったからだろうか。

記念造形物のあり方

金運成氏＝一九六四年、江原道春川(チュンチョン)生れ。数えで五十三歳(会見当時)。一九八八年、韓国・中央大学芸術学部彫塑学科卒業。*1 金ソギョン氏＝一九六五年、ソウル生れ。運成氏と同級、同年卒業。ナップザックを背負って現れた運成氏は気力充実、ソギョン氏も意志の強そうな印象を受けた。

筆者は「お二人が例の少女像の制作者であることは知っていますが、まず古阜の慰霊塔についてお聞きしたい」と前置きして、いくつかの質問をした。答えたのはすべて運成氏で、以下のような内容だった。

塔の制作依頼は一九九四年の東学農民革命百周年の前に、井邑の記念事業会から受けた(当時、金運成氏は三十歳前後の若さだった＝筆者）。学生運動をしていたので、その方面のルートで私のことを知ったのだと思う。仲間とともに引受けることになった。

「無名」農民軍のために、ということは強調されたが、ほかに具体的な注文はなかった。アリランを踊る像など、さまざまなアイデアがあったが、話し合いを重ねる中で、あのようなかたちに落ち着いた。無名農民兵士の顔にモデルはない。いわゆる普通の農民の顔を頭の中で描いて彫った。人数が多かったので、仲間の三人で分担した。

中央の塔の絵は、すべて私の発想で、私が描きたいように描いた。[*2] 画家の崔秉洙（チェ・ビョンス）が李韓烈（イ・ハニョル）をモデルに描いた絵を参考にしたのではない。

前節で触れた歴史学研究所の朴チュンソン氏は、無名東学農民軍慰霊塔について、次のように論評している（要旨）。

この塔は官製ではなく、地域住民がお金を出しあってつくった。東学農民革命を記念する多くの碑の中で、唯一優れた造形物だが、足りない点がある。それは農民戦争に参加した女性と子供たちの姿がないということだ。東学農民戦争が抗日戦争だったことは事実だが、それは一つの側面に過ぎず、一方では朝鮮政府軍や各地の保守軍隊とも戦った、朝鮮社会内部の葛藤でもあった。

これから農民戦争の記念造形物をつくるのなら、この記念塔よりさらに発展した形態でつくらなくてはならないだろう。造形物がもう二度と、政権を正当化する象徴操作になってはいけないし、地方自治体の業績誇示の手段になってもいけない。

左右均衡の重い垂直型の塔から脱皮して当時の農民が念願していた水平的人間関係を形状化しなければならない（二〇〇一年の学術会議「東学農民革命の二十一世紀的意味」での発表から）。

筆者が日本語に訳して持っていたプリントを、金松伊さんが韓国語に訳しながら読みあげた。金運成氏は朴チュンソンという人を知らなかったようだが、その評価には驚いた様子で、「女性を入れることも考えたのですが、時間が足りず…」と言った。

無名農民軍兵士を慰霊するモニュメントが権威主義的なものにならず、前例のない、水平的な人間関係を感じさせる形状に辿り着いた着想の過程を、もっと訊くべきかと思った。しかし、「試行錯誤と話し合いを重ねる中で」と言う以外に、言葉で表現するのはむずかしいだろうなとも思った。

彼らが普通の農民をイメージして彫った十数個の顔の表情から無名農民軍兵士の「生と死」を感じ取ろうとするのは、「思い入れ過多」と言われるかも知れない。しかし、あのモニュメントが多くの人を惹きつけ、農民戦争に倒れた「人間」を実感させたのも事実だ。弱冠三十歳。あの空間を創り出したセンスと手腕は、讃えるべきだろう。

少女像に辿り着くまで

席を改めて、ソウル市庁の裏手の居酒屋に誘った。夫妻はまず共著の『空いた椅子に刻んだ約束』（次ページ写真。右目から落ちる涙は英語で「日本は謝罪すべきだ」[*3]）にサインして、紙の小箱とともにわれわれに渡した。置き場所がなく、店員が持ってきた大きなビニール袋の中に全員の持ち物といっしょ

に入れて店に預けた。会食後、ホテルに帰って小箱を開けると、ブロンズの輝く少女像と椅子のミニチュアが出てきた。最初にもらったソギョン氏の名刺の裏面には、少女像の顔のアップが刷られており、表にも少女像の原形となった小さな像が刷られていた。著書はともかく、ミニチュアは「こんなものを渡されてもな」と思った。

居酒屋では、運成氏は上着を脱ぎ、注文した肉の塊を焼き始めた。次々に注文する。韓国流なのか遠慮はない。ソギョン氏ともども小気味よいほどの健啖ぶりだ。頃合いを見て筆者は「例の少女像のことだが…」と切出し、以下のような趣旨のことを話した。

私は朴裕河(パク・ユハ)さんが『帝国の慰安婦』の中で言っていること全般に、基本的に賛成だ。[*4] 少女像に限って、私自身の考えも含めて言うと、あれは慰安婦だった人たちを象徴する像として、ふさわしくない。慰安婦にはいろいろな年齢の人がいた。生い立ちも慰安婦になった理由もさまざまだった。

ところが少女像を見た人たちは、「慰安婦は、十代も前半の、こんな可憐な少女たちが連行され、性奴隷にされたのだ」という、事実とはズレのあるイメージを心に定着させ、「こんなひどいことをした日本を許すな」という怒りをかきたてる。韓国内だけでなく、海外にまで少女像を置く動きは、そのようなイメージを拡散させるだけで、慰安婦問題の解決につながらないと思う。

金運成氏は「少女像に辿り着くまでには、慰安婦だったハルモニの像を含めて、芸術家としていろいろ考えた。調査の結果、慰安婦の八十パーセントは非常に若かった、ということも分った。いま言われたようなことを意図したわけではない」と答えた。

筆者は「芸術家としての意図を越えたものを、社会がメッセージとして受取ることもある」と言った。「だから本を書いたのです」という言葉が返ってきた。

当夜の彼の発言、著書に書かれていること、二〇一六年八月末に来日した時の発言、二〇一七年一月の韓国でのインタビュー(いずれも韓国メディアの報道)から、金運成夫妻が慰安婦問題に関わるようになった契機、なぜ少女像になったのか、これから何をしようとしているのかを探ってみる。

まず、著書『空いた椅子に刻んだ約束』の中の金運成氏の「平和の少女像制作の背景と理由」から(要約)。

二〇一一年一月の寒い日、光化門通りを仁寺洞に向かっていると、日本大使館前に人が集まっていた。前列に髪の白くなったハルモニたちが座っていた。慰安婦問題の解決を求める「水曜集会」を初めて目にした。一九九一年に金学順(キム・ハクスン)ハルモニが慰安婦であったことを証言してから二十年、何も解決していないことを知らずに過ごしてきた。冷え切った街路に座るハルモニたちの姿を目にして、ひたすら申し訳ないと思った。

慰安婦問題に詳しい先輩に「自分に何かできることはないか」相談した。五月になって先輩とともに、「韓国挺身隊問題対策協議会」(挺対協)*5の事務所に行った。「美術家として手助けできることがあれば何でもやります」と申し出た。尹美香(ユン・ミヒャン)代表から「十二月四日に水曜集会が千回を迎えます。二十年間の闘いを記念する小さな碑石を日本大使館前に置く計画なので、そのデザインを」との要請があった。

いくつかの構想に基づくスケッチが完成する前に、「碑は建てるな」という日本政府の圧力がかかっていることを、マスコミを通じて知った。当初の構想を修正して、誰も座っていない椅子をつくって置くか、(庶民の履物だった)コムシン(ゴム靴)を彫って置くか、それとも、われわれだけしか知らない標識をつくるか…外部状況に押されて、縮こまり、消極的になって行く自分に腹が立った。

そんなときに挺対協から提案があった。小さな碑石はもちろん、どんなものも建てられなくなるかも知れない。碑石もいいが、彫刻家なんだから、もう少し人間に近い、共感と連帯意識を持てるようなものにしてはどうだろう。一日だけで撤去されるかも知れないが、「意味深長」な造形物を制作してみては…。

われわれ夫婦は、形状を懸命に考えた。この時期に構想したのは少女像ではなく、二十年間も街路で闘ってきたハルモニの姿だった。

あるとき、ソギョンが少女像のミニチュアをつくった。ハルモニたちが日本軍の性奴隷として連れ去られた当時は、その多くが少女だったはずだ。このミニチュアを見たあとは、これをどのような造形物に仕上げるかに、すべての考えを集中した。何度も挺対協と話し合い、少女像のデザインを完成させていった(後略)。

金運成氏の文章からは、なぜハルモニ像が少女像に変ったのか分らない。同じ著書の金ソギョン氏の「少女像との対話」をみる(要旨)。

夫と共同制作することになり、慰安婦被害者について学び、ハルモニたちの証言を聞き、資料を吸収して感情移入に努めた。その過程で、かつて「少女の夢」という作品をつくったことのある私は、「夢を奪われた少女」を形象化しなければならないと思った。それを、日本大使館前に座らせ、彼らが奪った少女の夢と対面させたかった。そのことを通じて、慰安婦として連れ去られた夢多き少女は、ほかでもない、われわれ自身であることを、伝えたかった。

日本政府が戦争で性奴隷にしたのは、歳をとったハルモニではなく、幼く、花のように美しい少女たちと若い女性だった。日本は彼女たちを騙して強制的に戦場に連れて行って性奴隷にし、さらに、殺人を含む無慚な犯罪を、ためらいもなく犯した。いまはハルモニだが、夢を失う前の、少女であったときの姿を形に表わし、日本大使館前に置いて、日本政府の戦争犯罪と女性の人権蹂躙の、残酷な歴史的事実を広く知らせようとした。

韓服を着た、か細く幼い少女の姿を表現し、苦痛に満ちた人生を歩んだ女性の歴史と、二十年間、「水曜集会」を引っぱって来た強固な意志も、像に込めたかった。

三ヵ月にわたる制作過程は、常にハルモニたちの心情が思いやられ、金ソギョン氏自身にとっても苦痛に満ちたものだったという。少女像に込めたソギョン氏の心情は、理解できなくはない。しかし、芸術家らしい柔軟性を欠いた直線的な論理と、彼女自身がめざした「感情移入」の結果、ひたすら純化され、理想化された少女像が誕生したのではないか。

筆者は「慰安婦だった人たちの象徴」が、彼女たちの「実像」と合致しなければならないとは思わない。しかし、純化され、美化された「生身」に近い少女像は、慰安婦だった人たちの実像を飛越えて、見る人に「情緒過多」な反応を起こさせる。「象徴」には、「象徴されるもの」の「典型」であることが求められると思う。

設置運動の行方

二〇一六年八月、われわれがソウルで会う二ヵ月前に、金運成氏は東京で、次のように語っている（韓国「毎日経済新聞」八月二十八日付）。

日本軍慰安婦をめぐる現在の状況に怒っている人が多く、韓国内だけでなく、世界各地の同胞から数えきれないほどの電話がかかってくる。韓日両政府の合意*6以後は、家ごとに少女像を置きたいという希望もあって、小さな少女像もつくっている。少女像を否定する日本側の態度が、少女像をさらに多く設置させるように刺激している。ソウルの日本大使館前は、本来、小さな碑石を置くはずだったが、日本側が圧力をかけたので、少女像になった。

二〇一六年末には、釜山の日本総領事館前に新たに少女像が置かれた。金運成氏は二〇一七年一月四日、ソウルの日本大使館前の「水曜集会」の現場で「週刊東亜」のインタビューに次のように答えた。

日本が妥当な謝罪と賠償をするまで、ずっと少女像の制作を続ける。少女像を置かれて不便を感じるのなら、まず慰安婦問題を解決しなければならない。日本政府が慰安婦被害者の声を聞かない限り、少女像は置かれ続けるだろう。

銅は千年以上も変わらない材料だ。少女像が私たちのそばにずっといてくれるように銅を選んだ。市民は寒い冬にはマフラーと毛糸の帽子をかぶせ、像の横の椅子には、さびしい思いをさせまいと、花束や贈物が置かれる。少女像は、市民にとって生きている過去であり、友人のような存在だ。

二〇一六年十月にソウルで会ったとき「あなたは思想は堅固そうだが、笑顔は柔軟だね」と言ったら苦笑していた彼だが、一連の発言からは、「無名東学農民軍慰霊塔」で見せた思考の柔軟性は窺えない。

少女像をあちこちに設置することが、何を生むのだろうか。韓国の人たちの、日本に対するバイアスのかかった憎しみを増幅させる。日本の、慰安婦問題に理解のある、あるいは理解しようとしている人、「アジア女性基金」に寄付をした人たちを離反させる。

少女像はその後も韓国各地、世界各国に設置され続け、子供たちの社会見学の対象にもなっている。金運成氏と金ソギョン氏、そして挺身隊対策協議会は、「少女像設置運動」の行き着く先に、なにを見ているのだろうか。

＊1 **韓国の大学**　単科大学が集まって一つの大学を構成しているため、正式には「中央大学校芸術大学彫塑学科」となる。

＊2 **主塔の絵**　無名東学農民軍慰霊塔の約五メートルの主塔の大理石板には、力強い線で描かれた兵士像が陰刻されている。労働者出身の民衆画家・崔秉洙が描いた李韓烈（一九八七年六月、デモ中に催涙弾の直撃を受けて一ヵ月後に死んだ延世大学生）の絵に想を得たと言われているが、との筆者の質問への答え。

＊3 **空いた椅子**　書名は少女像の横に置かれた誰も座っていない椅子から採られている。米国カリフォルニア州のグレンデール市に設置された少女像の説明文によれば、この椅子は「いまだ正義を証言していない、高齢で死を迎えつつある生存者を象徴している」となっているそうだ。

＊4 **『帝国の慰安婦』問題**　二〇一七年一月二十五日、ソウル東部地裁は著書『帝国の慰安婦』（二〇一三年刊。日本語版は翌年）の記述が元慰安婦への名誉棄損にあたるとして起訴されていた朴裕河氏を「無罪」とした。しかし同年十月二十七日、ソウル高裁は一審判決を破棄し罰金一千万ウォンを言渡した。

『帝国の慰安婦』は、筆者の理解では、慰安婦問題を「被害」の一点に凝り固まらず、複眼的に見ようという提案であった。慰安婦の多様性の例示として、①慰安婦と前線で戦う日本兵のあいだには、共に戦うという、同志的な関係があった、②慰安婦の中には、自発的な意志でなった人もいた…などの多くの事例を挙げた。しかし著者は、それを論難したのではなく、日本の帝国主義と植民地支配下で起きた構造的な問題としてとらえた。

著者の意図全体を読みとらず、例示の部分だけが取上げられて、「元慰安婦を傷つける、許すべからざる発言」として韓国社会から糾弾されることは予想できたはずだ。著者はその危険を敢えて冒し、三十五ヵ所が名誉棄損にあたるとして起訴され、懲役三年を求刑された。

一審判決を聞いて「幸いにして著者の意図を理解する能力のある裁判官が、韓国法曹界に存在した」と喜んだのだが、高裁は「慰安婦に対して虚偽の事実を示して名誉を毀損した」と認定した。五月の文在寅(ムン・ヂェイン)政権発足後、法曹界でもいわゆる「進歩派」の登用が目立ち、「政権交代による政策変更の流れが司法判断にも影響を与えている」との指摘もある。

＊5 **挺身隊問題対策協議会**　一九九〇年代初め、慰安婦問題解決のために韓国のキリスト教系女性団体などで組織された。日本政府の公式謝罪、立法による賠償を求め、二〇一五年末の両国政府合意に強く反発している。一九九五年のアジア女性基金による「償い金」についても、日本政府の責任をあいまいにするとして、元慰安婦の受取りに反対した。世論への影響力が強く、「慰安婦問題については事実上の拒否権を持っている」ともいわれる。

なお、挺身隊は労働力として集められた「勤労奉仕団」であり、慰安婦とは異なる。日本でも韓国でも研究者やマスコミによる混同があったが、現在では区別されている。朝日新聞は一九九一年に「女子挺身隊の名で戦場に連行され日本軍人を相手に売春行為を強いられた朝鮮人従軍慰安婦」と書き、のちに訂正した。この団体が、現在も「挺身隊」の名称を使っている真意は分らない。

＊6 **両国政府の合意**　二〇一五年十二月末、日韓両国は外相会談を開き、慰安婦問題を「最終的かつ不可逆的に解決させる」ことに合意した。安倍首相は日本国首相として「心身に癒やしがたい傷を負われた方々に、心からおわびと反省の気持ちを表明する」と述べた。元慰安婦への支援策として、韓国政府が設立する財団に日本政府予算から十億円を供出することになった。

韓国の尹炳世(ユン・ビョンセ)外相(当時)は、日本政府の措置を評価し、日本大使館前の慰安婦少女像について「解決に努力する」と表明した。しかし少女像は撤去されず、逆に二〇一六年年末には釜山の日本総領事館前にも少女像が設置された。

韓国国会は二〇一七年十一月、文在寅大統領の公約に従って、毎年八月十四日を「日本軍慰安婦被害者をたたえる日」に指定することを決めた。同年末、文在寅大統領は韓日合意の交渉過程の検証結果を受けて「合意には当事者の意向が反映されておらず、この合意によって慰安婦問題は解決しない」との声明を出した。二〇一八年一月には、日本に再交渉は求めないとしながらも「慰安婦被害者の名誉と尊厳の回復のため、日本側が努力することを期待する」旨、表明した。

第三章　「全州和約」をめぐって

第一節　慶基殿を護れ

一八九四年五月六日、朝鮮王朝の親軍、壮衛営(チャンウィヨン)正領官の洪啓勲(ホン・ゲフン)は、両湖(ヤンホ＝湖南と湖西＝全羅道と忠清道)招討使(チョトサ)に任命され、東学農民軍討伐に赴くことになった。「農民軍が白山で結陣し、全州へ攻めのぼろうとしている」ことへの対応であった。

一八八二年＝壬午(イモ)の年の軍乱。[*1] 洪啓勲はまだ洪在義(ホン・ヂェイ)を名乗り、武芸別監という小職についていた。反乱兵たちは、宮廷を牛耳る閔氏(ミンシ)一族の重臣を殺害して昌徳宮(チャンドックン)に突入、閔妃の姿を求めて血眼になっていた。洪啓薫は閔妃に尚宮(サングン＝官女)の服を着せて輿(こし)に乗せ、兵の誰何には「妹の尚宮だ」と言張って通り抜けた。宮廷の外へ出てからは、閔妃を背負って脱出に成功した。その功によって取立てられた洪啓勲は、王朝最新鋭軍のトップになっていた。

追跡をかわす農民軍

壮衛営は王府防衛の親軍で、アメリカ人教官ダイに鍛えられた部隊だった。連発式小銃や野砲、機関砲を装備した八百名の壮衛営兵は、五月七日、仁川から清国の軍艦「平遠」などに分乗して群山(クンサン)に上陸、十一日に全州に入った。洪啓勲を待っていたのは、その日、黄土峴で全州監営軍が農民軍に敗退したというニュースだった。

黄土峴の勝利で意気上がるはずの農民軍は、直ちに全州へ向かっては来なかったが、王朝軍内部では大量脱走があり、兵は五百名ほどに減っていた。洪啓勲は「農民軍と内通した」として、全州営長の金始豊(キム・シプン)らを斬首し、ソウルへ援軍を要請した。王朝政府は増派を決め、五月二十二日、洪啓勲はようやく腰を上げて農民軍追跡を始めた。

一方の全琫準は、王朝軍と戦うには農民軍は力不足であることを知っていた。井邑(チョンウプ)、古阜(コブ)、高敞(コチャン)、茂長(ムヂャン)、霊光(ヨングァン)、咸平(ハムピョン)と、全羅道西南部を転戦しながら武器を奪い、兵を増やした。

全州を出発した洪啓勲の王朝軍は、金溝(クムグ)、泰仁(テイン)、井邑、高敞と農民軍を追跡、五月二十五日には霊光に至った。しかし、王朝軍は肩透しを食らう。咸平から東の羅州(ナヂュ)を攻める構えを見せていた農民軍は、一転、北上してしまっていた。王朝軍は農民軍を追った。

間道を選んで王朝軍との接触を避けつつ北上した農民軍は、五月二十七日、王朝軍に先がけて長城

(チャンソン)に着いた。本陣を黄龍江(ファンニョンガン)右岸の高台に設けたあと、一部の兵が川沿いの月坪(ウォルピョン)里の広場で昼食をとっていた。向こう岸からいきなり砲弾が飛んできて、数十名が倒れた。兵らは、急いで高台の陣に駆けのぼった。

霊光から農民軍を追跡してきた洪啓勲は長城を前にして、李学承(イ・ハクスン)ら三名の将に三百の兵をつけて農民軍の動きを探らせた。先遣隊が月坪辺りにさしかかったとき、対岸で昼食をとっている農民軍を見つけた。これは攻めやすい、と思った李学承は「偵察だけ」という任務を忘れて砲撃を命じた。

自陣に戻る農民軍を追撃する王朝軍先遣隊を、四十メートルほどの高地から転げ落ちてくるチャンテ(장태)が襲った。チャンテは、鶏を飼うための竹籠で、黄土峴の記念館にも複製が展示してある。農民軍は車輪をつけた竹籠にワラをいっぱい詰め、火をつけて数十個も転がし、敵の弾除けにしながら三方から王朝軍を襲った。王朝軍は戦意を失い、機関砲や小銃を放棄して退却した。

竹籠については、外側に刃物を突き刺し、ハリネズミのようにして転がした(『梧下記聞』)とか、中に兵士が入って銃撃した(『東学史』)とか、諸説がある。

全州城に無血入城

東学農民軍が全州城に無血入城を果したのは五月三十一日だった。二十七日に黄龍村(ファンニョンチョン)で王朝軍に圧勝した農民軍は、分捕った銃を担ぎ、重い砲を引きずりながら先を急いだ。王朝軍が戻る前に全州を占領しなければならない。三十日、農民軍は全州に手の届く金溝(現・金堤

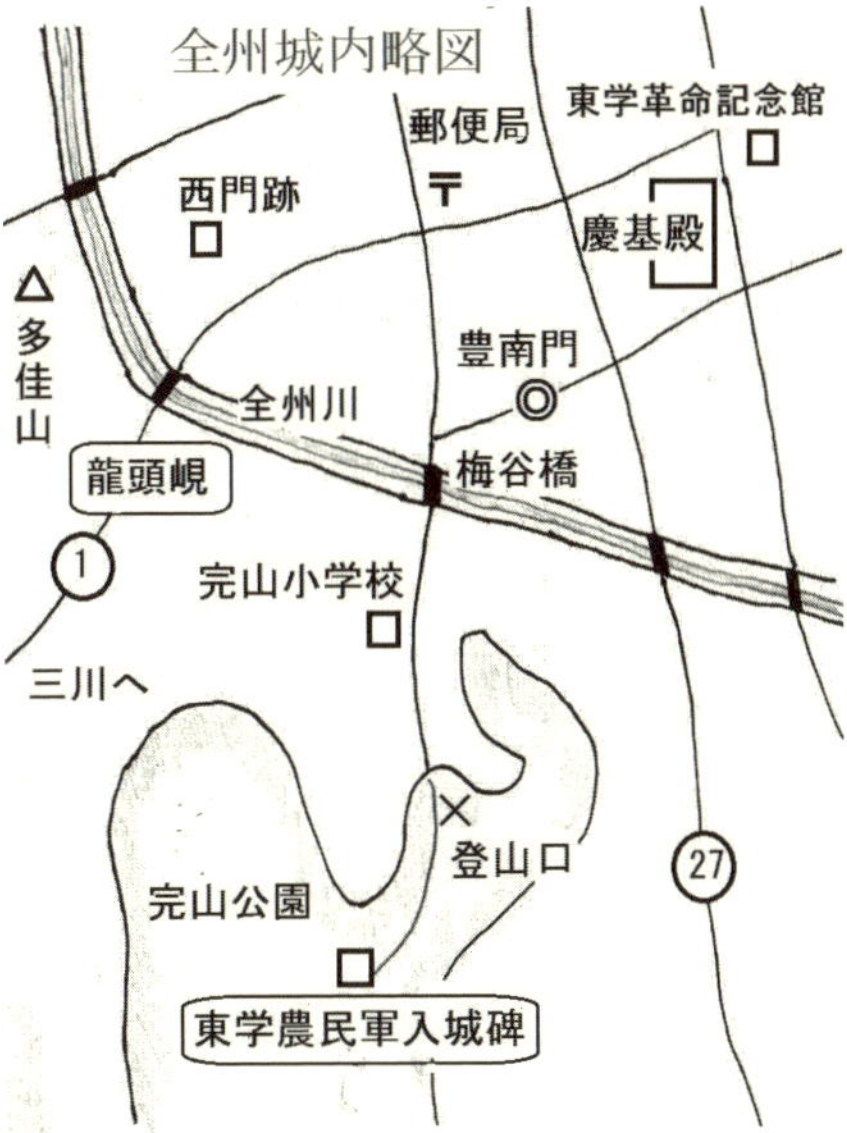

市)の院坪(ウォンピョン)に着いた。全琫準はまず、黄龍村で捕えてここまで連行してきた、国王の綸旨伝達の役人の首を斬り、全州攻略の決意を示した。同日、全州西南の三川(サムチョン。現・全州市完山区)まで進んで夜営した。

三十一日朝、農民軍は全州の南の関門・龍頭峴[*2](ヨンドゥヒョン)を越えた。全州城の西門の門外で開かれていた市(いち)の人込みに紛れて、やすやすと無血入城を果し、城内に布陣した。農民軍を追ってきた洪啓薫の軍が龍頭峴に達し、城内を見下ろす完山(ワンサン)の峰々の中腹に布陣したのは、その一日あとであった。

農民軍の全州入城の様子を呉知泳の『東学史』は次のように描写している(要約)。

　この日は、全州城の西門の外に五日場(オーイルチャン=五日ごとに開かれる市)の立つ日で、農民軍兵士は数千名の商人や買物の人込みに紛れ込んだ。正午ごろ、市場の向かいの「便龍の峠」(龍頭峴のことか)の方で一発の砲声があがり、続いて数千の銃声が響いた。市場は大混乱におちいり、商人たちは城の西門へ、南門へと殺到した。農民軍はこれに乗じて門内に入り、太鼓を打鳴らしながら銃撃を始めた。(城内にいた)官側の兵丁たちは倒れ、捕えられ、逃亡した。全大将

（全琫準）はゆっくりと大軍を率いて西門を入り、宣化堂（ソンファダン＝観察使の執務所）に本陣を定めた。観察使（監司＝長官）の金文鉉（キム・ムニョン）らは、すでに逃亡していた。

高所から見ると、龍の頭の形をしていたところから龍頭峴と呼ばれた峰は、現在、国道1号によって分断されている。開発が進んだためもあって、航空写真を見ても龍の頭を思い描くのは難しい。この龍頭峴の復元計画があることを、ネット上の記事で知った。

日帝時代の道路開設で切断された龍頭峴にトンネルをつくるか橋を設け、龍の胴体と頭の部分を連結する。龍頭峴を自然生態的に復元して、「日帝が民族の精気を抹殺するために、意図的に断ち切った」全州の「精気」を取戻す。東学農民革命の精神を称揚する歴史公園も造成する――。

この「雄大な」計画が現在、どうなったのかは知らないが、トンネルや架橋で龍頭峴を復元すれば、全州の「精気」が戻ってくるものなのだろうかと思った。韓国の国道が、日本の植民地時代に整備されたことは事実だが、全州の場合、おそらくは龍頭峴に元々あった峠道を拡幅したのであろう。それが民族の精気を抹殺する意図を持ってなされたとまで言うのは…。

不利な城内に布陣

農民軍の全州入城後の布陣については大きな疑問がある。洪啓薫の軍が急追してきているのを知りながら、なぜ戦術上有利な完山の高地に布陣せず、城内にとどまって王朝軍を迎え討とうとしたのか。龍頭峴を含む峰々に布陣すれば、王朝軍の動きも手に取るように分ったのではないか（一二三ページ地図参照)。

疑問を解くカギの一つは、慶基殿(キョンギヂョン)の存在である。全州城の城壁内にある慶基殿は、朝鮮王朝の始祖・李成桂(イ・ソンゲ)の影幀(ヨンヂョン=肖像を描いた掛物)を祀る聖域である。尊王の気持ちの強い全琫準は、山上から城内を攻撃した場合、慶基殿に被害が及ぶことを恐れた、というのだ。

これに対しては、「全琫準に朝廷へ多少の敬意はあったとしても、戦術を誤るほどではあるまい」(河田宏氏『民乱の時代／秩父農民戦争と東学農民戦争』)などの反論がある。確かに、黄土峴の勝利のあと全州を直接めざさず、王朝軍と戦う実力をつけるために南下作戦をとったほど周到だった全琫準が、慶基殿のために布陣を誤るとは、信じ難いだろう。しかし、全琫準の「国王崇拝」は「多少」ではなかった。

全琫準は、農民戦争が終結し逮捕されたあとの裁判の供述で、「王朝軍が龍頭峴の陣中から城内を砲撃して慶基殿を毀傷した。それ故、王朝軍の許に慶基殿の由縁を伝えると、営中から暁諭(ヒョユ=教えさとす)文が届き、汝の願うところに従おう、とあったので、感激して農民軍を解散した」(京軍留陣龍頭峴、向城中以大砲攻撃、毀傷慶基殿、故以此縁由許及京軍矣、自京営中、作暁諭文、謂以従汝所願、故感激解散)と、慶基殿問題が農民軍解散と結びつくほどの大きな関心事であったことを吐露している。*3

しかし、皮肉なことに、その慶基殿に李成桂の影幀はなかった。このことは招討使・洪啓薫の王朝政府への報告書などを集めた『両湖招討謄録』に明記されている。四月二十九日(陰暦。陽暦は六月二日)、つまり洪啓薫の軍が龍頭峴に達した翌日、全州判官・閔泳昇(ミン・ヨンスン)から届いた文書に「危急に当り禍を避けることはできないと思ったので、慶基殿の影幀と肇慶廟(チョギョンミョ)の位牌を威鳳鎮(ウィボンヂン)所在の寺の大雄殿に奉安した」と書かれていた。

まず閔泳昇だが、当時、全羅観察使・金文鉉はすでに公州へ逃げて罷免され、後任の金鶴鎮(キム・ハクチン)はまだ赴任していなかった。したがって太祖の影幀を守る責任は、判官である閔泳昇が負わなければならなかった。肇慶廟の位牌というのは全州李氏の始祖・李翰(イ・ハン)夫妻の位牌のことで、慶基殿の北方の肇慶廟に祀られていた。

威鳳鎮は全州の北東にある威鳳山付近の鎮営だった。威鳳山には、粛宗元年(一六七四年)に延長十六キロもの石垣をめぐらした山城が築かれた。有事の際に、慶基殿の李成桂太祖の影幀と肇慶廟の李翰夫妻の位牌を山城に移し、奉安するためであった。実際に、豊臣秀吉が朝鮮を侵略した壬辰・丁酉倭乱(イムジン・チョンユウェラン=一五九二〜一五九八年)の際には、影幀と位牌は威鳳山に移された。

韓国のネット上に、興味を引く記事があった。影幀と位牌を威鳳山に奉安したのは閔泳昇ではなく、彼の妻の兄の李演一(イ・ヨニル)だというのだ。観察使の金文鉉が逃亡した翌日、閔泳昇も官服を脱いで農民姿になり、完州郡の妻の実家に隠れた。閔泳昇の様子がおかしいので、李演一が訊ねると、「太祖の影幀を別の場所に移せず、大罪を犯した」と、おびえて言った。そこで、李演一はひそかに全州城内に入り、影幀と位牌を運び出して威鳳山城内の威鳳寺大雄殿に安置したというのだ。

この話の筆者は、「通説では閔泳昇が直接持ち出して安置したことになっているが、裏面には紆余曲折が隠れており、実際は李演一がやったことだ」と強調、その証拠に、完州郡の李演一の家は、「閔泳昇をかくまった」ために東学軍に火をつけられ全焼した、と書いている。
　全琫準ほどの人にして、非常時には李成桂の影幀を移す威鳳山城があったこと、過去に実際にその
ようにした事実があることを、知らなかったのだろうか。

＊1 **壬午軍乱**　一八八二年七月二十三日に起きた朝鮮軍兵士の反乱。国王・高宗の王妃・閔妃を中心とする閔氏政権は、近代的軍隊として「別技隊」を新設し、日本人教官を招いた。朝鮮軍兵士はこれに反発、俸給の遅配・不正支給への不満もあって決起した。民衆も加わって閔氏一族の屋敷や官庁、日本公使館を襲撃し、王朝政府高官、日本人軍事顧問、公使館員らを殺害した。王宮・昌徳宮にも乱入したが、閔妃は洪啓薫の助けで脱出した。
　閔氏政権を倒した反乱軍は、引退していた大院君を担ぎ出し、大院君政権が復活した。日本と清国はそれぞれ軍艦と兵士を派遣したが、反乱軍鎮圧に成功した清国は大院君を天津に連行、閔氏政権を復活させた。日本は清国の斡旋で閔氏政権と交渉、済物浦条約を締結し、賠償金の支払い、公使館護衛のための陸軍駐留などを認めさせた。

＊2 **龍頭峴**　漢字の韓国音読みなら「ヨンドゥヒョン」、固有語なら「ヨンモリコゲ」＝龍の頭の峠。峠は本来の漢字ではない日本製の和字なので、峠を意味する「峴」を使い、本書では「龍頭峴」と表記する。

＊3 **慶基殿毀傷問題**　趙景達氏は『異端の民衆反乱』で「全琫準は完山よりの砲撃によって太祖李成桂の影幀を奉安する慶基殿が破損したことを論難し(中略)そのことゆえに完山の官軍への攻撃を許したと

言っている」と書いている。しかし、全琫準供述の当該部分は「故以此縁由許及京軍矣」であって、これを「そのことゆえに官軍（京軍）への攻撃を許した」とは訳せない。

第二節　勝者はどちらか

全州城内の農民軍と完山（ワンサン）に布陣した王朝軍の戦闘の経過、全琫準と洪啓薫が結んだ「全州和約」については、よく分らないことが多い。

六月一日（陰暦四月二十八日）から数日間にわたった完山戦闘については、『両湖招討謄録』など招討使・洪啓薫自身の報告記録、当時の王朝政府の電報の記録集である『両湖電記』、黄玹の『梧下記聞』、呉知泳の『東学史』、全州府が編んだ『全州府史』のほか、裁判における全琫準の供述、判決宣告書などに残されているが、戦闘の日付や内容に異同がある。

総合すれば、王朝軍が龍頭峴に達した六月一日にまず激戦があり、農民軍に大きな損害が出た。二日から五日のあいだは膠着状態というか、大きな戦闘はなかった。六月六日（陰暦五月三日）に至って農民軍が決戦を挑んだが、地形上の不利と火力の差などで大敗を喫した――ということになるが、農民軍は本当に大敗したのだろうか。

圧勝したはずの洪啓薫が、農民軍の要求を国王に伝達することを約束して「全州和約」を結び、全琫準が全羅道一帯で「弊政改革実現」のための自治を行なうことを許したのはなぜか。

「農民軍大敗」への疑問

『両湖招討謄録』の洪啓薫報告によると、六月一日の戦闘では王朝軍が大砲三発を城内に向けて撃ったところ、数千の賊徒(農民軍)が西門と南門から完山めがけて攻め上って来た。まず「被甲冑・佩環刀・持千歩銃」の三十名を倒し、さらに砲撃を続けて数百名を倒した(「殺了数百余党」)。洪啓薫はさらに、退却した賊徒が夜になって城の内外に火を放ち、人家が燃え「烟焔漲天、惨不忍見」であったと報告している。

山上と城内という地形の不利に加え、農民軍は兵器の面でも、決定的に劣勢だった。黄龍村の戦いで鹵獲(ろかく)した王朝軍の大砲や機関砲は扱い方を知らず、小銃は弾薬がなかったという。籠城状態を強いられていた農民軍は、六月六日、捨て身の決戦を挑んだ。

洪啓薫は「数千の賊徒が北門を出て、龍頭峴の西峰に殺到してきたが、我が陣からの一斉発砲で殺戮戦になった。我が方は大将旗を奪い巨魁の金順明(キム・スンミョン)と童壮士の李福用(イ・ボギョン)を捕えて斬った。五百余名を殺害し、銃剣五百余挺を奪った」とし、さらに「意気阻喪した農民軍は訴状で帰順を請うてきた＝鋭気挫縮、雖有呼訴之状、而連乞帰化」と書いている。戦果を強調するための誇張があるにしても、農民軍の敗北は明らかな印象を受ける。

農民軍「大敗」後、六月七日に全琫準が「訴志」を提出して休戦交渉が始り、六月十日の「和約」

で全琫準側の二十七項目の弊政改革要求*1を洪啓薫が国王に伝達することに合意し、翌十一日の農民軍解散に至るというのが大方の研究者の認定だ。そして和約成立の理由として、「清国と日本の出兵による国家の危機に際し、両国が介入を強め、朝鮮全土を支配する口実を与えないために、双方が戦闘状態の解除を急いだ」ということと、「農繁期が迫り、農民軍兵士が出身地に帰らなければならなかった」ことがあげられている。

しかし、農民軍「大敗」を疑うに足るデータが存在する。まず全琫準が出した「訴志」だが、全琫準は挙兵の理由を縷々説明し、「政府が貪官の虐政を放置するので、貪官汚吏を一掃しようとするのがどんな罪になるのか」と迫り、さらに「このことを理解して贖罪する道は、閣下が善処して国王に上奏するしかない」と、敗軍の将らしからぬ、堂々とした要求を出している。全琫準が帰順と農民軍解散に触れたとしても、それは、農民軍側の要求が受入れられれば、という条件付きであったと思う。「訴志」提出が直ちに「農民軍大敗」の裏付けにはならない。

農民軍大敗を明確に否定するのは『東学史』で、逆に「窮地に立った洪啓薫が、東学軍に休戦を請うた」として、次のように書いている。

(完山と城内に陣取った双方が)数日にわたって戦っている最中、ある時官軍がはっと周囲を眺めまわしてみると東学軍の一隊が金溝県の院坪から清道院の峠をこえて完山七峰の西南方を攻め上って来、また別の一隊は淳昌から任実などの地方をへて万馬関に入り、完山の東南方でときの声をあげているのだった。ここにおいて官兵は四方を敵に囲まれたことに気づいて大いに困惑した。そのうえ、糧道が絶たれてはどうしようもなかった。洪啓薫は、東学軍に対して休戦を請う一方、この状況を政府に報告した。

この時、政府内では議論が重ねられたが、結局官民相戦うより講和を結ぶ方がよいという結論になり、新たに全羅道観察使に金鶴鎮を任命したうえ、特に按撫使・厳世永(オム・セヨン)を任命して、いっしょに全州に下らせた。政府側は東学軍側に対して諸般の弊政改革案を提出し、今後これを実施することに約束を定めて、双方ともに兵をひくことになったのであった(梶村秀樹氏訳による)。

『東学史』の著者・呉知泳は東学内部の人であり、東学側に立って書いている。歳月を経たのちに書かれた回想記であるための思い違いもあるようだ。『東学史』の「史料的価値」が疑われる所以だが、完山戦闘の勝敗に関して、まったく事実に反することを書くとは思えない。

より客観的なデータとして筆者が注目するのは、一八九五年四月に出された「全琫準判決宣告書」の記述だ。朝鮮王朝政府および日本公使館の、農民戦争全般についての公式認定であるはずの「宣告書」。その完山の戦況についての部分に「農民軍大敗」のニュアンスはない。五月七日付で「東京朝日新聞」が報じた「宣告書」(韓国『東学農民戦争史料叢書』第十七巻所収)の内容は次のとおりである。

(農民軍の全州城占領の)翌日に至り招討使・洪在義(洪啓薫の旧名)、兵を掮して城下に迫り城外より巨砲を放って之を攻撃せしかば、被告は其徒と共に奮戦し頗る官軍を悩ます。招討使乃ち檄文を城中に投じ、被告等の願を聴き其目的を達せしむべきに依り、速かに徒党を解散すべき旨を論達せしかば、被告等は乃ち(以下、弊政改革要求を列挙)二十七ヶ条の請願[*1]を其筋に執奏せられんことを乞いしに、招討使は直に之を承諾したるより、被告は今年(ママ)五月五、六日(陽暦六月八、九日)頃、悉く其衆を散じ…

農民軍の激しい抵抗を受け、「頗る悩んだ」洪啓薫の方が、「そちらの願いを聞き入れ、その目的を達せさせるから解散を」と申し入れたというのだ。

以上のデータからの推測――。農民軍は全州・完山で局地的には敗れたが、全体としてはなお戦力を残しており、洪啓薫は戦闘を続行して、農民軍を一気に壊滅に追込むことができるとは思わなかった。自軍は王朝随一の「精鋭部隊」でありながら士気はきわめて低く、脱走者が相次いでいた。完山では地形の利と兵器の差で勝利したが、王朝政府に要求した増援の軍はまだ到着していない。ここは妥協して、とにかく農民軍を解散させるしかない、と判断したのではないか。

王朝政府の中心にいた兵曹判書の閔泳駿(ミン・ヨンジュン)は、六月一日に政府内部の反対を押し切って清国からの借兵方針を決定し、高宗が裁可したが、この借兵を建議したのが洪啓薫であった。早く農民軍を解散させないと、日本の介入まで招いた建議の責任を問われかねないという事情もあった。

存在しない「協定文書」

六月二日、日本は閣議で、済物浦条約(前節＊1参照)に基づく「居留民保護」に必要な兵員をはるかに上回る「混成旅団」規模(約八千名)の朝鮮派兵を決定した。三日には王朝政府が清国に正式に派兵を要請。清国は翌日、日本に非公式に派兵を通告し、五日に北洋海軍の軍艦二隻を仁川に入港させた。同日、日本は参謀本部内に大本営を置き、戦時体制に入った。七日、日本公使館が王朝政府に派兵を通告。八日には清国先遣隊約九百名が牙山(アサン)に上陸した。同日、王朝政府は日本に派兵中止を要請したが拒否された(原田敬一氏『日清・日露戦争』などを参照)。

こうした切迫した状況下、全州で六月七日か八日に休戦交渉が始った。王朝政府には、朝鮮の国土で日本と清国が戦争を始め、勝者に完全支配されることへの焦慮があったのは間違いないが、農民軍との交渉にあたって、明確な見通しを持っていたのかどうか、現地の洪啓薫に対して、はっきりとした指示を与えていたのかどうかは疑わしい。

ソウルと全州の間は約二百三十キロあるが、当時、すでに電信線は通じていた。『両湖電記』には王朝政府と洪啓薫のやりとりが記録されている。しかし、肝心の「農民軍の弊政改革二十七項目要求」について、洪啓薫が王朝政府に報告した形跡はなく、「和約」を結ぶことについて、王朝政府がどのように考えていたのかも分らない。

六月十日、「全州和約」が成ったが、双方が調印した協定文書が残っているわけでもなければ、王朝政府がこれを公認したという記録も存在しない。要するに、洪啓薫と全琫準の口約束に過ぎなかった。日清両国の派兵が現実のものとなる中、王朝政府は「農民軍が解散してさえくれれば」と、現地の洪啓薫任せにしたのではないか。しかし、「全州和約」と農民軍解散が朝鮮王朝にもたらしたのは、日本軍の「派兵中止」ではなく「兵力増強」と日清戦争であり、のちの農民軍の「反日再決起」であった。

一方、全琫準は農民軍解散の四日後の六月十五日、各地に通文を発して解散を強く後悔し「清国軍の撤退を待ってさらに義旗を挙げよう」と農民軍に呼びかけている(『異端の民衆反乱』)。鄭昌烈(チョン・チャンニョル)漢陽大学名誉教授によれば、全琫準は休戦交渉の過程で洪啓薫から「三万名の清国軍が農民軍鎮圧にやって来る」と脅されたが、実際は三千名だったことを知って、大いに悔やんだという。やはり、力を残しての解散だったのではないか。そうでなければ、その後、全羅道各地で地方権力や両班、儒生の抵抗を排除しながら「自治」を進めることなど、できなかっただろう。

なお、和約を結んだもう一つの理由としてあげられる「農繁期の到来」だが、確かに、田植えができなければ、農民も困るが税米を取立てる方も困る。しかし、農民軍の中に自分の田畑を持つ農民がどれほどいただろうか。富農層に属するもの、自作農といわれる者もいたが、数は限られていたのではないか。農民軍全体にとって、農繁期の到来がどれほど切迫したものであったのか、筆者にはよく分らない。

さて、洪啓薫だが、「全州和約」の翌年、一八九五年十月八日、日本人「壮士」らが景福宮に乱入して閔妃を殺害した時、彼は「訓錬隊」の第一大隊長だった。訓錬隊は同年、日本の指導下に発足した部隊で、国王・高宗はこれを嫌い、事件前日の十月七日にその解散を決めていた。

訓錬隊の第二大隊は日本側と手を結び、閔妃殺害当日、日本の「壮士」、日本公使館守備隊とともに大院君を輿(こし)に乗せ、正門・光化門(クァンファムン)から王宮へ乱入を図った。しかし、第一大隊長の洪啓薫は、事前に王宮襲撃情報をつかみ、軍部大臣に知らせる一方、襲撃に参加しなかった訓錬隊の一中隊を率いて乱入を阻止しようと戦い、戦死した。

洪啓薫は十三年前の壬午(イモ)軍乱に際し、閔妃を宮中から脱出させた功によって取立てられ、「親軍壮衛営正領官」になり、両湖招討使として農民軍と戦った。最後は閔妃に殉じるように、国王妃を狙う襲撃部隊を阻止しようとして死んだ。

＊1 **弊政改革要求の二十七項目**　全琫準に対する判決宣告書は、弊政改革要求について十四項目を列挙したあと「…等二十七ヶ條の請願を其筋に執奏せんことを乞い…」となっており、残りの十三項目を明らかにしていない。判決宣告書に列挙された十四項目は、①転運所(税米の輸送に伴う不正が多かった)の廃止、②国結(課税田畑)を増やさない、③褓負商の弊害排除、④還穀銭(官の貯蔵穀物を貸付け、利子をとって返還させる)は前任監司が徴収ずみなので再徴収しない(原文は「還穀銭」ではなく「還銭」となっている)、⑤大同米(税米)上納前は米不足を招くので、輸出を禁止する、⑥洞布銭(洞里に割当て賦課された兵役代替の軍布)は毎戸春秋二両ずつに、⑦貪官汚吏の罷免、⑧聡明な君主をさまたげ、官爵を売り、国権を操弄する者の追放、⑨守令(地方長官)は任地内に入葬せず、田地を買わない、⑩各村の守令は民間の山地に強制的に、あるいは勝手に埋葬してはならない――などである。
⑨および⑩は、墓地所有を巡る争いを反映している。風水上の良い場所に墓をつくるため、権力者が一般民衆の墓地を強制的に奪うことが多かった。「全州和約」以後の農民自治体制下では、民衆が権力者にその墓を掘返させて、他所に移させる「掘塚」が頻発したという(この項は『東学農民革命一〇〇年』、『異端の民衆反乱』などによる)。

第三節　入城碑を探して

全州の完山(ワンサン)運動公園というところに「東学農民軍全州入城碑」があることは知っていた。ネットの「東学農民革命戦跡地」に出ており、写真もコピーした。全州へ行って観光案内所で訊けば、場所はすぐ分ると思っていた。

二〇〇七年三月、全州駅前の観光案内所で入城碑の写真を見せたが、若い女性職員は二人とも「分りません」という。「日本語の分る人と話してみて下さい」と、電話をかけてくれた。年配らしい男性が電話に出て、「全州に東学農民軍関係の記念碑のようなものはありません」と断言した。

しかし筆者は、「東学革命記念館」へ行けば農民軍の「全州入城碑」の場所は必ず分る、と楽観していた。実は前年の二〇〇六年にも全州を訪れていた。南原滞在中の一日を割いて、同じ全羅線で十駅ほど離れた全州を訪れ、慶基殿や旧全州城城郭の唯一の名残りの豊南門(プンナムムン)を見た。慶基殿の前の案内板を見ていて、近くに「東学革命記念館」があるのを知り、とりあえず行ってみた。東学の後身の天道教の全州教区を兼ねた立派な建物で、展示物も充実していた。「あそこへ行けば、農民軍入城碑の場所は必ず分る」と確信していた。

ところが、東学革命記念館職員の女性も場所を知らなかった。あちこち電話をかけてくれ、「完山公園の登山道にあるらしい」ことは分った。完山は全州城の南に全州川を隔てて連なる標高一〇〇〜一八〇メートルの七つの峰で、主峰は登山道の整備された公園になっている。しかし、「入城碑があるらしい」という情報だけで、地理を知らない、広い完山公園一帯を探し歩くのは無謀なことに思えた。

あきらめて、全州城の西門跡へ行くことにした。農民軍が市場の人込みに紛れて城内に入ったあの西門だ。全州城の城郭はいま跡形もないが、中心は現・全州郵便局(一二三ページ地図上方)の辺りにあり、半径五百メートルほどの楕円形であったという。南限は現存する豊南門、西限は多佳洞(タガドン)の旧派出所前辺りで、そこに「西門跡」の碑があることは、事前に調べてあった。

慶基殿前で個人タクシーを拾い、五分もかからずに旧派出所前に着いた。「完山在郷警友会」などの看板がかかっているが、派出所としては使われていないようだ。辺りを探すが「西門跡」の石碑はない。運転手さんも車を降りて、四つ辻の隅々を探してくれるが、ない！

運転手さんは、筆者を派出所より大きい、警察署の支署のようなところへ連れて行った。上級者らしい階級章をつけた警官が外まで出てきて、指差しながら教えてくれた。やはり石碑は、先ほどの旧派出所の脇にあるらしい。

旧派出所前に戻った。止っているライトバンと歩道の円形プランターの植込みの間を覗いてみた。あった！(写真上。左奥は旧多佳洞派出所。立っているのは親切だったタクシーの運転手さん)。先ほどは、ライトバンが視界をさえぎって、気が付かなかったのだ。植込みとライトバンの間を覗くと、小さな石碑には「全州府城西門址」とあった。

二〇〇八年三月に「今度こそ、入城碑を見つけるぞ」と、全州へ出かけた。ホテルを出て南へ歩く。全州川に架る梅谷橋(メゴッキョ)を渡って完山小学校の前を通り、細い道に入ってしばらく行くと、完山公園の登山道入口があった。平日の午後だったが、上から下りて来る人がかなりいた。

緩やかな坂道を一〇分ほど上り、出会った二人連れの中年女性に写真を見せて、「この碑は、この登山道にありますか」と訊くと、「すぐ上ですよ」と教えてくれた。やがて「直進二百メートルで東学軍入城碑、右へ三百メートルで七星寺(チルソンサ)」とハングルで書かれた案内板があった。坂道のカーブを曲がると広場に出て、小高いところに「東学農民軍全州入城碑」(写真右上)が鎮座していた。

探し求めてきたものが、あっけなく出現して、拍子抜けした。全州市民が朝夕、ウォーキングに励む完山公園登山道。日ごろ多くの人々の目に触れている入城碑を、プロである観光案内所や革命記念館の職員は知らなかったというわけだ。広場からは全州市街が見渡せた。完山の峰々に陣取った洪啓薫軍の、城内に布陣した農民軍に対する戦略的な優位は明らかだと、改めて思った。

第四節 異色の官僚・金鶴鎮

全州和約後の全羅道一円の農民による自治＝「執綱所(チプカンソ)自治」の実現には、全琫準(チョン・ボンヂュン)の力量もさることながら、全羅観察使(クァンチャルサ＝道長官。監司＝カムサ＝ともいう)に任じられた金鶴鎮(キム・ハクチン)の存在が大きかった(「執綱所自治」は、厳密には「都所自治」とすべきだが、一般に定着している「執綱所自治」を広義に解釈して使用する)[*1]。

金鶴鎮。一八九四年五月二十二日、国王・高宗(コヂョン)から、罷免した金文鉉(キム・ムニョン)の後任として全羅道へ赴くよう命じられた。当時五十七歳。先王・哲宗(チョルチョン)の王妃の実家として、権勢をふるった安東金氏(アンドンキムシ)一族。祖父も父も吏曹判書(イヂョパンソ＝人事を司る役所の長官)を務めた家柄だ。自身も一八七一年に科挙に合格して以来、数々の要職に就いてきたが、このたびの全羅観察使は、大任だった。

東学徒たちは十日ほど前、黄土峴(ファントヒョン)で全羅監営軍を破り、南へ転戦した。招討使・洪啓薫(ホン・ゲフン)の率いる王朝軍が追っているが、いずれ全州をめざして北上して来るだろう。

金鶴鎮は、全羅道に平穏を取戻すためには、東学徒たちと「折合い」をつけなければならないと考えていた。高宗は「剿除(そうじょ)」と撫綏(ぶすい)＝滅ぼすことと宥めること」という硬軟両面の安民策(民を安んじる策)を命じたが、金鶴鎮としては状況に応じた「自由裁量」がほしい。高宗に「大きな案件は報告しますが、小さなことは監営で酌量して改めたり廃止したりします」と言上した(『異端の民衆反乱』)。金鶴鎮には期するものがあった。

ソウルを発った金鶴鎮は、全州の北の参礼(サムネ)まで来て、戦況を見極めるためにとどまった。五月三十一日に農民軍が全州に入り、一日遅れて着いた洪啓薫の軍との激戦が始った。六月十日に「全州和約」が結ばれ、翌日、農民軍が解散したのを見届けて、金鶴鎮は全州監営内の執務室・宣化堂(ソンファダン)に入った。

執綱所の設置

解散して各地に帰り、農に就くはずだった東学農民たちは、武器を捨てなかった。全琫準は六月十五日には早くも、「再び義旗を挙げよう」との檄を発した。各地で守令*2(スリョン=地方長官)や両班、保守的な儒生勢力との争いが始り、東学農民が自分たちの拠点である都所(トソ)に拠って、権力を握ろうとする所まで出始めた。「農民の武装を解き、本当に解散させなければならない」。金鶴鎮は「暁諭文(ヒョユムン)」を出し、具体的な方針を示して武装解除を促すことにした。暁諭は教えさとすことだが、この場合、命令的要素を含む。

金鶴鎮はまず弊政改革の実現を誓い、帰化(帰順)した農民たちの安業楽生の責任は観察使自身にあるとして、その年の戸税と公納の減免を約束し、農民たちが富民から米穀を奪った罪は将来にわたって問わないことなどを打出すと同時に、農民たちの不満を観察使に直訴する役として、末端の行政単位である「面里」ごとに「執綱」(チプカン)を置くことを提案した。

「朝廷はすでにお前たちの帰化を許した。もし近隣がお前たちのかつての行為をとがめ、官が前事をあばくようなことがあれば、お前たちが安心できないばかりでなく、朝廷にとっても本意ではない。監営はすでにこれを禁じる命令を出したが」と前置きし、「お前たちの住む面や里にそれぞれ執綱を置き、いわれのない罪に対する恨みや不満があれば、執綱が詳細に本使(金鶴鎮)に直訴して、公の決裁を待て」(『東学農民戦争史料叢書』第五巻所収の「暁諭文」による)という内容であった。

金鶴鎮としては、面や里単位に農民の不満や要求を取りまとめて代弁する役を置く意図であり、この時点では、より大きな行政単位である郡や県ごとに「執綱所」が誕生し、公に代る権力を握って「農民自治」を実現するようになることは、想定していなかった。

暁諭文を受けて七月初旬、全羅監営で金鶴鎮・全琫準会談が開かれた。金鶴鎮は兵らに銃槍を持たせて整列させ、全琫準を丁重に迎え入れた。全琫準は冠をかぶり麻の衣服をつけて、昂然と面をあげて入って来た。その様子を鄭碩謨(チョン・ソンモ)の『甲午略歴』は「両者は忌憚なく『官民相和の策』を話合った結果、金鶴鎮は執綱を各郡に置くことを許し(「各郡に置く」としたのは、鄭碩謨の誤解か＝筆者)、これより東徒は各邑に割拠して、役所に執綱所を設けた」と書いている(『東学乱記録』上巻所収)。

しかし、金鶴鎮は直後の七月九日、改めて暁諭文を出し、執綱の役割として「治安維持」を前面に打出した。「お前たちはそれぞれの地で慎みと義のある者を選んで執綱にし、(東学を名乗る無頼の徒が)現れ次第捕えて各邑の取調所に渡せ」(前掲「暁諭文」所収)。

当時、「全羅道内では青少年にいたるまでほとんどすべての人々が東学の道に入った」(『東学史』)と言われるほどで、農民軍に紛れ込み、あるいは農民軍を名乗って暗躍する無頼の徒が横行した。全琫準自身が金鶴鎮宛に「茂長(ムヂャン)、興徳(フンドク)、高敞(コチャン)、古阜(コブ)、井邑(チョンウプ)、長城(チャンソン)などで、数十人の不恒無頼の輩が富民をひどい目にあわせているが、これを禁じることができない。民の害を除くために挙兵したのに、これでは安民の策が害民になってしまう」(大意。『東学農民戦争史料叢書』第五巻所収の『随録』による)と訴えている。

農民軍は、執綱所体制の初期には、貪官汚吏を捜し出して懲罰を加えること、両班・富民から銭穀を徴収することをもっぱらとしていた。農民軍に「混入」「仮託」した者ばかりではなく、農民軍自体にも相当に手荒な行動があったとみなければならない。

八月六日、金鶴鎮は再び全琫準と会談した。このころ、「無頼の輩」の振舞はさらにひどさを増し、治安強化の策を話合わなければならなかった。金鶴鎮は会談後、各邑に「今月六日に全琫準たちが監営に来て(無頼の輩の取締について)実心を詳しく述べ、牢約(ママ)を定めて各邑の執綱に通知すると約束した」旨、書き送っている(『梧下記聞』)。

八月十六日、金鶴鎮は「南原大会」に参加していた全琫準のもとに使者を送り、全州に戻って会談するよう呼びかけた。このことには第一章第四節「荒ぶる金開南」ですでに触れた。『梧下記聞』によれば、会談は「京師の乱」を聞き及んだ金鶴鎮が全琫準と金開南に「協力して国難に対処しよう」と、呼びかけたものだった(金開南は全州行きを拒否した)。「京師の乱」とは、七月二十三日の日本軍の王宮占拠であり、執政・大院君の復活であり、日本の意向を受けた開化派政権の誕生であった。

金鶴鎮と全琫準の会談で、両者は日本に干渉の口実を与えないため、全羅道で平穏を保たなければならない、という点で一致、国難に対処するための、言わば「救国共同戦線」に合意した。

しかし金鶴鎮は、全琫準による執綱所体制の換骨奪胎＝治安機関から農民自治のための権力機関化＝を認めざるを得なかった。治安維持の号令はかけても、手勢をほとんど持たない金鶴鎮は、全琫準に頼らざるを得ないのが実態だったという。

農民軍の「運糧官」に

十月、「反日」「反開化派政権」を掲げた農民軍の第二次決起に際し、金鶴鎮はなんと、農民軍の武器や食糧を調達する「運糧官」に任じられた。彼はこれを拒まず、「観察使印」を使って忠実に務めたという。韓国のネット上のある記事は『駐韓日本公使館記録』を引用、「金鶴鎮は全州にあった銃四百挺と砲三門とその銃・砲弾、さらに威鳳山(ウィボンサン。第一節一二六ページ参照)にあった武器も農民軍に渡した」として、「金鶴鎮は逆賊を助けるレベルではなく、自ら逆賊行為を始めた」と書いている。

十月十二日、参礼に農民軍を集結させた全琫準が全州に入り、「軍器庫の銃二百五十一挺と槍、刀、鉄丸などのほか、火砲七十四門、弾丸九千七百発、猟銃弾四万余を手に入れ、営内の他のものには手を触れず、参礼に帰った」という観察使自身の報告があるという(『東学農民戦争一〇〇年』)。農民軍の「強奪」を許して、その報告を上部に上げた金鶴鎮の、堂々たる確信犯ぶりというべきか。

十二月のはじめ、公州・牛禁峙(コンギュ・ウグムチ)の戦闘で農民軍が敗北を喫したころ、金鶴鎮は観察使の席を後任に譲り、ソウルに帰った。実は彼は、すでに七月に兵曹判書(軍部長官)への転任を命じられたが、これを拒んで全州にとどまっていた(『異端の民衆反乱』)。

帰任した金鶴鎮には、王朝政府からなんの咎めもなかった。日本の強い影響下にあった開化派政権と国王・高宗の対立、大院君と孫(高宗の兄の子)の李埈鎔(イ・ヂュニョン)の王位を狙う陰謀の露見など、政治混乱の中でうやむやになったのか。農民軍への協力で人気の高かった彼を、処罰した場合の反発を恐れたのか。

五年後の一八九九年、金鶴鎮は宮中の文書を管理する弘文館学士、宮内府特進官に任じられ、さらに侍従院卿、太医院卿を経て一九〇六年には弘文館の大学士になった。

一九〇五年、日本が朝鮮の外交権を奪い保護国化する乙巳(ウルサ)条約が結ばれたあと、義兵闘争を始めた崔益鉉(チェ・イッキョン)は金鶴鎮に手紙を送り、ともに立上がることを呼びかけたが、金鶴鎮は応じなかった。一説には、崔益鉉擁護の上訴をして日本憲兵に拘束されたとも言われるが、だとすれば、弘文館大学士就任とは、どう結び付くのだろうか。

一九一〇年、韓国併合に際して日本は「朝鮮貴族令[*3]」を公布、金鶴鎮も男爵に叙せられた。貴族令は併合の論功と懐柔の二つのねらいがあったと言われるが、金鶴鎮は懐柔の対象だったのだろうか。この時、男爵に叙せられた者のうち約十名は爵位を拒んだが、金鶴鎮は拒まなかった。金鶴鎮の死後、爵位は子の金徳漢(キム・ドッカン)に受継がれた。

百年を経て、盧武鉉政権下で二〇〇〇年代に始まった過去の親日派追及運動の中で、父子はその名簿に名をとどめることになった。全琫準の反日蜂起を支援した金鶴鎮は、親日派だったのだろうか。

＊1　**執綱所と都所**　農民自治の拠点とされている執綱所は「官民相和」の治安維持機関であり、自治を担ったのは、東学の各地域拠点の「都所」であったと趙景達氏は主張している（『異端の民衆反乱』）。実際、執綱所には様々な類型があった。東学勢力が強く、都所と執綱所が同一場所の同一人物によって担われ、自治権力と治安機関を兼ねているところがある一方、旧勢力が「保守執綱所」をつくって農民勢力を弾圧したところもあり、厳密に言えば、趙景達氏の「執綱所自治ではなく都所自治であった」という主張を裏づけている。

＊2　**守令**　当時の朝鮮は、漢城府（ソウル）のほかに八つの「道」があり、道の下には地域の格により府・牧・郡・県が併存していた。府の中にも格の違いがあり、例えば全羅道では、府の長官名が全州は府尹、南原は府使となっていた。郡は郡守で統一されていたが、県にも格の違いがあり、金溝県の長官は県令、泰仁県は県監であった。これらの地方長官を総称して「守令」と呼んだ。

＊3　**朝鮮貴族令**　日本は一九一〇年の韓国併合に伴い「朝鮮貴族令」を公布し、朴泳孝（パク・ヨンヒョ）侯爵、李完用（イ・ワニョン）伯爵ら七十六名に爵位を与えた。その基準は第二条の「爵は李王の現在の血族にして皇族の礼遇を享けざる者及び門地又は功労ありたる朝鮮人に之を授く」によった。内訳は侯爵六、伯爵三、子爵二十二、男爵四十五名だが、約十名が男爵の叙爵を拒絶した。

第五節　農民軍の自治

執綱所による農民自治は、「東学農民革命の精華」として、理想化されて語られる傾向がある。韓国の新聞「全北日報」の連載をもとにした『東学農民革命一〇〇年』の記述を要約すると——

執綱所時期の農民自治は既存の支配体制の不正・腐敗を正すだけでなく、国家と地主の収奪に対する弊政改革運動、身分解放運動など、封建社会の構造的矛盾を打破って、農民たちが望む近代的な体制と秩序を作るための革命的改革であった。執綱所は近代社会の地平を開く歴史的意義を持っていた。朝鮮の歴史上、はじめての民衆権力機関として、第二次農民革命へ向けての力量を蓄積した「凝集期」と言うことができる。

具体的な活動としては、①貪官汚吏の捜索と懲罰、②身分制度廃止、奴婢の解放、若い寡婦の再婚許容、③富豪財産の没収または献納要求、④紊乱した三政(田政、軍政、還政)の改革、[*1] ⑤米価の高騰をおさえるための防穀令、日本への米穀輸出停止——などがあげられる。

これらを推進した執綱所の組織としては、①執行機関、②議事機関、③護衛軍、④幇助機関があり、執行機関の総責任者である執綱の下には書記、省察、執事、童蒙が置かれた。

執綱には東学の大接主や接主が選ばれた。書記は文書の作成・整理のほか執綱の秘書役を務めた。省察は治安と警備、監察を担当、執綱に次ぐ要職で複数が就いた。貪官汚吏の摘発にもあたった。執事は執綱所の行政を担う実務職員。童蒙は青少年の補助員。伝令や幹部の警護にあたった。

執綱の独裁的な方針決定を防ぐため、議事機関の討論を経て政策を決めた。護衛軍には、農民軍本体のほか、新たに賤民出身者で編成した特殊部隊が加わった。幇助機関としては、旧体制の中・下級吏員が東学に入道して、行政に協力した。

『東学農民革命一〇〇年』にも、①執綱所の存在が確認できるのは、全羅道五十三の郡県のうち、半分に満たないこと(都所は存在した)、②農民軍の権力掌握の度合いは、地域によってさまざまであったこと、③「歴史上、初の民衆権力機関」との評価には異論もあることなどが書かれているが、全体としては、議事機関まで備えた整然とした組織によって、歴史的、革命的諸改革が実行されたことを印象づける記述になっている。議事機関は、『東学史』に「邑ごとに執綱一人と議事員若干名を置き」とあることを根拠にしているようだが、それが一般的であったとは思えない。

「自治」は短期間

いわゆる執綱所自治が実施されたのは、長めに見積もっても一八九四年七月から十月までの四ヵ月足らずであったと思われる。

六月十日の「和約」のあと、全州を出た全琫準は武装維持を呼びかけ、全羅道内を巡回した。のちの審問記録『全琫準供草』によれば、六月十一日か十二日に金溝(クムグ)、金堤(キムヂェ)を経て十三日ごろ泰仁(テイン)、さらに長城(チャンソン)、潭陽(タミャン)、淳昌(スンチャン)、玉果(オックァ)、南原(ナムォン)、昌平(チャンピョン)、順天(スンチョン)、雲峰(ウンボン)などを巡って八月末か九月のはじめに泰仁の自宅に帰った。

巡回中、六月二十日すぎにどこかで、新任の全羅観察使・金鶴鎮が「各面、里に執綱を置く」との暁諭文を出したのを知り、七月はじめと八月六日と十七日に金鶴鎮と会談、執綱所を各郡県の官衙所在地である邑に置いて農民自治の拠点とすることを認めさせた。巡回を続けながら各地の執綱所体制(都所による自治権力の掌握)を固めていった。

日本の介入以来の情勢を見極めようとしていた全琫準は、十月初旬には農民軍の再決起を決断した。各地に檄を発し、金溝(現・金堤市)の院坪(ウォンピョン)に軍需米と資金を集めるよう指令しているから、各地の態勢も「自治による弊政改革」から「戦闘準備」に移ったと思われる。

執綱所が公認される以前から、東学の地方拠点である都所による自治の準備は始っていただろう。しかし、初期には貪官汚吏の摘発と両班・富民からの銭穀の強制徴発に重点が置かれた。なにしろ生産手段を持たない大集団が、食わなければならない。趙景達氏によれば、農民軍からは(指導層は別として)富農や中農だけでなく、小農としての生活基盤を持つ者も脱落し、農民軍の構成は「貧農・半プロ層」(半プロ層とは、なんとも未消化な言葉だが)に純化されていったという(『異端の民衆反乱』)。そこへ「東学に入れば飢えからも逃れることができる」と、隊列の拡大をはかったから、貧民化した集団はふくらんだ。

七月二十日に綾州(ヌンヂュ=現・全羅南道和順郡綾州面)で、全琫準と面談を果した海浦篤彌*[2]は、全琫準自身も食糧と資金の徴発に必死だったらしい様子を、次のように書いている。

(面談の翌日)明淑(全琫準)甚事あり、今午、東南の地に向いて去ると。想うに明淑が斯の如く席暖かならず突黔(とっけん)ならざる所のものは実に米銭の徴発に忙はしき(ママ)が故のみ(『東学農民戦争史料叢書』第二五巻所収の『東学党視察日記』。突黔は「孔席暖まらず墨突(ぼくとつ)黔(くろ)まず」より、孔子の座所は暖まる暇がなく、墨子の家の煙突は黒くなることがない＝孔子と墨子は天下を遊説して、家に落着くことがなかった、の意)。

全琫準も腰を落着けて、全体を指導するような状況にはなかった。執綱所の組織も、都所組織の転用があったにしても、そんなに早く整備されたとは思えない。さらに農民軍内の「無頼の輩」の取締りにもエネルギーを割かなければならなかった。本格的な自治への取組みは、八月の金鶴鎮との第二回会談前後から第二次決起を決断する十月初めまでの二ヵ月余に限られるのではないだろうか。

ごく短い期間に、冒頭に掲げたような諸改革、若い寡婦の再婚を許すというようなユニークな改革まで実現したとすれば、それは旧勢力との力関係においてまさり、優れた指導者とそれを支える東学徒たちのいた「先進地域」に限られるのではないか。

民衆の熱い支持

東学が各地に根をおろし、民衆の支持を得ていたことは、現地を旅した日本人や特派員の報告に明らかだ。先の『東学党視察日記』は「義挙を企つるものは即ち(東学)道人のみと。是れ全羅道通有の情識(ママ)なり。故に道人たらずんば義挙に加わるを得ず。(中略)義挙とは何ぞや。輔国安民のみ。語を代えて言わば則ち民を済うに在り。所謂、済民義所なる四字は即ち彼等が用ゆる所の印章なり(正しくは「済衆義所」か)。故に民に害をなすものは皆な彼の敵なりとす」と書いている。

『異端の民衆反乱』が引用している日本人商人・日高友四郎の報告や「東京日日新聞」の記事によれば、東学徒たちは富豪から強奪した米穀を時価の五、六割の廉価で放売する一方、元の所有者にも同じ安い値段で民衆に売らせて、「少数人をして富を専らにせしむるを許さゞる」ようにしていた(「東京日日」)という。趙景達氏はこれを、「モラル・エコノミーに基づく代執行的性格を帯びた闘争」と評している。

これらの事実と諸改革の意義を認めながらも、『東学農民革命一〇〇年』に代表されるような「農民自治」の総括は、肩に力が入りすぎているのではないか、というのが筆者の率直な感想である。

＊1 三政の紊乱　田政は、土地に対する課税。朝鮮後期には、両班などの土地所有者が帳簿に載らない土地を増やしたために国庫収入が激減、そのあおりで農民の負担が苛酷になった。軍政は、壮丁(成年男子)が兵役に就く代りに軍布を納めること。苛政に耐えられずに農村から流亡する者が増え、実在する壮丁の数は、課税対象となる戸籍帳簿上の壮丁数を下回ることになった。地方守令は、税布の不足分を補うために手段を選ばず、逃亡者や死亡者の分を親族や隣人に代納させた。還政(還穀)は、本来は春窮期に農民に官穀を貸付け、秋収期に回収する貧民救済策だった。しかし、のちに高い利子をつけて元穀を回収するようになり、腐敗官吏の営利の手段になった。

＊2 海浦篤彌　「東京朝日新聞」が一八九五年三月六日付で全琫準裁判の内容を伝えた記事の中に登場する。裁判長が「汝が挙兵した時には、日本が義兵を出した主意を知らなかったと言っているが、日本人

の海浦という者と会って話合ったのではないか」と訊いたのに対し、全琫準は「海浦という人と親密に話し、互いに音信しようと約束したが、その後連絡がなく、ソウルの事情は知らなかった」と答えている。記事中、海浦の名前に(名篤彌、尾崎行雄氏の門下にして久しく京城に在り)と、注がついている。

なお、海浦は全琫準との会談で長時間にわたって清国の脅威を説き、日本の援助を強調して全琫準の決起を促したが、全琫準は「よく分ったが今は時期ではない。秋になって決断したら連絡する」（大意）と答えている。

第四章

日本軍との対決

第一節　南・北接軍の合流

——一八九四年二月、全琫準の指導のもとに古阜で農民蜂起がおこり、それがしだいに東学の組織と農民を網羅して一大農民戦争に発展したとき、崔時亨（チェ・シヒョン）はその直接の管轄下にあった北接（忠清道）の東学組織をして支持をあたえさせなかったばかりか、南接（全羅道）の東学徒に敵対的な態度までとった。つまり「乱をもって道を訴えるのはよくない。湖南の全琫準（チョン・ボンヂュン）と湖西の徐璋玉[*1]（ソ・ヂャンオク）は国家の逆賊であり、師門の乱賊である」という通文をまわして、北接の各包には全琫準らを討つべしとして「伐南旗」までかかげさせた。

第二代教祖・崔時亨

全琫準らは一八九四年十一月、日本軍と政府軍に対する公州戦闘を前にして、崔時亨らの説得につとめ、金邦瑞（キム・バンソ）、呉知泳（オ・ヂョン）らも北接と南接とが協力するよう奔走した。また北接各包の下部からも、全羅道の農民戦争にたいする統一行動を要求する声がたかまった。崔時亨はついに北接の各包に通文をまわして「青山（チョンサン＝現・忠清北道沃川郡）聚会（集会）」を招集し、孫秉熙（ソン・ビョンヒ）に各包農民軍を統率して全琫準に協力するよう指示した。このようにして公州戦闘には、忠清道の北接軍が全羅道の南接軍に合流した——。

以上は姜在彦（カン・ヂェオン）氏による、古典的かつ正統的な南・北接軍合流の説明である（『朝鮮近代史』）。十数年前、筆者が東学農民戦争についての資料を読み始めたころには、「北接＝教団本部の置かれていた忠清道の勢力。教祖伸冤と東学の教理を守ることに忠実な保守穏健派。全羅道中心の南接の急進的社会改革路線に反対。第二代教祖・崔時亨は南接の全琫準らを、東学を逸脱したとして非難していた」というのが通説であった。しかし近年、南北の対立と合流については、新たな説が出されており、なかには、南北の対立を否定する見解もある。

両将の出会い

一八九四年八月に日清戦争が始まってからも、その帰趨を見守っていた全琫準は、日本の優位が決定的になり、開化派政権の親日の度が強まると、「反日決起」を決断し、十月十二日、各地の東学農民軍を全州南方の参礼に集結させた。東学第二代教祖・崔時亨も十月十六日、起包令（決起の命令）に踏切った。参礼に集結した南接農民軍は、兵の募集、武器や食糧の調達、北接との折衝などに時間がかかり、公州(コンヂュ)南方の論山(ノンサン)へ向けて北上を開始したのは十月末ないしは十一月のはじめであった。

一方、崔時亨の「起包令」に従って東学の本部があった報恩(ポウン＝現・忠清北道報恩郡)の帳内里(チャンネリ)に集結した北接軍は、孫秉熙に率いられて南へ向かった。両軍が論山で合流したのは、十一月十三日であった。呉知泳の『東学史』は、論山での全琫準と孫秉熙の「顔合せ」の場面を以下のように描いている。

両大将が相会し、手を取り合った。かれらはたちまち旧知の間柄の如く肝胆相照らし、意気投合して、ついに兄弟のよしみを結び、死生苦楽をともにすることを誓い合った。全が兄となり、孫が弟となり、この時から寝食をともにし、すべてのことに歩調をそろえて進むことを決意した。

呉知泳は「私は崔時亨から両湖都察という役職に任命され、その意を受けて北接と南接のあいだを取持ち、合流を成功させた」旨を『東学史』に書いており、立場上、両者の対立状況を強調したうえで、合流成功を感激的に描いた可能性がある。一方、天道教の『教会史草稿』という資料には、次のような記述がある(要旨)。

孫秉熙が全琫準に「あなたが先生の教訓に従わず、ついに乱法乱道に及んだのだ。これまでの過ちを悔い改め、師の命令に従うように」と言い、全琫準は「私が師の門弟として乱法乱道に及んだのであれば、私の罪である。民の財と穀物を略奪したことが、罪なのか。ひとたび死ぬことを甘受して、今後は接長に従い、先師の怨恨を晴らし、賤民の塗炭の苦しみを救うことに全身全霊を傾ける」と応えた(『東学農民革命一〇〇年』による。用語の一部を変更)。

右の全琫準の言葉は、彼の一貫した言動に照らして信じがたい点があるが、南北合流についての北接側の見解の一端を示す資料として、あげておく。

「南北合流」否定の見解

南北合流について、もっともシビアな見解を打出しているのは『異端の民衆反乱』の著者・趙景達氏で、次のように言う。

青山集会を催して起包令は出したが、崔時亨の意図はあくまでも「教祖伸冤」と「弾圧下にある教徒が窮状を脱する」ことであり、「宗国の救難」に赴くことは二義的であった。抗日にも反政府にも言及せず、南北接の連合を標榜するものでもなかった。

孫秉熙は、崔時亨の命を受けて論山で全琫準に面会しており、南北間で何らかの接触はあった。しかし崔時亨の命令は「全琫準に会ってその暴挙をやめさせ、行なおうとするところを改めさせよ」というものであって、「武装行動をともにせよ」ではなかった。孫秉熙の説得は明らかに失敗した。

崔時亨が非暴力主義に徹していたことは、第二次農民戦争が本格化したことに怒り、十一月(陰暦)に入ってから各郡の官庁に「乱道蔑法の教人は律によって懲勘することを請う」という書簡を送り、日本軍に対しても「北接の起包は、南接のそれとは性格が異なる」との書簡を送っていることからも分る(要約)。

趙景達氏は、北接においても「反日反開化の救国の大義」に呼応した包があったことは認めながらも、「それは一部の包組織に限られ、確認できるのは公州の維鳩(ユグ)包四、五千名と、沃川(オクチョン)包の数万名(ママ)だけである」と断言している。

維鳩包と沃川包はそれぞれ、公州・牛禁峙戦闘の直前に公州近郊の維鳩と大橋(テギョ)で戦った農民軍であり、孫秉熙が率いてきた北接軍ではない。趙景達氏の主張どおりだとすると、牛禁峙戦闘に参加した孫秉熙配下の北接軍はいなかったことになってしまう。『異端の民衆反乱』は一九九八年刊だが、趙景達氏は二〇一二年刊の『近代朝鮮と日本』でも「(全琫準の共同出兵呼びかけに)一部の北接は応じたが、南接と北接の争いは第二次農民戦争期間中も続けられた」としている。

牛禁峙敗北のあと北接軍は、当時、任実(イムシル)に滞在していた崔時亨を伴って苦難の北上を続け、ようやく報恩・帳内里の本拠に辿り着いたが、そこは王朝軍の攻撃を受けて廃墟になっていた。さらに北上を続けた北接軍は、報恩郡鐘谷里(チョンゴンニ=プクシル)で日朝連合軍に敗れ、二千数百名の犠牲者を出してちりぢりになった。趙景達氏はこの戦闘には触れていない。

プクシル戦闘は『駐韓日本公使館記録』にも後備歩兵第十九大隊第二中隊の小隊長・桑原栄次郎少尉の報告として、詳細に記録されており、戦闘があったことは事実である(第六章第二節「プクシル無残」参照)。なお、桑原少尉の属した第二中隊は、西側の公州街道を南下していたが、桑原小隊は「軍路実測隊」の護衛任務をあたえられ、第二中隊と離れた忠清北道南部にいた。

「南北対立」否定の見解

そもそも、北接と南接の対立は何によって起きたのか。円光大学の朴孟洙(パク・メンス)教授は論文「東学農民革命についての再検討――南北接対立説を中心に」などで、次のように主張している(要旨)。

「北接」という言葉は、東学の初代教祖・崔済愚(チェ・ヂェウ)が存命中の一八六三年、当時の本拠であった慶州より北の地域の布教に功績のあった崔時亨を「北道中主人」に任命したことに始まる。「北道」とは慶州より北の地域のことであった。これがのちに「北接主人」に代り、「北接」という言葉が定着した。崔時亨はその後も、教団指導部を任命する際、「北道中主人」に由来する「北接主人」あるいは「北接道主」の名を使っていたことが確認されている。

このことは、「北接」が「南接」に対する対立概念としてではなく、師・崔済愚の定めた「北道中主人(北接主人)」の名称を忠実に守り、東学の道統の正当性を象徴する言葉として使われたことを示している。一八六〇年から一八九四年に至るまで、東学組織は、あくまでも崔済愚―崔時亨を淵源として形成され、現に、「南接」と呼ばれる湖西・湖南の主要指導者の徐璋玉(ソ・ヂャンオク)、金開南(キム・ゲナム)、全琫準(チョン・ボンヂュン)、孫化中(ソン・ファヂュン)らは、崔時亨の指導を受け、崔時亨によって接主に任命された。

「南接」という用語も一八九四年以前の記録にはない。全琫準が逮捕されたあとの九五年の審問で「東学内で南接、北接と称しているが、何をもって区分するのか」と訊かれ、「湖以南(全羅道)を南接と称し、湖中(忠清道)を北接と称する」と答えたのは、組織の実態を説明したのではなく、地域を区分して答えたに過ぎない。

朴教授は、『白凡逸志』(農民戦争を経験し、のちに上海の大韓民国臨時政府首相になった金九＝キム・グ、号は白凡＝の自叙伝)、『東匪討録』などの朝鮮王朝資料、『駐韓日本公使館記録』、当時の日本の新聞などを渉猟した結果として「南接と北接、全琫準と崔時亨のあいだには、これまで言われてきたような対立はなかった。崔時亨は第一次農民革命の段階(茂長・白山決起→全州和約まで)から、蜂起に反対したり非難したりしておらず、むしろ積極的に指導していた。両者は連帯と協力の関係を保った」と断言している。[*2]

しかし、崔時亨が農民軍の蜂起に反対、あるいは消極的であったというデータは「山ほど」もあり、朴教授の「南北対立否定」のデータが、従来の「対立説」を全面的に打消し得たというわけではなさそうだ。二〇一二年七月、京都大学での研究を終えて帰国する朴教授に現状を訊くと、「なかなか…」という返事であった。現在の韓国学会の状況については、筆者はつまびらかにしない。

崔時亨の立場

南北対立があったとして、崔時亨の南接批判、農民戦争への消極姿勢はどこからきたのだろうか。全羅道一帯に執綱所自治が敷かれ、農民軍の無秩序化が問題になっていた時期に、崔時亨は十一ヵ条の「金石の典」なるものを発したという(『異端の民衆反乱』)。そこには「修身と勤勉につとめ、官令に服して公税を収め、(東学の)法所・布徳所の許可なく聚党してはならない」などが盛られていた。崔時亨は師・崔済愚から引継いだ「為さずして化す」とか「分を守る」とかの正統東学の教義を体現しており、その立場からは、全琫準らの行動は「逸脱」と断じざるを得ない面があったのであろう。

加えて、一八七一年四月に寧海(ヨンヘ。現・慶尚北道盈徳＝ヨンドク＝郡寧海面)で起きた「李弼済(イ・ピルチェ)の乱」[*3]に加わり、多くの東学教徒を犠牲にした経験が、その後の崔時亨の行動に大きな影響を与えたと考えられる。李弼済らが蜂起した四月二十九日は、陰暦では三月十日であり、その七年前に崔済愚が「左道乱正」の罪名で処刑された忌日であった。崔時亨は「教祖伸冤」という、拒むことのできない理由を李弼済に突付けられて乱に加わったと言われる。

崔時亨の消極的な姿勢にも拘わらず、北接に属した忠清道の東学農民らが崔時亨の「起包令」以前に立上がり、日本軍の兵站線を撹乱したり、日本軍に戦闘を挑んだりしたことについては、次節で触れる。

＊1 徐璋玉と「教祖伸冤」運動　一八九〇年代に入って各地で農民の反乱が起きると、王朝政府は東学弾圧を強めた。東学本部は九二年から、公州、参礼で集会を開き「教祖伸冤」(崔済愚の冤罪を明らかにして、布教の自由を求める)運動を展開した。九三年三月には、教団幹部を集団上京させ、王宮前で三日三晩、伏して訴える「伏閣上疏」(ポッカクサンソ)を行なったが、これらの運動を推進したのが徐璋玉だった。教祖伸冤や伏閣上疏は成功せず、逆に弾圧が強まる中で、九三年四月末、東学本部は報恩集会を開いた。

しかし、十日間も続いた集会は王朝政府の懐柔にあい、あいまいなかたちで解散した。

これに抗議するかたちで開かれたのが金溝(院坪)集会であり、東学内強硬派の徐璋玉を中心とする全琫準、孫化中らの南接派が主催したとされる。しかし、「報恩と金溝に決定的な路線対立はなかった」との説もある。

＊2 **「南北接対立」否定の根拠**　朴孟洙教授はさまざまなデータを挙げているが、一点のみ例示しておく。

金九の自叙伝『白凡逸志』に、第一次農民革命当時の崔時亨の言葉として「虎が噛みつこうと入ってきているのに、じっと座ったまま死ぬのか。棍棒を持って立上がり、戦おう」がある。新発掘の資料『金洛鳳(キム・ナクポン)履歴』には、全琫準の蜂起(第一次)を忠清道青山にいた崔時亨に知らせたところ、「時運ゆえ、禁じ難い」と答えた。いずれも崔時亨が第一次蜂起に反対ではなかったことを示しているという。

＊3 **李弼済の乱**　各地で兵乱を企図し、逃亡生活を続けていた没落両班・李弼済は、一八七〇年に崔時亨に接触、「かつて崔済愚先生の教えを受けた」として、「教祖伸冤」の決起を持ちかけた。崔時亨はいったん拒否したが、押切られて蜂起を了解した。五百名が寧海府を襲い、兵器を奪って府使を殺害したが、鎮圧された。以後、東学への弾圧は一段と強化された。

第二節　悉ク殺戮スヘシ

南部兵站監部『陣中日誌』の明治二十七(一八九四)年十月二十七日の項に「川上兵站総監ヨリ電報アリ東学黨ニ對スル處置ハ嚴烈ナルヲ要ス向後悉ク殺戮スヘシト」とある(左上図版)。

「兵站」とは、戦闘部隊の後方で武器・弾薬、食糧、衣服など戦闘に必要な物資の補給と電信線などの連絡ルートの確保にあたることだが、日清戦争では広島の大本営の川上操六参謀次長が兵站総監を兼務した。朝鮮現地では当初、釜山に兵站監部を置き伊藤祐義中佐を兵站監として釜山―ソウル間の兵站基地を統括させた。戦況が日本軍優位に展開し、黄海の制海権を握ったあとは、補給の重点が朝鮮縦断の陸路から海上へ移り、兵站監部も釜山から仁川に移って南部兵站監部と改称された。*1

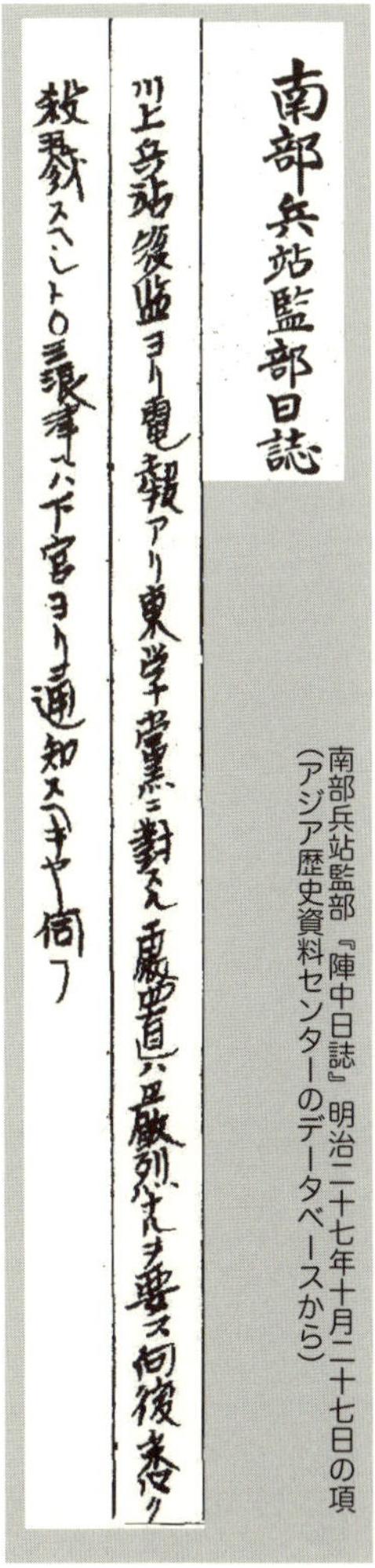
南部兵站監部日誌
川上兵站総監ヨリ電報アリ東学党ニ対スル処置ハ厳烈ナルヲ要ス向後悉ク
殺戮スヘシトノ三浪津ヘハ下官ヨリ通知スヘキヤ伺フ

南部兵站監部『陣中日誌』明治二十七年十月二十七日の項(アジア歴史資料センターのデータベースから)

川上兵站総監が「悉く殺戮すべし」と指令したのは、東学農民軍による日本軍兵站基地(兵站司令部とその支部)襲撃が頻発し、日本軍の「命綱」とも言うべき電信線が危機にさらされたからだ。

全琫準が再起を決意して農民軍を参礼に集め、崔時亨が北接の農民軍に起包令を出したのは十月中旬であったが、日本軍の兵站基地の置かれた慶尚道や忠清道(当時、各道は南北に分れていなかった)、京畿道の東学農民軍は、決起の指令よりはるかに早く、動き出していた。九月十一日、現・忠清南道の天安(チョナン)で軍関係の人夫であった日本人六人が殺害された。同二十二日には現・慶尚北道の安東(アンドン)で義兵の蜂起があり、二十四日には同じ慶尚北道の胎峰(テボン)兵站支部の副官・竹内大尉が、部下とともに東学農民軍の集結地を偵察中に見つけられ、殺害された(『駐韓日本公使館記録』など)。

相次ぐ電信線破壊

農民軍のねらいは、日本軍の電信線の破壊であった。釜山―ソウル間にはすでに電信線が架設されており、日本から海底ケーブルで送られた電報は、釜山で中継されてソウルに送られていた。日本軍は既設電信線を利用する一方、朝鮮王朝政府の反対を押切って日本軍専用の「第二電線」を架設した。

日本軍が清国軍を追詰め、平壌から鴨緑江(アムノッカン)を越えて清国領内に北上するのに伴い、電信線も次第に延長された。十年後の日露戦争では、無線通信が活用されたが、日清戦争では作戦指令、戦闘報告など、すべて電報が頼りであり、電信線は軍事行動の死命を制するほどであった。

明治二十七年十月二十二日の南部兵站監部『陣中日誌』には、以下の記録がある。

川上兵站総監へ左の電報を発す

九月中旬より京城・釜山間の兵站路に於て東学党屡々(しばしば)起り、我軍に妨害を加うるを以て今猶、兵站守備兵をして鎮圧に従事せしめつつあるは既に報告せし如し。然るに該党の挙動出没常なく、之を一方に制すれば更に他方に現し、際限あるなく、実に守備兵は目下、東西奔走に苦むのみ。…(忠清道だけでなく)全羅・慶尚道も亦、頗る不穏の形況より…我軍作戦上、至大の関係を有する軍用電線も亦、或は安全なるを保し難し。

…此際更に守備兵二中隊を増し、専ら東学党の撃攘に任し、到る所、賊を殲滅せしむれば一挙にして将来の禍根を鋤去するを得べし。而して之が為め朝鮮南部国民の感情を害せんか、我軍全般の利益を計ると其軽重比す可らず。此等の事実を賢察せられ、速に守備兵増加の御詮議あらんことを切望す

川上兵站総監が南部兵站監部からの増派要請を受取ったころ、清国との戦闘正面の第一軍部隊は、鴨緑江を越えて清国内に進出し、前線の兵員補給は窮迫していた。このため、川上兵站総監は十月二十五日、「正規軍が北上したあとを補うソウル守備隊として後備歩兵第十八大隊の三個中隊(後備兵については後述)を増派するが、農民軍討伐のため二個中隊増派は留保する」と回答した。

ところが、川上兵站総監の回答直後に、忠清道東北部の可興(カフン)、忠州(チュンヂュ)、安保(アンボ)の日本軍の兵站基地が一斉に、農民軍に襲撃されたり、襲撃されそうになった。

この地域の兵站基地は、南から北へ、聞慶(ムンギョン)、安保、忠州、可興と配置され、可興司令

部の後備歩兵第十連隊第一大隊(釜山守備隊)第一中隊の福富孝行大尉が指揮していた。十月二十五日深夜、安保兵站支部が、約二千名の東学農民軍の襲撃を受けて電信線を切断された。このため、聞慶から北方のソウル、仁川方面への通信が途絶した。南部兵站監部には二十六日夜になって、福富大尉から、次のような電報が入った(『陣中日誌』)。

昨夜、安保兵站部、東学党の為めに焼失せりと。蓋し夫れ等の原因よりして電信不通になりしか、未だ確報を得ず。東学党は忠州付近に次第に其数を増す。忠州より東方約四里(朝鮮の一里は約四百メートル)の所、西倉と言う地に二万、報恩にも亦数万の同党あり、不日、忠州を襲わんとす。又、当地の南方約一里半の内倉にも同党集合し、将に当部を襲うと唱え、人心穏かならず…

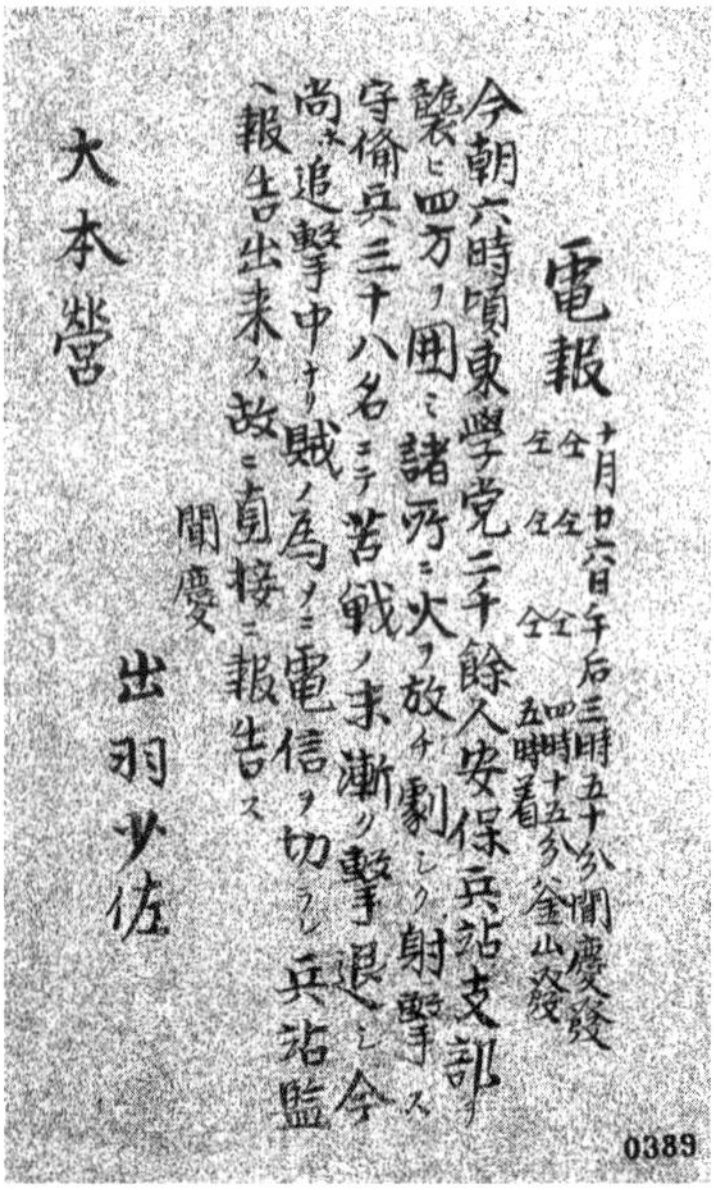

電報　十月廿六日午后三時五十分聞慶発
仝　仝　仝　四時十五分釜山発
仝　仝　仝　五時着

今朝六時頃東学党二千餘人安保兵站支部ヲ襲ヒ四方ヨリ囲ミ諸所ニ火ヲ放チ劇シク射撃ス守備兵三十八名ニテ苦戦ノ末漸ク撃退シ今尚ホ追撃中ナリ賊ノ為メニ電信ヲ切ラレ兵站監ヘ報告出来ス故ニ直接ニ報告ス

聞慶　出羽少佐

大本営

0389

大本営宛て出羽少佐の電報
アジア歴史資料センターデータベース「戦史編纂準備書類　東学党 全 暴民」から

福富大尉の報告にあるように、実は可興兵站司令部も二十五日、南漢江(ナマンガン)上流に集結した農民軍の大軍の一部に襲撃され、安保と可興の中間の忠州兵站支部近くにも農民軍が集結していた。

一方、聞慶兵站司令部の出羽少佐は、二十六日午後、仁川の南部兵站監部との交信を断念し、南方の釜山経由で広島の大本営に直接、安保兵站支部が襲われたことを報告した(前ページの図版)。

二十七日午後になって電信は回復、安保兵站支部の「焼失」もなかったことが明らかになった。しかし、農民軍が日本軍兵站線上で、一斉襲撃に出そうな状況が明らかになったことは、大本営に衝撃を与えた。

伊藤博文への至急電

川上兵站総監の「東学党に対する処置は厳烈なるを要す。向後、悉く殺戮すべし」との指令が二十七日午後九時三十分、伊藤・仁川兵站司令官(前・南部兵站監)[*1]に伝えられた。

仁川の伊藤司令官は同夜遅く、大本営に対して「農民軍が忠清道北部に集結、京畿道に入ってソウル近くにまで進出する情勢である」旨を報告し、農民軍「殲滅」のために一個中隊を増派するよう、改めて要請した。

ソウルでは、大鳥圭介公使と交代して着任間もない井上馨公使が危機感を強めていた。井上は、伊藤司令官の増派再要請よりも早く、二十七日夕刻、広島の大本営にいた伊藤博文総理に対して次のような至急電報を打った。


五中隊を派遣さるることは、最も必要にして今にあたって東学党を討ち平らげること肝要なり。何時頃右五中隊は派遣さるること出来るや(前出「戦史編纂準備書類」)。

井上公使の言う五中隊とは、すでに派遣の決まっていたソウル守備隊の三個中隊に加え、農民軍討伐のための二個中隊増派を求めたものであった。
翌十月二十八日、伊藤総理は井上公使に増派受諾を伝え、仁川兵站司令部には井上公使からその内容が伝えられた。伊藤総理の電文には、「三中隊は来る三十日、出帆の船にて京城に派遣し、なおまた三中隊を船便次第、派遣の筈なり」とあった(『陣中日誌』)。はじめの「三中隊」は増派されるソウル守備隊のことであり、あとの「三中隊」は、東学農民軍討伐の専任部隊となる後備歩兵独立第十九大隊(次節で詳述)の三個中隊のことである。要請は二個中隊であったが、一中隊を加えて三個中隊になった。

井上公使は仁川兵站司令部に対し、増派決定の電報は伊藤総理からだけでなく、参謀総長からも打電されたことを強調して伝えていた。この決定が総理、参謀総長らの国家中枢による緊急会議で決められたものであることを示していた。

北海道大学名誉教授・井上勝生氏の『明治日本の植民地支配』によれば、討伐部隊が三個中隊に増やされたのには、陸奥宗光外務大臣の意向が働いていた。陸奥は朝鮮問題へのロシアの介入を警戒しており、農民軍が朝鮮半島東北部の江原道(カンウォンド)からロシア沿海州に接する咸鏡道(ハムギョンド)に入りこみ、ロシアの介入に口実を与えることを恐れた。陸奥は井上公使宛書簡で「要は、事変を北部に移さざるよう、飽くまでも(東学農民軍の北上を)未然に防止するの一事」と強調した。

朝鮮半島中部地域から南部へは、西寄りの公州街道、中央寄りの清州街道、東寄りの大邱街道の三本のルートがあった。日本軍は、農民軍を半島の西南部に追詰める作戦であったが、その実施にあたり、農民軍の東北部への脱出を防ぐためには、三ルートを三個中隊にそれぞれ分担させ、同時に南下させる「三路包囲」が必要であった。二個中隊を三個中隊に増やし、さらにソウル守備隊として増派される第十八大隊のうちの一個中隊を東ルート支援隊とすることになった(一七一ページの地図参照)。

「朝鮮の要請」を演出

農民軍討伐について、朝鮮政府はどのように動いたのだろうか。七月の日本軍の王宮占拠のあと、開化派を中心とする「軍国機務処」が設けられ、翌月には金弘集(キム・ホンヂプ)内閣が誕生したが、開化派政権は日本の影響下にあった。

日本は「朝鮮政府の要請による農民軍討伐」という建前を通すために、開化派政権に対して「朝鮮政府の農民軍討伐に日本軍が協力する」旨を申入れ、朝鮮政府がそれに対する回答で「日本に協力を要請」することを求めていた。開化派政権の外務大臣・金允植(キム・ユンシク)は十月十八日、大鳥公使に「日本軍の派遣を要請する」旨、回答した。*2

朝鮮政府は、日本軍との連合軍による農民軍討伐に踏切り、朝鮮政府軍の総司令官である巡撫使(スンムサ)に申正熙(シン・ヂョンヒ)を任命したが、朝鮮軍の指揮権は、日本軍に全面委譲された。十月二十四日には、農民軍の敬愛の的であった国王・高宗が「君命に抗拒し、義兵と称す。これを忍ぶべきか。誰が忍ぶことができようか」として、農民軍を「匪徒」と断じ、討伐令を発した(『異端の民衆反乱』)。

開化派政権が当初めざした内政諸改革＝甲午更張*3(カボキョンジャン)と全琫準らの弊政改革要求は、重なる部分があった。しかし、開化派はそのエリート意識から農民軍を「賊徒」として弾圧の対象とし、全琫準側も開化派を「日本と結託した最大の敵」とみなした。

＊1 **兵站総監と南部兵站監**　川上操六・兵站総監は参謀次長であったが、大本営参謀総長は皇族の有栖川宮熾仁(たるひと)親王であり、実質権限は川上が握っていた。仁川の南部兵站監部は大本営直轄となり、伊藤兵站監は川上の直接指揮を受けた。

一八九四年十月下旬、伊藤に代って福原豊功(とよのり)少将が南部兵站監に任命されたが、福原は平壌付近の魚隠洞(オウンドン)に駐在し、東学農民軍討伐の一切は、「仁川兵站司令官」と名称の変った伊藤に委任された。

＊2 **朝鮮政府の回答**　井上勝生氏は、大鳥公使に対する外務大臣・金允植の回答について、次のように指摘している(雑誌『思想』所収論文＝二〇一〇年＝から)。

大鳥公使が回答を求めた文章は、朝鮮政府が日本軍と協力して、匪徒(農民軍)を勦滅するよう迫ったものであった。これに対して金允植は「匪徒といっても処刑に値するのはごく少数で、ほとんどは脅されて従った者であるから、すべてを討滅するのではなく、処分にあたっては朝鮮の兵や官吏と話し合うよう、日本軍を戒めてほしい」という内容を含んでいた。

このことは、派遣される日本部隊への内訓で「東学党処分は朝鮮の官兵に任せ、応援の主趣を守れ。しかし時機がいたれば仮借することなく酷烈の処置をとれ」と、条件付きながらも認められていた。これを大きく転換させたのが川上兵站総監の「向後、悉く殺戮すべし」との命令であった。

＊3 **甲午更張**　開化派政権の改革案は、①開国紀元の採用による清国との宗属関係離脱、②科挙の廃止と貴賤を問わない官吏の登用、③貨幣制度の整備と度量衡統一、④公私奴隷法の廃止と人身売買の禁止、

⑤寡婦の再婚の自由、男女早婚の禁止、⑥儒教教育に代わる近代的学校制度の創設などであった(姜在彦氏『朝鮮近代史』による)。

第三節　後備歩兵第十九大隊

東学農民軍討伐のために、新たに派遣されることになったのは後備歩兵独立第十九大隊の三個中隊であった。三個中隊が農民軍討伐の専任部隊であったことは、十一月六日に仁川と釜山の兵站司令部間で交された「今回、東学党征伐の為め仁川に来るべき三中隊は、該党討滅のみの任務を帯わしむる見込に付、兵站路の守備兵と為し難し」との電文(『陣中日誌』)が裏づけており、この専任部隊は、のちに日本軍内部で「東学党討滅隊」あるいは「東学党討伐隊」と呼ばれるようになった。

当時の徴兵令では、陸軍の兵役は満二十歳で徴兵、現役三年、予備役四年を経て後備役五年であったから、後備兵は二十七歳から三十二歳までの兵士たちであった。日本軍は常設師団の現役を清国との戦闘にあて、兵站・後方守備に後備部隊をあてていた。通常、大隊は師団の下の連隊に属するが、第十九、第十八大隊は連隊に属さない「独立」大隊であった。一個中隊は二百二十一名編成と定められていたから、第十九大隊の三個中隊で約六百六十名であった。

第十九大隊は一八九四年七月末、日清戦争開戦の直前に四国四県の後備兵を愛媛県の松山に召集して編成された。それまでは山口県下関の南端にある彦島の守備に就いていた。

なぜ第十九大隊が選ばれたのか。井上勝生氏と韓国円光大の朴孟洙教授によれば、それは「南小四郎が大隊長であったから」ということになる。両氏は北海道大学の人骨事件(節末にコラム)の調査を通じて知り合い、その後も協力して、日本軍の東学農民軍討伐関係資料を調査・発掘してきた。山口の南小四郎の実家でみつけた遺品の中に、自ら書いた「経歴書」があり、その他の資料も含めてその出自や軍歴、朝鮮での活動が明らかになった(諸資料はいま、山口県立図書館に寄贈されている)。

それによると、南は長州藩の下級武士であった。二十歳のころから尊王攘夷、討幕運動に加わり、「長州藩諸隊[*1]」の一つ、鴻城軍の一員として、幕末期の佐幕派との戦いに参加、中隊長にまでなった。鴻城軍の総督は井上聞多(馨の通称)であった。駐韓公使・井上馨と第十九大隊長・南小四郎には、長州以来のつながりがあった。

南小四郎は維新後、陸軍軍人になった。「経歴書」には「明治九年　歩兵第八連隊第三中隊長　山口県賊徒征討」、「明治十年　鹿児島県賊徒征討」などとあるという。明治九年には「萩の乱」があり、十年は西南戦争の年である。南小四郎が新政府に不満を持つ士族らの鎮圧に活躍したことが分る。東学農民軍討伐への起用は、その実績が買われたのかも知れない。

討伐軍、仁川に上陸

後備歩兵第十九大隊の三個中隊は一八九四年十一月はじめに広島を出港、同六日前後に相次ぎ仁川

■日本軍討伐軍の主な進路図■

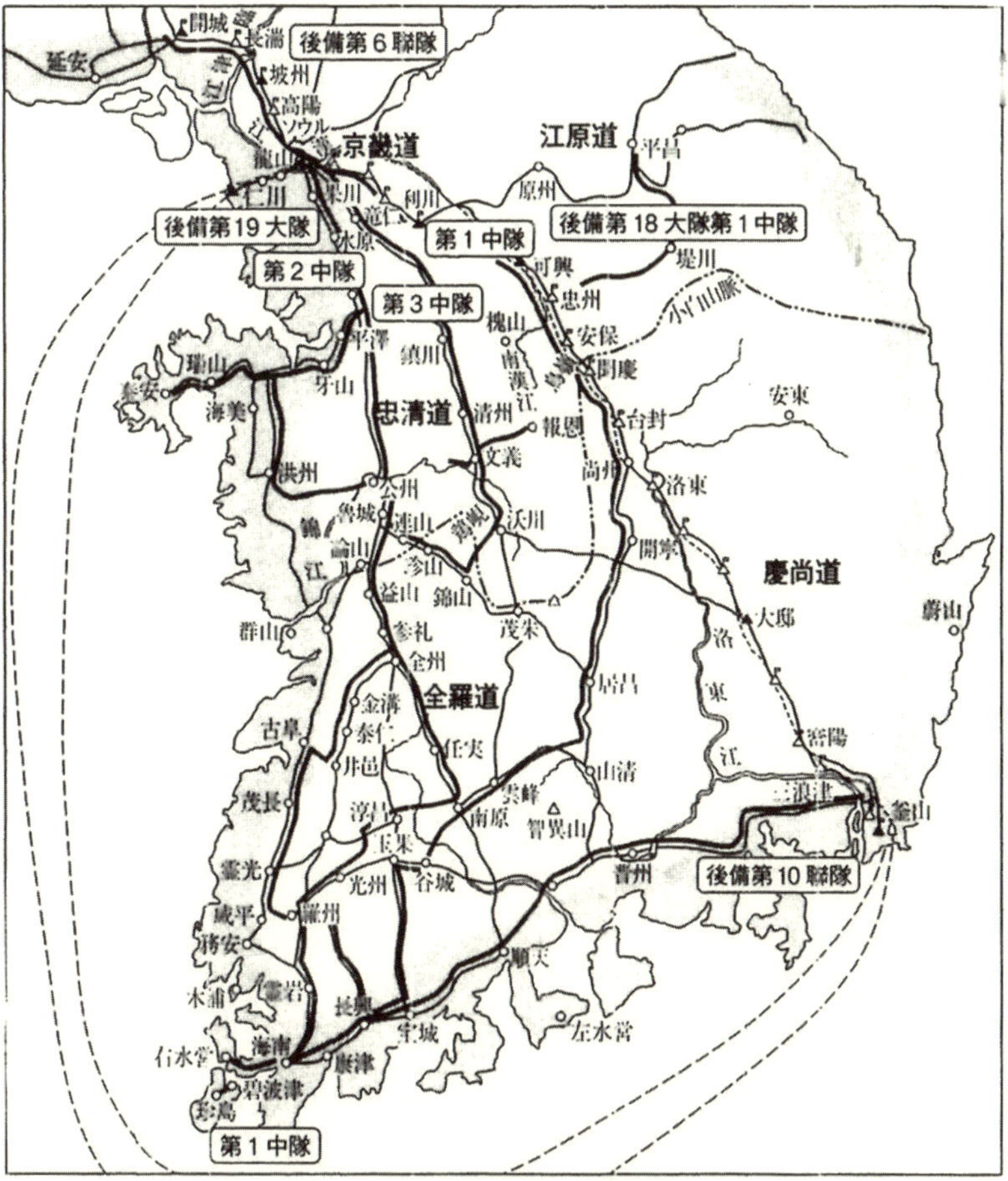

B　日本軍討伐軍の主な進路図

- 第１中隊進路は,「明治二十七年，日清交戦従軍日誌」(徳島県個人所蔵)を，第３中隊進路は,「東学党征討経歴書」(山口県文書館南家文書)を参考にした
- 第２中隊進路は,『駐韓日本公使館記録』に拠る
- 進路の主要なものだけを示した

出典：井上勝生著『明治日本の植民地支配』

に入港した。十一月十二日、ソウルの龍山(ヨンサン)を出発、三ルートに分れ、農民軍討伐をめざして南下を開始した。南小四郎・大隊長は、中路分進隊を直接率いつつ、東路、西路隊を指揮した。

前ページの進路図は井上勝生氏『明治日本の植民地支配』からお借りしたもの(やや縦長に変形)で、第十九大隊と同時に派遣された第十八大隊第一中隊や、のちに記す第六連隊第二大隊、第十連隊第一大隊の進路も書き込まれている。

第十九大隊の出発にあたって伊藤・仁川兵站司令官は、次のような七項目の訓令を与えた。第十九大隊の任務が、具体的かつ詳細に規定されているので、全文を紹介したい(『駐韓日本公使館記録』所収。韓国国史編纂委員会のデータベースから)。

東学党鎮圧ノ爲メ派遣隊長ニ与フル訓令

①東学党ハ目下、忠清道忠州、槐山及ビ清州地方ニ群集シ、尚ホ余党ハ全羅、忠清両道所在各地ニ出没スルノ報告アルヲ以テ、其根拠ヲ探究シ之ヲ剿絶スベシ。

②朝鮮政府ノ請求ニ依リ、後備歩兵第十九大隊ハ次項ニ示ス三道ヲ分進シ、韓兵ト協力シ、沿道所在ノ同党類ヲ撃破シ、其禍根ヲ剿滅シ、以テ再興、後患ヲ遺サシメザルヲ要ス。

而シテ其首領ト認ムル者ハ縛シテ京城公使館ニ送リ、尚ホ同党巨魁等往復書類、若クハ政府部内ノ官吏、地方官或ハ有力ノ筋ヨリ同党ヘ往復シタル書類ハ、勉メテ之ヲ収拾シ、併セテ之ヲ公使館ニ致スベシ。尤モ(東学党への=筆者)脅従者ニ至テハ、緩急其度ヲ計量シ、其柔順ニ帰スルモノニ在テハ之ヲ寛恕シ、敢テ苛酷ノ処為ニ陥ルヲ避クベシ。

但、這般(今般＝筆者)東学党鎮圧ノ爲メ前後派遣セラレタ韓兵各隊ノ進退調度、総テ我士官ノ指揮命令ニ服従シ、我軍法ヲ守リ、若シ之ニ違背シタルモノハ軍律ニ従テ処分セラルベキ旨、朝鮮政府ヨリ韓兵各部隊長ヘ達シ済ニ付、三路ヨリ既ニ出発シ、若クハ将来出発スベキ韓兵ノ進退ハ、総テ我士官ヨリ指揮命令ス可シ。
③歩兵一中隊ハ西路即チ水原、天安及ビ公州ヲ経テ全州府街道ヲ前進シ、其進路ノ左右駅邑ヲ偵察シ、特ニ恩津、礪山、咸悦、扶安、萬頃、金溝、古阜、興徳地方ヲ厳密ニ捜索シ、尚ホ進ンデ霊光、長城ヲ経テ南原ニ出テ其進路ノ左右各駅邑ヲ偵察シ、特ニ南原ノ偵察ハ厳密ニス可シ。
歩兵一中隊ハ中路即チ龍仁、竹山及ビ清州ヲ経テ星州街道ヲ前進シ、其進路ノ左右各駅邑ヲ偵察シ、特ニ清安、報恩、青山地方ハ捜索ヲ密ニス可シ。

歩兵一中隊ハ東路(我兵站線路)即チ可興、忠州、聞慶及ビ洛東ヲ経テ大邱府街道ヲ前進シテ其進路ノ左右各駅邑ヲ偵察シ、特ニ左ハ原州、清風、右は陰城、槐山ハ捜索ヲ密ニス可シ。

各中隊ハ成シ得ル限リ互ニ気脈ヲ通ジ、各所共成ル可ク合圍剿絶ノ方略ヲ取リ、共ニ其效ヲ収メン事ヲ期ス可シ。各中隊ハ賊類ヲ剿討シ、其余燼ヲ見ザルニ至レバ慶尚道洛東ニ集合シ後命ヲ待ツ可シ。大隊本部ハ中路分進隊ト共ニ行進ス可シ。
④各路分進ノ中隊ハ、概ネ別紙日割表ニ準由シ(日割表によれば、作戦完了は二十八日目の十二月九日となっている＝筆者)、東路分進中隊ヲ稍々先行セシメ、以テ匪徒ヲ東北ヨリ西南即チ全羅道ノ方面ニ駆逐セン事ヲ勉ムベシ。萬一、匪徒等江原、咸鏡ノ方面即チ俄境(ロシア国境

＝筆者）ニ近キ地方ニ逃逸スルトキハ、後害ヲ貽スル事、鮮カラザル（ママ）ニ付、厳密ニ之ヲ予防スベシ。

但シ成シ得ル限リ互ニ連絡ヲ取リ、各其所在ヲ知ラセン事ヲ謀ル可シ。

⑤各分進中隊ニハ韓廷ヨリ鎮撫使及ビ内務吏等ヲ付随ス。鎮撫使ハ各地ニ於テ監司、府使等ヲ督シ、党類ニ対シテ順逆ヲ説キ利害ヲ諭トシ、彼等ヲシテ反省、帰順セシムルヲ専任トス。

内務官吏ハ各中隊ニ随行シ、隊長ノ命ヲ奉ジ、沿道到ル処、糧食其他軍需品ノ調弁、人馬ノ雇傭、宿舎供給等ヲ斡旋シ、各中隊ノ要求ヲ満足セシムルヲ任トス。

⑥各中隊ハ三日分ノ糧食及ビ二日分ノ携帯口糧並ニ炊爨具等ヲ携行スベシ。為之、駄馬若干頭ヲ属セシム。但シ日々ノ糧食諸品ハ、成シ得ル限リ地方ニ於テ調弁シ、若シ携行糧食品ヲ消費シタルトキハ、勉メテ速カニ地方ノ物資ヲ買弁補充スルヲ要ス。

⑦東学党鎮撫ニ係ル諸報告ハ大隊長及ビ各分進中隊長ヨリ時々、下官ニ致スベシ。（下官ハ仁川兵站司令部ニ在リ）

仁川兵站司令官　伊藤祐義

後備歩兵第十九大隊長　南小四郎殿

筆者は、「軍隊の作戦訓令とは、かくも徹底したものなのか」という感慨をもってこれを読んだ。伊藤司令官は訓令を与える前に、井上公使に内容を報告していた。広島の大本営にも報告していただろう。第十九大隊の農民軍討伐行動を、大隊長・南小四郎という人物と結びつけて考えがちだが、この国家意志に基づくともいえる訓令の下であれば、誰が大隊長であっても、同じような戦闘・討伐行動をとったのではないかと思った。

一方、訓令には筆者がやや意外に感じた点もあった。前節末尾の＊2で、朝鮮の開化派政権が「匪徒といっても処刑に値するのはごく少数で、ほとんどは脅されて従った者であるから、すべてを討滅するのではなく、処分にあたっては朝鮮の兵や官吏と話し合うよう、日本軍を戒めてほしい」と要望したことに触れた。井上勝生氏は、この要望は条件付きながら日本軍の内訓に取入れられたが、それも川上兵站総監の「悉く殺戮すべし」との命令により大きく転換した旨を書いている。

しかし、十月二十七日の川上総監命令の半月後に出された第十九大隊への訓令には「脅従者ニ至テハ、緩急其度ヲ計量シ、其柔順ニ帰スルモノニ在テハ之ヲ寛恕シ、敢テ苛酷ノ処為ニ陥ルヲ避クベシ」とのくだりが残った。これを単なる建前とみるか、その後の日本軍の行動に影響を与えたとみるか、のちに農民軍処刑の実際をみる際に、検討したい。

討伐日本軍は総計四千

直接的に討伐にあたらなかった守備隊も含め、農民軍と戦った日本軍の規模はどれほどであったのか。井上勝生氏は以前の論文では四個大隊・九個中隊の名をあげ、「当時の一個中隊が総員二百二十一名であるところから、二千名ほどの兵力であった」としていたが、二〇一三年刊の『明治日本の植民地支配』では「動員された日本軍は総計四千名」と二倍の規模であったことを明らかにしている。この数字は、韓国の円光大教授・姜孝叔(カン・ヒョスク)氏の『第2次東学農民戦争と日清戦争』（千葉大学提出博士論文。二〇〇六年）によっている。姜氏は日本留学中、防衛研究所図書館所蔵の資料をもとに農民軍討伐に参加した部隊を網羅的に調べた。

農民軍討伐に加わった朝鮮王朝軍は、統衛営軍、壮衛営軍、経理庁軍、教導中隊を合わせて二千五百〜二千八百名の規模であった。三百十六名の教導中隊は、王朝軍の中から選抜されて日本式訓練を受けた部隊で、第十九大隊第三中隊と行動を共にした。

＊1 **長州藩諸隊** 幕末の長州藩で、藩士以外のさまざまな身分の者が集まって結成した義勇軍的な部隊の総称。藩の軍事体制を強化するため、高杉晋作が身分を問わない奇兵隊を結成すると、それに触発されて農民や町人、漁師など、さまざまな身分の者からなる部隊が誕生し、その数は百を超えた。一八六五年に長州藩は諸隊を統合し藩の正規軍とした。翌年の第二次長州征伐に際しては、幕府軍撃退に貢献した。

北大「人骨事件」

column

1995年7月、北海道大学の旧標本室で、新聞紙で包んで段ボール箱に投げこまれた6体の頭骨が見つかった。1体は頭骨に直接「韓国東学党首魁ノ首級ナリト云フ　佐藤政次郎氏ヨリ」と墨書され、3体には「オタスの杜風葬オロッコ」、別の1体には「日本男子　20才」、残る1体には「寄贈頭骨　出土地不明」と書かれた紙片が付けてあった。

オタスの杜というのは、樺太にあったオロッコなどの先住民の集落。北大はかつて研究名目でアイヌ民族などの遺骨を多数収集したが、遺族に無断で墓を掘り、その扱いが非人道的であったとして、返還･供養を求められた歴史があった。

「東学党首魁」の頭骨には「髑髏(明治三十九年九月二十日珍島ニ於テ)」という、佐藤政次郎名の文書(写真＝珍島郡東学農民革命記念事業会発行の報告書から)が添えられていた。内容は「明治27年に韓国で東学軍が蜂起、珍島は彼らが猖獗を極めた。これを平定した際、数百名を殺し、首魁は晒し首にした。この頭骨はその一つらしい。珍島視察の際に採集したものだ」となっていた。

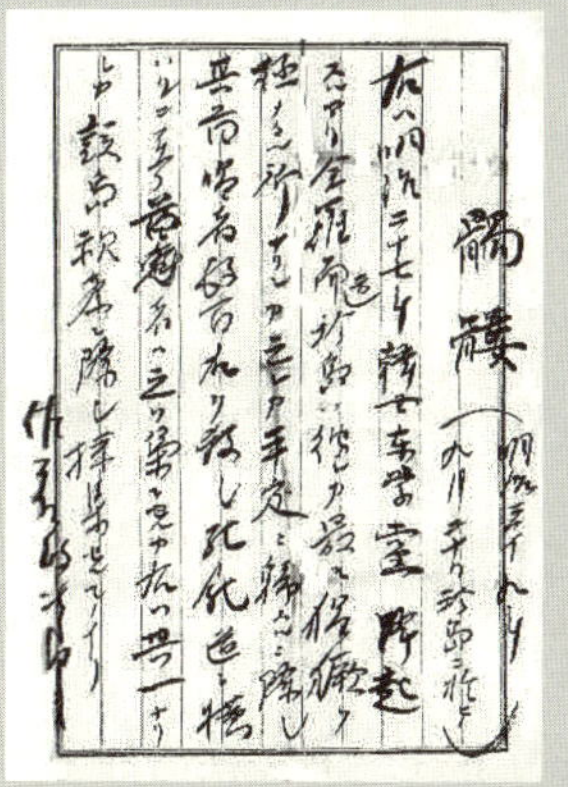

北大教授として調査にあたった井上勝生氏によれば、佐藤政次郎は北大の前身の札幌農学校出身で、木浦にあった統監府勧業模範場の農業技手だった。珍島へ行ったのは同島にあった綿花栽培試験場との関係ではないかとみられている。

北大の調査、韓国側とのやりとり、96年5月の遺骨返還に至る経過は井上氏『明治日本の植民地支配』に詳しい。

第五章　牛禁峙のあとさき

第一節　二つの前哨戦

一八九四年八月の日清開戦後も、その帰趨を見守っていた全琫準(チョン・ボンヂュン)は、日本の優位が決定的になると「反日決起」を決断し、十月十二日、各地の東学農民軍を参礼(サムネ)に集結させた。北接内部からも決起を促す声が強まり、東学第二代教祖・崔時亨(チェ・シヒョン)も十月十六日、起包令に踏切った。南北両軍は十一月十三日、論山(ノンサン)で合流、北上の機をうかがっていた。

日本軍の兵站線上にあった慶尚道と忠清道の東学農民軍は、すでに九月中旬から動き出していた。ねらいは、日本軍の兵站基地攻撃、特に電信線の破壊であった。基地攻撃が激しくなると日本は、農民軍討伐の専任部隊を送り込んだ。後備歩兵第十九大隊と朝鮮王朝軍は十一月十二日、農民軍討伐へ、三路に分れて南下を開始した。

　北上する農民軍と南下する日朝連合軍がぶつかり、農民軍の敗北を決定づけた公州決戦（十一月二十日〜十二月五日）を前に、忠清道各地の北接農民軍が蜂起し、前哨戦ともいうべき戦闘が始まった。

　二〇一三年に、筆者は忠清道西北部の洪州（ホンヂュ＝現・忠清南道洪城郡）一帯と、北部の木川・細城山（モクチョン・セソンサン＝現・天安市東南区）の戦跡を訪ねた。

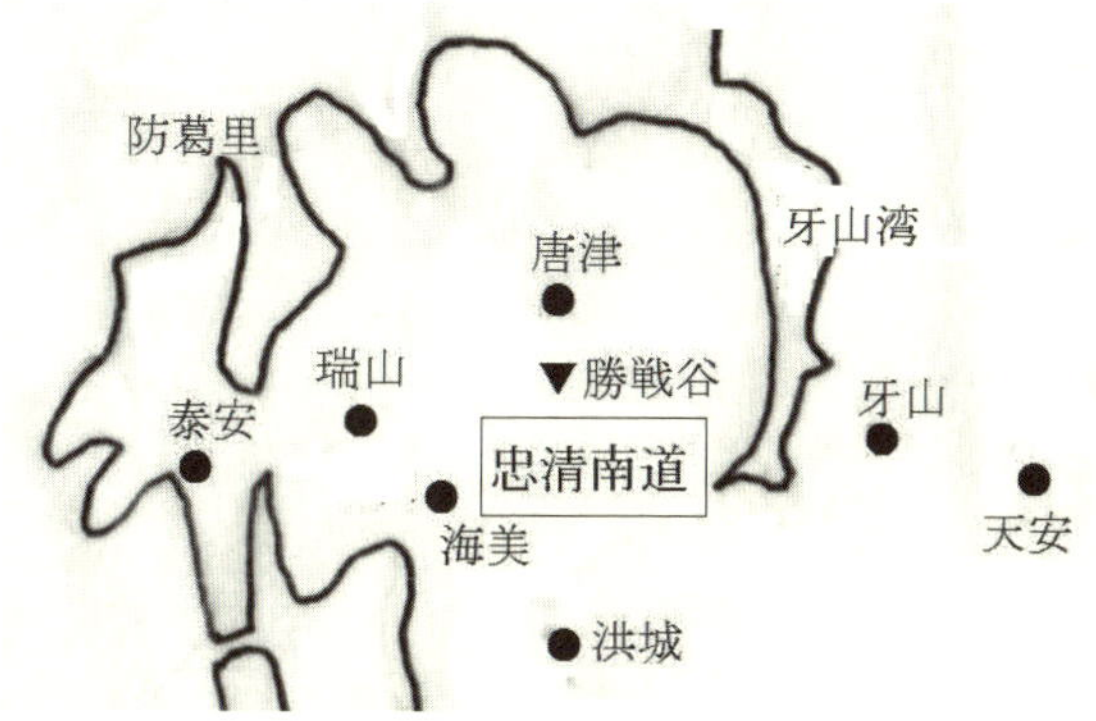

洪州城戦の敗北

　韓半島の西北部、西海（ソヘ）に突き出た泰安（テアン）半島。泰安から内陸の瑞山（ソサン）、洪城（ホンソン。農民戦争当時は洪州）にかけての一帯を内浦（ネポ）地方と呼ぶ。一八九四年十月二十八日夜、牙山（アサン）湾の入江を離れた数十隻の船が半島北端の防葛里（パンガルリ）の入江に着くと、待機していた近在の東学農民が合流した。彼らは夜どおし約二十キロを歩いて泰安の白華山（ペックァサン）に隠れた。

　翌二十九日、泰安の郡衙を襲撃した農民軍は、捕えられていた指導者ら三十名を救出し、郡守らの首をはねた。同日、瑞山の東学徒も蜂起、勢いに乗った農民軍は十一月二十一日、唐津（タンジン)郡の勝戦谷で日本の後備歩兵第十九大隊第二中隊(中隊長・森尾雅一大尉)の支隊(支隊長・赤松国封少尉)と朝鮮王朝軍の連合部隊を破った。第十九大隊の第二中隊は、西路、中路、東路の三路の一番西側の、公州街道を南下しつつあった(一七一ページの地図参照)。

赤松少尉の報告(『駐韓日本公使館記録』)によると、支隊は京畿(キョンギ)道の振威(チニ=現・平沢市振威面)で公州をめざす中隊と分れ、「瑞山、唐津の賊情を捜索し、洪州を経て公州で中隊に合する」ことになったが、勝戦谷付近で農民軍と遭遇して大苦戦し、夜を徹して退却、二十二日朝、ようやく洪州に辿り着いた。

赤松少尉は二十四日、洪州に迫る農民軍について、「敵兵、日々に増加す。東徒は至る所、民家を焼失し、人民は衣食住に困難し、自然東徒に党する(ママ)有様にて、此小隊を以て当るべからず。歩兵一大隊、砲数門を供うるに非ざれば撃破するを得ず。至急、応援の為め出兵を乞う。我が小隊は洪州の守備を厳にしあり」と、救援を要請した。

仁川の伊藤兵站司令官は、仁川の守備にあたっていた後備第六連隊第一大隊の第六中隊(隊長・山村忠正大尉)を救援に送ったが、同隊が洪州に着く前の十一月二十五日、農民軍は洪州城を包囲、総攻撃を開始した。激戦が続いたが、堅牢な城と銃砲撃に阻まれて、農民軍は敗れた。捕えられた数百名が洪州城の北門にあたる望華門(マンファムン)で処刑された。

農民軍は陣容を立て直し、十二月三日に海美(ヘミ。現・瑞山市海美面)の邑城に入ったが、追撃を受けて瑞山方面に退却した。西海岸の泰安に追詰められた農民軍は、白華山で多数が処刑され、内浦地方の東学農民軍の戦いは終った。現在、白華山の現場には、農民軍の慰霊碑が建っているという。

防葛里というところへ行ってみたいと思って何年かが過ぎた。

二〇一三年五月二十七日朝、筆者は天安(チョナン)のホテルで目覚めた。前夜からの雨は本降りになっていた。この日は「列車で洪城へ行き、洪州城を見たあと、バスで泰安へ↓タクシーで防葛里へ行き泰安に戻って白華山の慰霊碑を見る↓バスで瑞山へ。バスを乗継いで海美邑城へ↓バスで洪城に戻り、列車で天安へ」という欲張った計画を立てていた。

激しい雨の中、泰安半島の北端の防葛里まで行ったとしても、辺りを歩くことも写真を撮ることもできないだろう。とりあえず洪城まで列車で行くことにした。連泊のため、荷物はホテルに置くことができたが、防水加工した半コートを着て、傘をさして天安駅まで歩く間にも、膝から下はびしょ濡れになった。

九時半過ぎ、洪城駅着。雨はなお激しい。泰安へ行くバスは、洪城駅の右前方のロッテマートの下から出ていることは調べてあった。しかし、駅からそこまで歩くのにも、傘は役立ちそうにないほどの雨脚だった。「とにかく洪州城までは」と、タクシーに乗り込んだ。洪州城のことは事前に調べてコピーも持って来ていたが、タクシーを降りて歩くことができない。吹込む雨を気にしながら窓を開け、車内から写真を撮るのがやっとだった。

泰安は無理でもせめて海美(ヘミ)までは行きたい。海美邑城は、一四二〇年ごろに倭寇対策として築城されたという。広さ約六万坪、周囲約二キロを高さ五メートルの城壁が囲む。写真で見た城壁は、豪壮で雄大だった。運転手さんと交渉したら、「海美邑城往復で五万ウォン(約五千円)」という。少し高い気もしたが、ほかに手段はなく、やむを得ない。タクシーはメーターを倒さずに走り出した。海美邑城の城壁は確かにみごとだったが、タクシーの窓も開けられないような雨が降りしきっていた。邑城の周囲をゆっくりと回ってもらって、洪城駅へ引返し、列車で天安に戻った。

天安のホテルの部屋で、気分が滅入った。下調べに時間をかけて忠清道までやって来て、見るべきものを見ず、まだ午後も早い時刻というのに、ホテルの一室で無為に過ごしている…。テレビの天気予報は「明後日までは雨」と言っていた。

細城山でも敗れる

公州決戦以前に、最も早い時期に立上がったのは、忠清南道天安郡、木川郡(当時)一帯の東学農民軍であった。金福用(キム・ボギョン)らに率いられ千五百余名は、第二代教祖・崔時亨の起包令(十月十六日)を待たず、九月に蜂起して官衙を襲った。同月末には木川の細城山(セソンサン)に陣を築いて籠った。農民軍のねらいは、ソウルから南下してくる朝鮮王朝軍をここで阻止し、やがて公州を攻略して北上して来るであろう全琫準軍とともに、ソウルをめざすことであった。その時点では、日本軍の討伐部隊は出動しておらず、農民たちも日本軍に攻撃されることは、予想していなかっただろう。

細城山は二二〇メートルほどの低山だが、三方が切立った断崖で敵を寄せつけず、戦闘には好条件を備えていた。しかし十一月十八日、李斗璜(イ・ドゥファン)の率いる壮衛営軍は、日本軍の支援を受けて細城山を三方から包囲し、奇襲攻撃をかけた。開いている一方の出口に殺到した農民軍は銃

山容が変わった？　細城山

弾を浴びせられて死傷者千余に及び、金福用は捕えられて銃殺された。

細城山で農民軍が遭遇した日本軍は、後備歩兵第十九大隊の第二中隊（西路隊）であろう。南小四郎大隊長がのちに行なった講話の記録『東学党征討略記』[*1]には、「西路分進隊は韓兵の二大隊と共に進んで天安付近に進軍せしに、既に東学党の先鋒を発見せり」とあり、第十九大隊の宿泊表[*1]によれば、第二中隊は十一月十七日から十九日まで天安に滞在している。振威で赤松支隊と別れた中隊本隊あるいはその支隊が、公州へ向かう途中、細城山で戦ったと思われる。

なお、南小四郎大隊長が細城山の農民軍を「東学党の先鋒」と考えていたことは、興味深い。彼は朝鮮全土の農民軍が単一の指揮系統を持っていると思い込んでおり、各地方に独自の戦いを挑む農民軍がいることを知らなかったようだ。細城山の農民軍を、北上してソウルをめざす農民軍が、早くも天安近くまで斥候隊を送り込んでいると判断したようだ。

二〇一三年五月二十八日の天安のホテル。この朝も予報どおり雨は降り続いていた。バスとタクシーを乗継いで細城山へ行く予定だった。重いザックを背負って駅前のバス停まで、濡れずに行くことは不可能なので、ホテルにタクシーを呼んでもらった。天安の市街を抜けて三十分足らず、幅の広い舗装道路の右側の小山の脇にタクシーがとまって「ここが細城山です」と言う。原野の中に、ポツンと丘があるようなイメージをもっていたが、違っていた。

「低山ながら獅子のような形状で、万人を捕え食う山だと伝えられていた」とか「天然の険峻な山容で、西北側は高くそそり立ち、東南側は密生した山林につながっている」などといった、資料の描写とも印象が違った。

さいわい、雨が小止みになった。タクシーを降りて写真を撮ったが、五分ほどでまた降り始めた。どちらが西北の険峻な岩壁なのか東南の密生した山林なのか、判然としない。資料写真で見た登山道の入口も分らない。分ったとしても、雨の中では、登ることは不可能だった。これが、あの戦いのあった細城山なのか、歳月を経て山容も変化したのか——釈然としない気持ちを抱えながら天安駅に戻った。

＊1『東学党征討略記』と「宿泊表」 一八九五年五月、南小四郎大隊長はソウルで開化派政権の金弘集首相や日本人顧問官を前に、二回にわたって第十九大隊の行動の全容を報告した。『征討略記』はその講話録である。南大隊長は井上馨公使に対しても『東学党征討策戦実施報告』を提出しており、第十九大隊の全行程を示す「宿泊表」が添付されていた。

『征討略記』『実施報告』とも、韓国国史編纂委員会のデータベースの『駐韓日本公使館記録』にある。

第二節　難渋する第三中隊

合流した南接軍と北接軍が、公州攻略をめざして論山を出発したのは、十一月十七日か十八日であった。農民軍の数については諸説があるが、参礼に集った全琫準軍が四千、参礼と論山での募兵と各地からの合流があって一万余であったと見られる。孫秉熙が率いてきた北接軍の数は分らない。南北二万ずつで計四万などという説もあるが。軍勢は魯城（ノソン）で二手に分れ、全琫準軍は東寄りの敬天（キョンチョン）への道を、北接軍は西寄りの利仁（イイン）への道を進んだ。

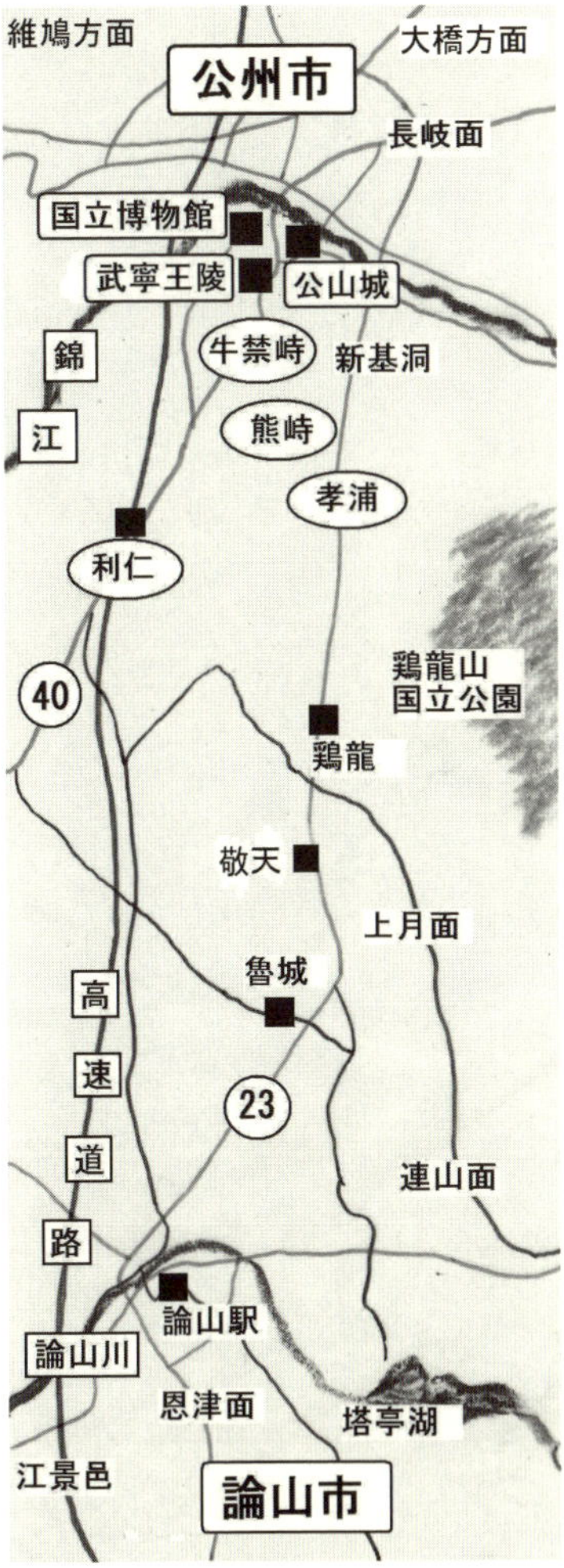

十一月二十日、利仁で北接軍と日本軍小隊が遭遇し、小競り合いがあった。この小隊は後備歩兵第十九大隊所属ではなく、第六連

隊第二大隊所属の小隊だった。[*1]

二十一日、公州までわずか数キロの孝浦(ヒョポ)で、農民軍が攻勢に出て、日没まで激戦が続いた。しかし、それまでほぼ互角であった戦況は、この日を境に農民軍不利に転じた。同夜までに、森尾雅一大尉の率いる第十九大隊第二中隊(西路隊)、朝鮮王朝軍が相次いで公州に入ったのだ。

二十二日、熊峙(ウンチ)に公州防衛線を敷いた日朝連合軍に、農民軍が総攻撃をかけた。王朝軍の統率者が巡撫使に送った報告書『巡撫先鋒陣謄録』(『東学乱記録・上巻』所収)には、次のような描写がある。

敵は山野を埋めて数をかぞえることもできないほどだった。全琫準は轎(こし)に乗って笠をひらめかせ、旗を揚げて角を吹き鳴らしながら指揮していた。激戦が半日続いたが、夕暮れに至って農民軍約七十名を砲殺し、二名を捕え武器を奪うと、敵の勢いも衰え、五更(未明三~五時)には敬川(ママ)に撤退した(大意)。

全琫準軍、公州を包囲

十一月二十日から二十二日かけての「第一次公州戦闘」で、農民軍は部分的に敗れた。しかし、敬天から論山に退いた全琫準は、自軍の陣容を立直し、公州を包囲して日朝連合軍に強い圧力をかけた。

十一月二十五日、公州の森尾雅一・第二中隊長は、文義(ムニ=現・忠清北道清州市上党区文義面)付近にいた南小四郎・第十九大隊長に救援を要請した。「東徒進撃し来り殆んど囲繞(いじょう)せられたる姿となり、今をも知れぬ危殆に陥れり。如何にすべきや」と。しかし、公州救援に向おうとした南大隊長は、「ただ城を死守せよ。一歩も出て戦いを許さず」と返電せざるを得ない状況に追込まれていた。

第十九大隊宿泊表（南大隊長の『東学党征討策戦実施報告書』の付表。東路の第一中隊は割愛）にあるように、南大隊長の大隊本部と第三中隊は、十一月二十三日に清州を経て文義に入った。忠清北道南部の険しい山岳地帯である。以下の経過は南大隊長の『東学党征討略記』による。

第三中隊は文義県の至明（チミョン）で「四方の山の頂が真っ白になるような」白衣の農民軍と遭遇、これを追って増若（チュンニャク＝現・沃川郡郡北面）まで南下し、文義に戻った。

二十六日、第二中隊救援のため西に転じて公州に向かい、龍浦（ヨンポ＝現・忠清南道世宗市錦南面）

第十九大隊宿泊表

	第2中隊	第3中隊
11月21日	公州入り	清州
22日	公州戦闘	清州
23日	公州戦闘	文義・至明
24日	公州	文義
25日	公州	文義
26日	公州	龍浦
27日	公州	文義
28日	公州	文義
29日	公州	文義
30日	公州	増若
12月1日	公州	沃川
2日	公州	沃川
3日	公州	沃川
4日	公州戦闘	沃川
5日	公州戦闘	沃川
6日	公州	錦山
7日	公州	錦山
8日	公州	珍山・錦山
9日	公州	連山
10日	公州	連山
11日	論山	魯城
12日	龍水幕	恩津
13日	公州	恩津
14日	華軒	恩津
15日	恩津	恩津
16日	合流し恩津滞在	

『東学党征討策戦実施報告書』の付表

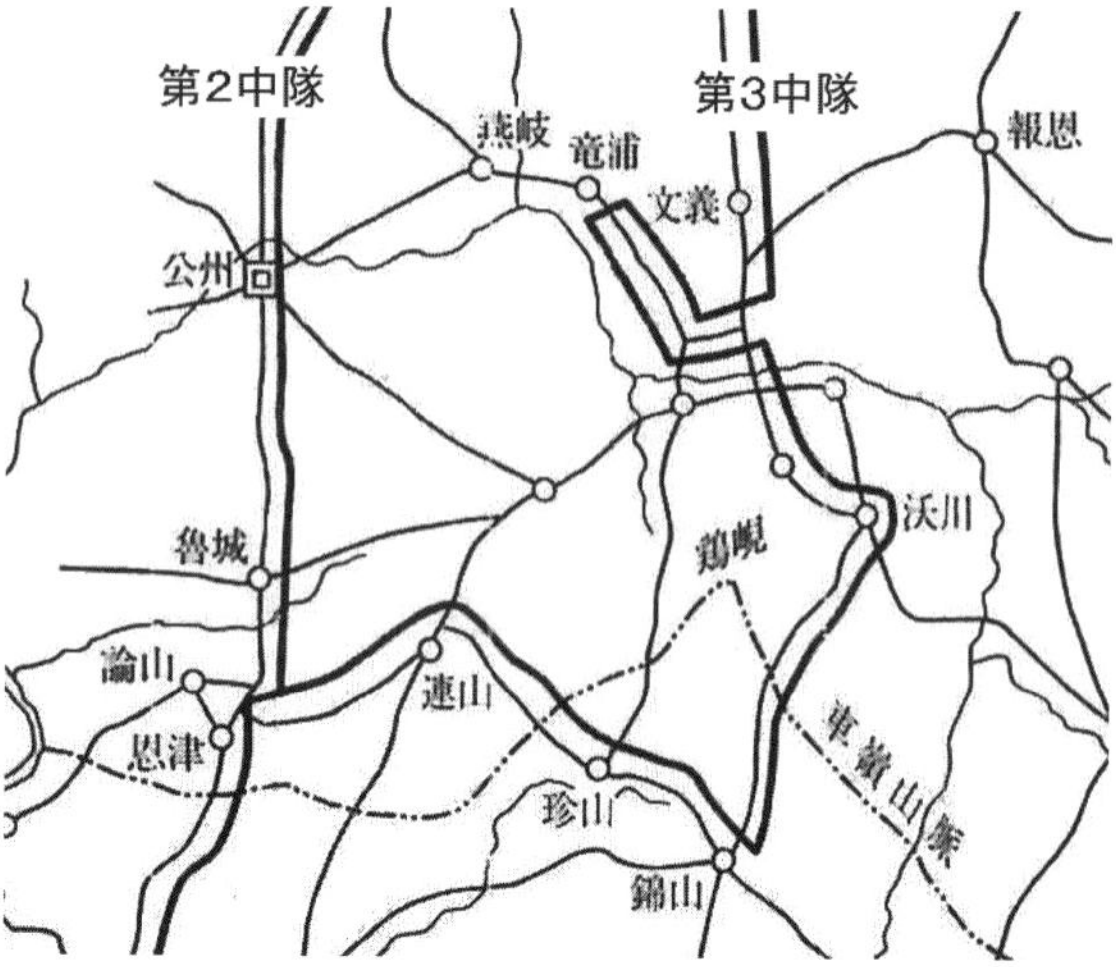

公州付近の第２中隊と第３中隊の進路
井上勝生氏「明治日本の植民地支配」から

で宿営した。しかし翌日、文義で農民軍が蜂起したとの報を受け、文義に戻った。続いて南の沃川(オクチョン)でも農民軍が蜂起したとの報が届いた。第三中隊が公州へ進めば、農民軍に背後を衝かれる恐れが強かった。南大隊長は、まず南後方の農民軍を攻撃することにして、公州の第二中隊には、さきの「一歩も城を出ず、死守せよ」との命令を送った。

第三中隊は十一月末、増若を経て沃川に駐留、十二月六日には農民軍を追って山岳地帯の難路と苦闘しながら錦山(クムサン。現・忠清南道錦山郡錦山邑)に進み、さらに八日には珍山(チンサン。現・忠清南道錦山郡珍山面)に至った(上の地図参照)。南大隊長は珍山で「公州の消息を得ず心配に堪えざりし」と語っている。

＊1 **後備歩兵第六連隊第二大隊**　龍山守備隊として派遣されたが、同大隊第七中隊の鈴木彰少尉の率いる小隊は公州第一次戦闘当時、朝鮮王朝軍援護のため公州にいて戦闘に参加した。

第三節　骨おののき心寒し

一八九四年十二月四日、全琫準（チョン・ボンヂュン）が率いる南接と孫秉熙（ソン・ビョンヒ）が率いる北接の連合農民軍は、公州攻略をめざして論山から再び進撃を開始した。日朝連合軍は利仁、板峙（パンチ）、公州監営（本庁）付近に布陣していたが、農民軍の勢いに押されて、利仁からも板峙からも撤退に追込まれた。

牛禁峙越えを阻まれる

五日、監営防衛に必死の日朝連合軍は、公州の南の関門である牛禁峙（ウグムチ）を中心に布陣した。牛禁峙を挟む両方の峰に朝鮮王朝軍と日本軍を配置、監営を囲む外郭の各地にも部隊を配置して、強力な防衛線を敷いた。第二中隊長の森尾雅一大尉は、戦闘経過を以下のように報告している（『駐韓日本公使館記録』による。概略）。

公州附近 戦闘詳報

自明治二十七年十二月四日至同五日　大尉 森尾雅一

①十二月四日午後四時、板峙で警戒中の経理営兵（朝鮮王朝の経理庁軍＝筆者）から、優勢な敵の攻撃に遭い、漸次公州に退却との報告を受ける。

②当時、在公州の日朝連合軍は第二中隊と韓兵八百十名（第二中隊の赤松支隊はまだ洪州方面に

留まっていた。韓兵には、地方軍は含まれていないと思われる＝筆者)。
③利仁にいた経理営兵二百八十名を牛禁峙山に退却させ、第二中隊は牛禁峙山を占領。夕刻、鈴木特務曹長に第二中隊の小隊と韓兵を率いさせて、犬蹲山(キョンヂュンサン。一帯で最も高い峰で、牛禁峙はその麓にあった＝筆者)及び利仁街道を守備させ、森尾は香峰(牛禁峙を挟んで犬蹲山と反対側の峰と思われる＝筆者)附近に第三小隊を進めた。*1
④香峰から偵察すると、敵二万余は約千四百メートル離れた山上に群集、さかんに火を燃やし発砲していたが、前進する模様はなかったので、翌朝まで対峙した。
⑤五日午前十時、利仁街道から牛禁峙山に向かって約一里の所に賊徒一万余が現れ、我軍の右翼に向かって突進して来た。牛禁峙山は公州の要地であり、これを失えば公州を守備することはできなくなる。午前十時四十分、敵は牛禁峙山の前方約五百メートルの山上まで迫っていた。第三小隊は前方山上に群集する敵に対し一斉射撃したが、賊は巧みに「地物」を利用して進み、約二百名が牛禁峙山頂から百五十メートルの山腹まで迫って来た。先頭の五、六名は数メートルの死角に迫り、前方山上の敵はさらに前進してきた。激戦数時間、我兵は懸命に戦った。
⑥午後一時四十分、経理営兵の一部五十名を前進させ、前方山腹の敵の左側を射撃させると、敵は約五百メートル離れた山頂に退却した。午後一時二十分(ママ)、牛禁峙山の我兵を(退却した敵のいる＝筆者)山腹に進め、経理営兵に急射撃をさせた。動揺する敵陣に一小隊と一分隊が突入すると、敵は退却した。敵追撃は経理営兵に任せ、中隊は利仁街道に出て、敵の退路に迫ろうとした。

⑦中隊は利仁付近に至ったあと、一帯の山腹に火を放った。しかし、東南方面の賊徒は退却しなかったので、韓兵を残してその方面を警戒させ、他の兵は公州に引揚げた。時に午後八時であった。
▽彼我死傷者＝我兵、無し、賊徒死者三十七名、傷者未詳 ▽分捕品＝火縄銃五挺、鎗五十本、鉛丸約二貫目、刀二本、弓一張、矢五十本、旗六十本(焼失)、火砲二門、牛二頭、馬二頭 ▽費消弾薬＝二千発

森尾報告は淡々と戦闘を記録しているが、朝鮮王朝側の記録には、「日本軍は牛禁峙と犬蹲峰間の稜線から一斉射撃を加えておいて身を隠した。農民軍が山頂を越えようとすると、日本軍は稜線に現れて射撃し、また身を隠した。これを反復すること四十〜五十回におよび、敵の死体が全山に重なっていった」とある(『東学農民革命一〇〇年』)。

森尾報告の三十七名という農民軍の戦死者は、余りに少ないのではないか。全琫準はのちの裁判で、「二度の戦闘のあと、点呼してみると万余の兵は三千になっており、その後再び戦闘後に点呼すると五百余に過ぎなかった」と供述している(『全琫準供草』)。森尾報告は、牛禁峙の限られた範囲の戦死者を言っているのかも知れない。

農民軍の繰返した数十回の突撃については『巡撫先鋒陣謄録』に「揮旗撃鼓、扑死先登、渠何義理、渠何膽略是喩、言念情跡、骨戰心寒是乎所…旗を振り鼓を打ち、死を喜ぶかのように登る。いかなる

義理があり、いかなる胆略があるというのだろうか。彼らの行動を語ろうとすれば、骨はおののき心は寒い」との描写があり、これは公州の戦闘を語るほとんどの資料が引用している(抃＝べん＝は「両手を打ちあわせる」の意だが「(手を打って)喜ぶ」の意もあるようだ)。

公州戦闘に参加した農民軍の数については諸説があるが、仮に二万としても、第十九大隊第二中隊と朝鮮王朝軍と公州監営軍の合計の十倍以上になるだろう。農民軍の敗因については、金開南軍の独自行動による戦力分散など、さまざまな指摘があるが、決定的だったのは少人数ながら組織的訓練を受けた日本軍の戦力、特に銃の威力であった。

牛禁峙越えをめざした農民軍の数十回の突撃は、銃身に施条して発射スピードと射程距離、命中精度を高めた日本軍のライフル式銃によって、ことごとく阻止された。

＊1 牛禁峙付近の峰　牛禁峙と犬蹲山および日本軍のいた峰については「牛禁峙を中心に右側の峰に日本軍が、向こう側の犬蹲峰には官軍」とか「森尾大尉は牛禁峙と犬蹲峰間の稜線に日本軍を配置」などの記述がある。筆者は牛禁峙の現場に立ち、付近の地図も検討したが、地理的状況は把握できなかった。

第四節　別働隊が撤退援護

一八九四年十二月五日の牛禁峙戦闘で、第二中隊が南北両接の連合農民軍を破ったことを知らないまま、南小四郎・第十九大隊長と第三中隊は十二月九日、珍山から山越えで連山(ヨンサン＝現・論山市連山面)を抜け、公州に向かおうとしていた。

その第三中隊は連山で、強力な農民軍に遭遇した。南大隊長は翌年五月の講話『東学党征討略記』で「連山から魯城(ノソン)に向かって出発しようとしたとき、数千の賊徒が数百本の旗を翻して城山の上に現れ、さらにまた数千が城壁前面の山に上り、さらにその後面にも現れて、周囲の丘は白い服の賊徒で満たされた。その数は三万に及んだ」(大意)と語っている。

九日正午ごろに始まった戦闘は、激戦の末、午後五時ごろに、農民軍を退却させて終ったが、『征討略記』には「前面の敵兵最も強鋭なりし。是れ即ち彼の有名なる全琫準の率ふる處なりしと云ふ」というくだりや「敵兵を撃攘したる際、東匪の副将を生擒したり。年齢四十餘にして全琫準の付與したる一通の辭令書を所持したり。此辭令書には汝を以て副先鋒となすとあり」というくだりがある。

一方、南大隊長が戦闘当日の十二月十日に発信した「連山戦闘詳報」(『駐韓日本公使館記録』)では「敵の死者中に異様の服装をせしものあり。検すれば、執綱金順甲(キム・スンガプ)、副先鋒となす、とあり」となっているが、いずれにしても、南大隊長は連山の農民軍が、全琫準の本隊と関わりがあることは認識していたようだ。

井上勝生氏は、連山で戦った農民軍を「公州で敗北した東学農民軍の別働隊だった」としている(『明治日本の植民地支配』)。井上氏の認定は、前記の金順甲(キム・スンガプ)の存在のほかに、韓国・忠北大学の申栄祐(シン・ヨンウ)教授が「連山の農民軍には、公州で戦った北接農民軍が加わっていた」との見解を発表していること、さらに、公州周辺における農民軍と日本軍の動き全般が根拠になっているようだ。

「別働隊」はどう動いたのか。井上氏は次のように指摘している(要約)。

公州で敗れた南北接連合軍の本隊は、十二月十日には公州南方十五キロの魯城にとどまっていた。一方、南大隊長と第三中隊は九日に珍山から連山に出てきた。第三中隊がさらに西へ進むと、恩津(ウンヂン)で公州街道にぶつかる。恩津から北上すれば魯城に至り、全琫準軍の本隊は、この第三中隊と公州から南下する第二中隊に挟撃される。全琫準軍は速やかに魯城を出て、論山(ノンサン)、恩津を経て全州方面に脱出しなければならない。別働隊は連山で第三中隊を引留め、全琫準軍の退却を援護する必要があった(一八五ページの地図下方参照)。

連山戦闘では、第三中隊の一名が戦死した。第十九大隊の約六百六十名の中で、農民軍討伐戦を通じての、ただ一人の戦死者だった。

論山を経て全州に撤退

井上氏が指摘するような別働隊の「本隊退却援護作戦」にも関わらず、全琫準軍の退却はうまくゆかなかった。

全琫準軍は連山戦闘と時を同じくして魯城から論山まで退却した。しかし、論山で公州から南下して来た第二中隊によって、大きな打撃を蒙る。第二中隊長・森尾雅一大尉による「論山戦闘詳報」(『駐韓日本公使館記録』)をみよう。

十二月十日に公州監使(ママ)から「全琫準軍が魯城付近に駐屯して公州を襲おうとしている」との情報を得て、中隊は朝鮮王朝軍とともに出撃した。同夕、龍水幕(ヨンスマク＝現・公州市利仁面)まで進むと住民が「全琫準軍は昨日ここへ来て物資を略奪して行った。いまは魯城の近くの烽火山にいる。数は約二千五百名」と話した。

十一日午前二時、烽火山に進んだが賊はすでに退却していた。次いで魯城に進んだが、賊は十日午後、論山に向かって退却していた。

午後二時、我軍が論山に入ろうとすると、約三千の賊が南方の高地から砲撃を仕掛けてきた。左右と正面の三方から攻撃すると賊兵は狼狽し、論山の西南千二百メートルの論山烽火台に退いた。我軍を三手に分けて一斉攻撃すると、午後四時十分に賊は総崩れとなり、全州方面へ退却した。

同夜は論山で宿営し、十二日午後九時、利仁街道を経て公州に帰った。*1

賊徒の死者は二十名、捕獲品は弓二十張、箭二百本、旗類三十本、費消弾薬四百五十三発。

後備歩兵第十九大隊の南小四郎大隊長と第三中隊は、十二月十一日、魯城に至ってようやく西路の第二中隊と連絡がとれ、十五日に恩津で、十一月十二日にソウルの龍山から分進して以来の合流を果した。しかし農民軍を討伐して慶尚道の洛東に集結するという作戦計画の期限の十二月九日は、もう過ぎていた。以後、なお各地で抵抗を続ける農民軍に対する第十九大隊の苛烈な討伐行が、新たに始まる。

論山戦闘で敗れた全琫準軍は、恩津でも敗れ、十二月十五日、ようやく全州に辿り着いた。孫秉熙(ソン・ビョンヒ)の率いる北接軍が、いつまで全琫準軍の南接軍と行動を共にし、どこで別れたのかは、はっきりしない。それぞれの、その後の苦難の逃避行については次章で。

＊1 **第二中隊の宿営地** 「論山戦闘詳報」で第二中隊は十二月十二日夜、論山から公州に帰り着いたことになっているが、第十九大隊の「宿泊表」では、十二日の宿泊は「龍水幕付近」となっている。

第二中隊は公州から魯城、論山方面への往路も復路も利仁面の龍水幕に立寄っているが、これは朝鮮王朝軍の一大隊が利仁に配置されており、この大隊と往路で合流し、復路では再駐留させる必要があったためと思われる。

第五節　公州の伊達くん

二〇〇八年三月、論山(ノンサン)と公州を往復して、東学農民軍の進撃と退却のあとを追体験してみることにした(一八五ページの地図参照)。追体験と言ったところで、タクシーで走るだけだが…。論山は二十年ほど前、いにしえの百済(ペクチェ=くだら)の王都・扶餘(プヨ)へ行くために、大田(テヂョン)から乗ったタクシーで通過したことがあった。

午前九時半、湖南線の論山駅前のタクシー乗場で、気のよさそうな若者が、車の外に立って客待ちをしていた。赤い野球帽にジャージ姿。金髪に染めてはいなかったが、先年、日本の漫才コンクールで優勝した「サンドウィッチマン」の伊達みきおにそっくりだった。若者の名前をどうしても思い出せない。名前は聞いたが、名刺をもらって安心したためか、意識して記憶にとどめようとしなかった。名刺は車中で資料ファイルに挟んだつもりだったが、見つからない。申し訳ないが、彼を「公州の伊達くん」と呼ばせてもらう。

農民軍のあとを辿る

論山駅前で伊達くんに「公山城(コンサンソン)まで」と告げて乗込み、地図を見せて、魯城(ノソン)、敬天(キョンチョン)を経由して、孝浦(ヒョポ)小学校に着いたら止めてくれるように頼んだ。論山川を渡って国道23号に出て、スピードを上げて飛ばす。

一八九四年十一月十七日(あるいは十八日)、論山を出発した全琫準軍は、魯城で西寄りの利仁(イイン)を目指す北接軍と分れ、北上した。事前に地図でコースを調べたとき、国道沿いに学校のマークがあり、「효포초등학교」(ヒョポチョドゥンハッキョ)と記されているのを見つけた。孝浦初等学校=小学校。孝浦は第一次公州戦で戦闘のあったところ。筆者にとっては、全琫準軍の北上コースの中で、確認できた唯一の具体的な手掛かりであった。

右手の鶏龍山(ケリョンサン)国立公園の山並みを過ぎて、公州も近いと思われるころになっても小学校らしきものは現れない。伊達くんが車をとめ、国道からあぜ道に下りて農作業をしていたおばさんに確かめてきた。「スミマセン、気がつかずに通り過ぎました」。一キロほど引返すと孝浦小学校があった(写真)。

伊達くんが横断歩道橋の階段脇に車を寄せ、「この上から撮るといいですよ」。車に戻ると「お客さんはキョスニムですか」と訊く。「キョス」は教授の韓国語読みで、「ニム」は敬称。筆者が車の中で資料のコピーや地図を調べているのを見て、大学の先生か研究者と思ったらしい。「違うよ。退職した会社員。昔、この辺りで東学農民戦争というのがあった。そのことを勉強している」と答えると、「ああ、聞いたことがあります」と伊達くん。

もともと、公州に着いたらタクシーを放すつもりだった。扶餘に移る前の王城・公山城、歴代の王の眠る宋山里(ソンサンニ)古墳群、国立公州博物館を巡ったあと、別のタクシーを拾って牛禁峙の戦跡地を訪ね、西側の利仁ルートを通って論山に戻るつもりだった。
公山城の入口で止めてもらい、料金を払って伊達くんと別れた。公山城の坂道をのぼりかけると、うしろから「キョスニム！」と呼ぶ声。伊達くんが駆寄って来て、「きょうは僕が公州を案内します。タクシーのメーターは切ったままにしますから」と言って筆者の荷物を持ってくれた。一瞬、論山までカラで帰るのを嫌って、帰りも自分のタクシーに乗ってくれと言っているのか、と思った。それもあったかも知れないが、そのあとの半日、彼が示してくれた親切は、そんな計算づくとは思えないものだった。

伊達くんといっしょに公山城を巡った。高い石垣に沿った道を歩くときは「気をつけて下さい」と言いながら、彼が石垣の側を歩いた。宋山里古墳群でも国立博物館でも「ゆっくり見て来てください」と駐車場で待っていてくれ、筆者が出口に姿を見せると、すぐに車を寄せて来てドアを開けてくれた。最後に、公州へやって来た本来の目的である牛禁峙の戦跡に向かうことにした。伊達くんは公州市街を離れて牛禁峙へ向かう道に入ってもメーターを切ったままにしていた。「ここからは有料にしようよ」と言って、メーターを倒してもらった。

牛禁峙に建つ「東学革命軍慰霊塔」については第二章で触れた(九九〜一〇一ページ)。筆者が訪れた二〇〇八年当時、あちこち削り取られた碑文の問題は別にしても、塔の周辺には「慰霊」にふさわしくない、どこか荒れた雰囲気が漂っていた。

しかし『東学農民革命一〇〇年』によれば、一九九三年以前はもっとひどい状態であったらしい。関心を持つ人もなく、見捨てられた状態の慰霊塔の近くに、ガソリンスタンドをつくる計画が持ち上がった。これが刺激になって、郷土史研究家らが「牛禁峙東学革命戦跡地聖域化推進会」をつくり、スタンド建設を中止に追込んだ。以来、市民による保存運動が動き出したという。筆者が牛禁峙を訪ねてから、すでに十年近く経った。現在は「東学農民革命史跡」としての整備が進み、慰霊塔と周辺の様相も変化しているかも知れない。

田舎風スンデ雑炊

さて、牛禁峙から論山への帰路は、西寄りの道を通って利仁の戦跡を見るつもりだったのに、気がつくと、往路と同じ国道23号を論山に向かって走っていた。念願の牛禁峙訪問を果したあとの虚脱状態であったか、利仁へ行く計画自体が頭からすっぽ抜けていた。

午後一時に近かった。すっかり世話になった伊達くんに昼食をおごろうと思い、「論山でいっしょに食事を…」と言いかけると、彼が「キョスニムはスンデは大丈夫ですか」と訊く。スンデは豚の腸に餅米や野菜、春雨とともに豚の血を入れて蒸したもの。筆者は韓国の食べ物はほとんど大丈夫だが、スンデは敬遠してきた。「だめだ」と言おうとして考え直した。こうして半日つきあった韓国の青年と、論山でスンデを食うのも思い出になるのではないか。

「実はもう予約してあります。オモニが食堂をやっていて…」と伊達くん。先刻、国立博物館で筆

者を待っているあいだに電話したらしい。もうすぐ論山市街という辺りに、小さいがこぎれいな食堂があった。看板は「시골순대국밥」（シゴル・スンデグクパプ）＝田舎風スンデ雑炊。スンデ専門店だった。テーブル三つほどの土間の左手に六畳ほどの座敷があり、食卓の上でスンデ雑炊の小鍋が二つ、湯気を立てていた。土間の奥の調理場でオモニとお姉さんが働いていて、伊達くんが紹介してくれた。

はじめてのスンデを口にするのに、韓国焼酎の助けを借りる必要があった。ここは、伊達くんが支払いをするつもりらしいので、お酒を頼むのは気が引けたが、「あとでお礼をすればいいだろう」と、注文した。グッパ（日本での通称）は半分ほど平らげたが、どんな味だったか、よく覚えていない。「勘定は私が…」と一応は申し出たが、伊達くんの立場もあろうと、任せることにした。オモニは、いったん受取ったお金を、そっと伊達くんのポケットに戻していた。

論山駅前で、メーターの表示より多めのお金を渡し、握手して伊達くんと別れた。時刻表を見ると、ソウル・龍山行きのＫＴＸ（新幹線）は一時間以上あとまでない。待合室に座っていると、カップ入りのコーヒーを手にした伊達くんが現れた。「キョスニム、どうぞ」。タクシーを止めた位置から、待合室が見えたのだろう。思いついて彼に言った。「いまから利仁まで往復できないかなあ」。彼は発車時刻を確かめ、筆者の地図をチェックして、「急ぎましょう」とタクシーの方へ走りだした。

午前中に公州へ向かったのとは違う西寄りの道を、猛スピードで飛ばす。韓国のタクシーは、日本とは比べものにならないスピードで走るが、この時の伊達くんの運転はすごかった。筆者は「乗り遅れたら、次の列車にすればいい」と思っていたが、彼は何が何でも間に合わせるつもりだった。

利仁の、東学農民戦争の戦跡らしき原野に着いた。伊達くんが「キョスニム、パルリ…」(急いで)と急き立てる。写真を一ヵ所で三枚だけ撮って車に飛乗り、猛スピードで論山に戻った。

ソウルに向かう列車の座席で、朝方の論山駅前での出会いから先刻の別れまでを振返り、キョスニムは、ほのぼのとした気分に浸った。

第六章

それぞれの終焉

第一節　院坪・心のふるさと

二〇一二年四月十日、ソウルの龍山（ヨンサン）と木浦（モッポ）を結ぶ湖南線の金堤（キムヂェ）駅前に降り立った。小雨まじりの風が吹いて、肌寒い日だった。東学農民軍兵士たちの眠る院坪（ウォンピョン＝金堤市金山面院坪里）の亀尾卵（クミラン）埋葬地を訪ねる。

公州・牛禁峙の戦いに敗れた全琫準軍が、退却を重ねてようやく辿り着いたのは「心のふるさと」とも言うべき院坪だった。院坪で日朝連合軍の追撃を受けて敗れ、続いて泰仁（テイン）でも敗れた全琫準は、農民軍解散を決意した。院坪の戦闘で斃れた農民軍兵士たちは、村人の手で裏山に埋葬された。いまはもう原形をほとんど留めないという、土饅頭の墓が広がる亀尾卵の雑木林の光景を思った。

残軍を総動員

一八九四年十二月十一日、論山で後備歩兵第十九大隊第二中隊と朝鮮王朝軍の連合部隊に敗れた全琫準軍は、続いて恩津(ウンヂン)でも敗れ、十五日にようやく全州(チョンヂュ)に入った。全州はなお農民軍の勢力圏内にあったのか、全琫準は監営の監司執務室・宣化堂(ソンファダン)に入った。

残軍を総動員した全琫準は十九日、院坪に向かった。「最後の戦いは、院坪で」と思ったのであろう。直後に、大隊本部と第三中隊、第二中隊が合流して本格的な農民軍追撃・討伐作戦を開始した第十九大隊と朝鮮王朝軍が全州に入った。農民軍が金溝(クムグ。当時、院坪は金溝郡に属していた)に向かったと聞いた南小四郎大隊長は、ただちに追撃隊を金溝に送った(『東学党征討略記』)。

院坪に着いた全琫準は戦列を整え、亀尾卯の裏山に陣を布いた。追ってきた日朝連合軍との戦いは十二月二十一日朝、始まった。農民軍は銃弾、砲弾を浴びつつ懸命に持ちこたえたが、夕刻前には決着がついた。院坪戦闘については朝鮮王朝側の記録である『巡撫先鋒陣謄録』に、次のような描写がある(要約)。

教導兵一隊及日本兵一隊、進抵金溝邑経夜、二十五日(十一月。陽暦十二月二十一日＝筆者)卯時量、行軍進発、即到院坪、賊徒数万…相互砲戦、自巽時(午前八時ごろ)以至申時(午後四時ごろ)、砲響如雷、飛丸似雨…(以下和約)賊は山上にあり、我兵は野にあって四周を囲った。隊官の崔永学が抜刀して一隊を率い、山上に向かった。先を争って登り、あるいは刺し、あるいは斬り、三十七名を殺した。残りは四散した。回龍銃十、鳥銃六十、鉛丸七石、火薬五櫃、刀鎗二百、米五百石、銭三千両、牛二頭、馬十一匹などを奪い、日本軍に渡した。

この記述によれば、農民軍は数万名で、死者は三十七名であった。趙景達氏も『異端の民衆反乱』に『全琫準供草』と『陣騰録』を引用して、次のように書いている(要旨)。

(牛禁峙敗戦後)多くの兵が逃走離散して三千名ほどになった農民軍は、魯城、論山、恩津と急追されて敗れ、五百名ほどに縮小した。十二月二十一日には、頑強にも金溝に再度数万の軍を集結させて抵抗したが、三十七名の犠牲者を出して、他は多く四散した。こうして全琫準軍は八千名となって泰仁まで後退、二十三日、追撃してきた連合軍に抵抗したが、戦死四十、捕虜五十名を出して四散した。

全体的な敗勢の中で、いったん五百名ほどに減った農民軍を、数万に増やすことができたのだろうか。確かに全琫準は『供草』で、「敗走至金溝、更為招募、数爻稍増」とは言っているが「数万」とは言っていない。数万もいたにしては、八時間にわたる激戦の犠牲者が三十七名というのは少なすぎる。東学農民戦争関係の一次資料は、軍勢や死傷者の数については誇大あるいは過少と思われるものが多い。

ただ、全琫準軍の要員補充や武器・食糧の調達には、全琫準の後見役的な存在であった実力者、金溝大接主・金徳明(キム・ドンミョン)による周到な準備があったはずだ。金徳明は公州戦などの戦闘には加わっていなかったようだ。院坪にとどまり、全琫準が院坪に帰って戦う日のために、兵を募り、武器を集め、軍糧を蓄えていたことは、朝鮮王朝軍側の豊富な捕獲品リストからもうかがえる。

一方、『東学党征討略記』によると、全州から院坪、その後の泰仁戦闘に至る過程の説明は以下のとおり(要約)で、院坪戦闘には言及がない。

賊はすべて全州に入ったというので、全州攻撃をめざして進んだが、斥候から「賊兵は前夜遅く城を棄てて金溝に逃走し、城内には一人の東徒もいない」と報告があった。従って賊徒のいない全州城に安全に入ることができた。

全州に入ってすぐ、南の金溝に向けて追撃隊を送った。全州を午後二時に出発して金溝に着いてみると、賊は泰仁に遁走したというので、直ちに追撃し、泰仁の入口で数万の東徒と戦い、これを破った。賊兵が泰仁に蝟集したのは(古阜蜂起以来の経過を詳述＝略)全琫準が古阜の人であり、泰仁が古阜の近傍だからである。

『征討略記』には院坪や亀尾卵の地名は出てこない。金溝が院坪を指しているのだとしても、院坪では戦闘は起こらず、いきなり泰仁で戦闘が起きたことになる。しかし、第十九大隊の宿泊記録を見ると、日本軍と朝鮮王朝軍の支隊が十二月二十一日に金溝で戦闘後に滞在、二十二日も金溝滞在、二十三日は泰仁に滞在して二十四日に全州で本隊と合しており、金溝＝院坪で戦闘があり、そのあとで泰仁戦闘があったことを示している。

南大隊長にとっては、金溝＝院坪の戦闘は、それほどの意味を持たず、言及に値しなかった、ということかも知れない。

雨の亀尾卵埋葬地

二〇一二年四月十日の朝に戻る。金堤駅前で「金堤東学農民革命記念事業会」の崔高遠(チェ・ゴウォン)さんが出迎えてくれた。崔さんは、院坪の東学農民戦争史を掘起こした著名な郷土史家・故崔洵植(チェ・スンシク)氏の娘さんで、崔家は亀尾卵に七代にわたって住む家柄である。崔さんも父上の遺志を継いだ研究者だ。筆者は以前にネットで、「院坪と東学」についての崔高遠署名の論文を読んだことがあったが、その時は男性と思いこんでいた。

旅に出る前に、円光大学の朴孟洙教授が崔高遠さんを紹介してくれたことは序章で述べた。望外の幸運だった。韓国の東学遺跡を訪ねるときはいつも、ネット上にある写真や地図を何枚もコピーする。現地で困ったら、タクシーに見せて「ここへ」と言うために。バスのダイヤもネットで調べる。かなり小さな町でも、バスターミナルに掲げてある時刻表の写真がネット上にあり、ダイヤを知ることができる。

院坪についてもいろいろ調べたが、準備した資料はすべて必要がなくなった。事前のメールのやりとりで、崔さんが車で院坪周辺をすべて案内してくれることになった。

金堤駅前には、崔さんのほかにもう一人、若い女性がいた。筆者との会話がうまく通じるかどうか、心配した崔さんが通訳を頼んでおいてくれたのだ。尹善淑(ユン・ソンスク)さん。恐縮する筆者に尹さんが達者な日本語で告げた。「金堤市文化観光課の職員です。これは私の仕事ですから」。「まずどこへ行きましょうか」と崔さん。ためらわず「亀尾卵へお願いします」と答えた。

崔高遠さんの運転する車は院坪里に到着した。昔から大きな市(いち)の立つ、この地域の中心地だった。現在も四と九の付く日には「五日場」(オーイルチャン＝五日ごとに開く市)が賑わう。

亀尾卵村は院坪市場跡の東隣りで、数百メートルの距離だが、正確には龍湖(ヨンホ)里に属する。村の前面(北側)を院坪川が流れ、背後は高さ六〇メートルほどの丘陵になっている。住宅のあいだの狭い道を上ると山裾に出た。

亀尾卵埋葬地。確認できた埋葬場所に白い杭が打たれている

亀尾卵埋葬地。先刻までは小雨だったのに、雨脚が急に強まった。埋葬地と言っても、村人があちこちに散乱していた遺体を集めてきて埋めたに過ぎず、百余年を経て、まばらな雑木と雑草の茂る原と化している。崔高遠さんが幼かったころには、まだ土饅頭の墓が形を留めていたが、二〇〇五年の台風で何本も木が倒れ、ほとんど崩れてしまったという。

二〇〇八年に遺族会ができて、埋葬が確認された個所に数字を書いた十八本の白い杭を立てた。この場所の歴史を語るのは、まことにそっけない、土木工事のための目印のような白い杭だけだ(写真)。ふと、古阜の「無名農民軍慰霊塔」の石柱に刻まれた、農民兵たちの顔が浮かんだ。雨の亀尾卵埋葬地に、霊気のようなものがたちこめるのを感じた。

日朝連合軍は、村の前面の川原の側から丘陵に布陣する農民軍を攻撃した。崔高遠さんによれば、当時は院坪川は小さな流れに過ぎず、一帯は川原というより原野のような状態であった。その後、砂金採取が盛んになり、いまのように川幅が広がり深くなったのだという。原野と丘陵に挟まれた亀尾卯は、当時、約四十戸の村であったが、戦闘で二戸を残して焼失した。

全琫準の来歴

全琫準はなぜ、蜂起の地であり自宅もあった古阜(コブ)に帰らず、最後の決戦の場に院坪を選んだのだろうか。それは金徳明との関係を抜きには考えられず、全琫準にとって院坪は、少年の日になじんだ、ふるさとのような土地であったからだ。

崔高遠さんは以前、院坪付近に多く住む彦陽金氏(オニャンキムシ。彦陽は現・蔚山＝ウルサン＝広域市)を本貫とする人たちが、「全琫準一家は、わが門中の食客(シッケク＝居候)だった。特に金徳明の家には、しょっちゅう出入りしていたそうだ」と話すのが、どういうことか理解できなかったと言う。

ある時、高敞(コチャン)文化院長の李起華(イ・ギファ)氏に天安全氏(チョナンチョンシ＝全琫準の本貫)の世譜(歴代の家系図)を見せてもらって疑問が解けた(李起華氏は全琫準の出生地が高敞の堂村＝タンチョン＝現・全羅北道高敞郡高敞邑竹林里＝であることを立証した人である)[*1]。全琫準の父・全彰赫(チョン・ギャンヒョク)の妻＝全琫準の母は、彦陽金氏の出だったのだ。

高敞郡堂村の全家は、何代か前までは地方の官職についた郷班(在地両班)だったようだが、没落して全彰赫は書堂(ソダン=寺子屋)で教える傍ら、漢方薬の処方などでどうにか生計を立てていた。恐らくは家計窮迫のために、金徳明を頼って高敞から院坪近くのファンセ村に移り住んだ。「よそ者」の全琫準は、外家(ウェーガ=母の実家)に出会ったような感覚で、金徳明の家に出入りしたのではないか。

当時、ファンセ村には真鍮食器(ユギ)を作っている工場があり、出入りの行商人のための宿舎が工場内にあった。院坪に五日ごとの市(イチ)が立つ日は宿泊者が多かったが、普段は空いており、全一家が住むことができた。全琫準はファンセ村から北へ二キロほどの従政(チョンヂョン)村の書堂に通って、漢文を学んでいたという話も伝わっている。

彦陽金氏がなぜ院坪を世居之地(代々の住み場所)としたのかは分からないが、金徳明は、その門中の実力者だった。一八四五年生れ、全琫準より十歳、年長だ。知識が豊かで、社会的関心が強く、東学の教えに共感して一八八六年、四十二歳の時に入道した。

全琫準がファンセ村に移り住んだのは、金徳明の東学入道よりかなり前だが、全琫準はユギ工場を出たあと、当時の金溝県龍渓(ヨンゲ=現・金堤市金山面)にあった金徳明家に居候して、仕事を手伝っていたという話も伝わっているから、金徳明から何らかの影響は受けたはずだ。金徳明は一八九一年に、この地域の東学徒全体を束ねる金溝包の大接主に任じられたが、全琫準の東学入道も、そのころとみられる。

全琫準が十八歳のころ、一家はファンセ村から泰仁県山外面東谷里(サヌェミョン・トンゴンニ)の知琴谷(チグムシル。シルは谷の意)に移るのだが、多感な少年期をすごしたファンセ村と院坪は、全琫準にとって忘れがたい場所であったに違いない（なお、知琴谷は金開南の出身地でもある）。

崔高遠さんは、「院坪は全琫準と湖南（全羅道）農民軍の精神的なふるさとだ」という、忠北大学の中栄祐（シン・ヨンウ）教授の言葉を紹介してくれた。全琫準の心の中で、常に院坪が「根拠地」として意識されていた証しとして、次のような事例を挙げることができる。

一八九四年四月、茂長（ムヂャン）で農民軍を旗揚げした全琫準は、高敞、興徳（フンドク）、扶安（プアン）などを経て院坪に至り、金徳明の加勢を得て軍を強化、黄土峴で官軍に勝利した。いったん南下後に全州をめざして北上、五月末、長城（チャンソン）の黄龍村（ファンニョンチョン）の戦闘で官軍を破ったあと、全州攻略を前に再び院坪に戻った。全琫準の動線に、常に院坪があった。

黄龍村の戦闘で農民軍は、国王が農民軍説得の綸旨を持たせて送ってきた従事官・李斅応（イ・ヒョウン）と裵垠煥（ペ・ウンファン）を捕えたが、全琫準は二人を院坪まで連行してから斬刑に処した。全州攻略の決意を示す場に院坪を選んだ。全州和約後は院坪に執綱所を置いたが、全羅右道を統括する本拠は全州ではなく、この院坪執綱所であったという説も存在する。

院坪では亀尾卯埋葬地に続いて東学の地域本部であった都所（トソ。全州和約後の農民自治期には、執綱所＝チプカンソ＝として機能した）の跡、金徳明の生家跡、「金徳明将軍追慕碑」のある鶴寿斎（ハクスジェ）などを案内してもらった。

筆者が訪れた当時、院坪執綱所跡は荒れ果てて廃屋同然だった。一八八二年に、恐らくは院坪都所として建てられ、同じ場所に屋根だけ瓦に葺替えて残されてきた。崔高遠さんの話では、建替えて復

院坪執綱所跡。廃屋同然(写真上)だったが、2015年に復元された(写真下)

元保存したいのだが、個人所有になっていて、買収価格が折合わないとのことだった。二〇一七年に調べてみたら、二〇一五年末に国費六億五千万ウォンを投じて、復元工事が終わっていた。亀尾卵埋葬地にも案内板が建てられたことが分った。

郡守の父の顕彰碑

院坪見学を終えた筆者は、泰仁へバスで向かうつもりだった。泰仁は院坪の南一〇キロほどのところで、現在は井邑(チョンウプ)市に属する。

泰仁では、「全琫準指揮下の農民軍」としては最後の戦闘の場となった城隍山(ソンファンサン)、全琫準が農民軍に解散を告げた泰仁官衙跡、朝鮮朝時代の代表的な亭子(チョンヂャ=東屋)建築の一つと言われる披香亭(ピヒャンヂョン)などを見るつもりだった。披香亭は、建物に興味があったわけではなく、敷地の一角にある碑を見るためだった。「縣監趙侯奎淳永世不忘碑」。趙奎淳(チョ・ギュスン)は、かの悪名高き古阜郡守・趙秉甲(チョ・ビョンガプ)の父である。泰仁県の県監(知事)であった父の功績をたたえるために、趙秉甲が住民から集めた金でつくらせた碑である。

院坪バスターミナルへ向かおうとする筆者に、崔高遠さんと通訳をつとめてくれた井邑市文化観光課の尹善淑(ユン・ソンスク)さんが、「雨の中、ザックを背負って歩くのは大変ですから、泰仁まで車で送ります」と言ってくれた。ありがたい申し出だった。泰仁官衙跡に建つ東軒(トンホン＝政務を執る場所)も郷校跡も、披香亭の永世不忘碑も、崔高遠さんの車で楽々と回ることができた。城隍山も、崔さんが付近の住民に確認してくれた。趙奎淳の碑は、住民から千両もの金を集めたにしては小さく、質素だった。

泰仁からこの日の宿泊地の井邑までは、タクシーに乗ることにした。崔さんたちは、運転手に筆者の泊るホテル名を言ってタクシー料金を確認し、「一万五千ウォンほどだそうですよ。お気をつけて」と筆者に告げて見送ってくれた。

＊1　**全琫準の出生地**　全琫準の高敞出生説を明確に打出したのは高敞文化院長の李起華氏だった。天安全氏の膨大な世譜を照合し、さらに高敞の伝承や全一族の墓所などを調べた結果、全琫準は高敞の堂村に代々住んできた天安全氏の一派の子孫で一八五五年十二月三日生まれ、初名鐵爐(チョルロ)であることを突き止めた。

鐵爐は鉄の火鉢で、韓国固有語の読みは쇠화로(セファロ＝鉄火炉)だ。鉄火鉢は種火を埋めて置くためにも使うので씨화로(シファロ＝種火炉)とも言うらしい。高敞の堂村ではいまも、全琫準を「セファロ」とか「シファロ」と呼ぶことがあるという。事実なら、全琫準が幼時に鐵爐＝チョルロという名であった記憶が、高敞堂村の人たちに残っているということだろう。

第二節　プクシル無残

孫秉熙(ソン・ビョンヒ)の率いる北接農民軍が、牛禁峙敗戦後、いつ全琫準軍と分れ、報恩(ポウン=現・忠清北道報恩郡報恩邑)の東学の本拠をめざして敗走の旅を始めたのかは、はっきりしない。前章で触れたように、忠北大学の申栄祐教授は「十二月十日(ウグムチ敗戦の五日あと)の連山(ヨンサン)戦闘に北接農民軍が加わっていた」としているようだが、筆者はその論文に接していない。

牛禁峙後の北接軍の動向について、筆者が確認し得るのは、後備歩兵第十九大隊第二中隊の桑原栄次郎少尉の一八九五年一月十三日付「鍾谷(チョンゴク)付近戦闘詳報」(『駐韓日本公使館記録』)だ。

桑原報告によれば、軍路実測隊の護衛として一小隊を率いて金山地方に滞在中、「一月三日午前三時頃、黄澗(ファンガン)県監より報知あり、東徒一万余、崔法軒これを率い、全羅道茂朱(ムヂュ)より進行し来たり…将に黄澗を襲わんとすと…」とあり、一月はじめ、孫秉熙軍が崔法軒すなわち東学第二代教祖・崔時亨(チェ・シヒョン)を伴って現・忠清北道永同(ヨンドン)郡の黄澗に現れたことが分る。

第三代教祖・孫秉熙

『東学農民革命一〇〇年』や蔡吉淳(チェ・ギルスン)氏の『東学農民革命の現場を訪ねて』によって、北接農民軍の苦難の敗走を辿ろう。

農民軍が牛禁峙で敗れたころ、崔時亨は任実(イムシル=全羅北道南部)に隠れ住んでいた。孫秉熙は公州からいったん任実まで南下して崔時亨を帯同、小白山脈に沿って迂回しながら北上を開始した。長水(チャンス)、茂朱を経て忠清北道に入り永同に至ったが、北接軍は任実から永同までの間に朝鮮王朝軍や地方軍、民堡軍と十八回の戦闘を重ねたと言う。

一月六、七の両日、北接軍は永同の北の龍山(ヨンサン)市場で戦ったが、孫秉煕らはかろうじて包囲網を突破、八日、かつて崔時亨の住んでいた沃川(オクチョン)郡の青山(チョンサン)に到着、十日まで留まった。

廃墟と化していた本拠

寒さと飢えで疲れ切った彼らが、報恩の帳内里(チャンネリ)に辿り着いて目にしたのは、変わり果てた本拠の姿であった。孫秉煕に率いられた北接軍が、全琫準軍との合流をめざして帳内里を発って間もない十一月十日、国王の農民軍討伐令を受けた朝鮮王朝軍が帳内里を襲った。指揮官・李斗璜(イ・ドゥファン)は本拠の大都所(テドソ)をはじめ、あらゆる家屋を焼かせ、住民を殺させたという。

廃墟と化した帳内里で、休むことも食事をとることもできなかった孫秉煕軍は、さらに鍾谷里(チョンゴンニ=韓国固有語ではプクシル)まで凍てつく山道を北上して、ようやく野営した。

一月十二日にプクシルで、追撃してきた桑原隊および大邱から応援の三宅大尉の分隊、朝鮮地方軍(慶尚道尚州=サンチュ=の遊撃隊)と北接軍の戦闘が始った。なぜか、この戦闘に孫秉煕は直接参加していなかった(『東学農民革命一〇〇年』)。戦闘の模様は桑原少尉の報告に詳しい。以下はその概要である。

十二日午前九時、元厳(ウォノム=青山の西南)方位に進行したが、途中、東徒は已に報恩方面に退却したとの情報を得て追跡、東徒の本隊は鍾谷付近にいることを知った。夜襲をかける事に決定し、午後六時ごろ、鍾谷の手前一里余のところで時機を待った。

午後十時五十分、三宅大尉と尚州韓兵二百四十名は左側本道を、桑原は部下十四名と一分隊を率いて右側山道を進んだ。降雪甚だしく、寒威骨に徹し、歩行も困難な状態だった。前方に東徒が燃やす火焔を認めたので、鍾谷南方約八十メートルの高地を占領した。高地から眺めると、東徒一万余が焚火で暖を取っていたが、まったく戦いの準備はしていなかった。

進行して来る三宅大尉へ使を送り、散開して約三回の一斉射撃を行ない、東徒の精神を攪騒させたあと突入すると、東徒は愴惶狼狽、村外に潰走したが、追撃の度に逆襲してくるので、徹夜の戦闘になった。

十三日午前七時、前進して鍾谷北方の高地を占領、戦線配備を整えた。東徒は我方より高地を占めて我方を下瞰し、勢いは甚だ獰猛だった。我両翼を包囲するだけでなく、中央にも突貫してきた。

午前八時、敵を接近させてから撃つ作戦をとり、暫時射撃したあと、佯走(ようそう=逃げるふり)して旧高地に戻ると、東徒は吶喊(とっかん=鬨の声)して迫ってきた。八十メートル以内に接近したときに急射撃を行なったところ、午前九時ごろに至って東徒の第一線がやや薄弱となった。機に乗じて我軍全線が突貫した。東徒は支えきれず、二道に分れ東北方面に潰散した。

追撃約二千メートル、東徒を完全に掃攘した。午前十時であった。
▽死傷者　我軍＝なし、賊徒＝死者三百余名、傷者未詳▽分取品　モーゼル銃数挺、牛馬八十余頭、武器数十、旗十余本▽費消弾薬　千百二十発

桑原報告は、北接軍の戦死者を「三百余名」としている。一方、民堡軍を組織して農民軍と戦った儒生・金奭中(キム・ソクチュン)の日記『討匪大略』には、「為乱砲所斃者二千二百余人、夜戰所殺爲三百九十三人」(韓国国立中央図書館の原文情報データベース)とあり、約二千六百名が戦死したことになっている。中栄祐教授によれば、日本軍や朝鮮王朝軍の戦闘報告では、農民軍の戦死者を「二百名」とか「三百名」と表記する場合が多い。これは多数の戦死者が出た場合に、その数を明確にしないためで、日本軍が「三百名」と言う場合は、数えうる最も多くの数を意味していると言う(『植民地朝鮮と愛媛の人びと』所収論文)。

追詰められた孫秉熙軍は、崔時亨を帯同して自身の出身地・清州(チョンヂュ)を経て忠州(チュンヂュ)方面へ逃れた。しかし、陰城(ウムソン)郡の無極市場(ムグクシジャン)で王朝軍の襲撃を受け、崔時亨はついに、軍の解散命令を出した。一八九五年一月十九日であった。以後、北接指導者らは忠清道と江原(カンウォン)道を行き来しつつ逃避生活を送ることになった。

崔時亨は一八九八年五月二十五日、江原道の原州(ウォンヂュ)で逮捕され、ソウルでの審問ののち、七月二十日に師の崔済愚と同じ「左道乱正」の罪で処刑された。

孫秉熙のその後は波乱に富む。崔時亨刑死に伴い東学第三代教祖に→開化思想接近と日本亡命→日露戦争における対日協力→進歩会を組織→一進会の親日路線を牽制し天道教(チョンドギョ)を創立→一九一九年「三・一独立運動」宣言文起草に参加し逮捕される→病気保釈中の一九二二年に死去。

案内板だけの原野

二〇一二年四月、筆者は全琫準軍終焉の地・院坪、泰仁を訪ねた翌日、北接軍壊滅の地・報恩へ向かった。井邑(チョンウプ)から湖南線の列車で大田(テヂョン)へ出て、「大田複合バスターミナル」から報恩・俗離山(ソンニサン)行きの長距離バスに乗った。報恩からさらに十五分ほどの俗離山ターミナル付近は、古刹・法住寺(ポプチュサ)参詣の人たちだろうか、観光客で賑わっており、国立公園の入口らしい雰囲気があった。

翌朝、ホテルにタクシーを呼んでもらい、ロビーで地図を広げて打合わせをした。予定のコース一巡は、かなりの距離だが四万ウォン(当時は円高で三二〇〇円ほど)で、ということになった。中年の運転手さんは快活な感じの人で、「さあ、行きましょう」と、筆者の荷物を担ぎ、先に立ってタクシーのドアを開けてくれた。

まず訪れた「東学農民革命記念公園」は、報恩郡当局がどういう思惑からか、二〇〇三年から七〇億ウォンをかけて、プクシルの近くに造成した。広大な土地に巨大な塔をはじめ、石城(かつて帳内里にあった石城を模した)などの造形物を配した。地元の歴史研究者や環境問題に関心を持つ市民団体はこれに反対し、プクシルの集団埋葬地と帳内里の東学本拠跡地の史跡指定を働きかけた。しかし報恩郡は「史跡に指定するには資料不足」として、公園造成を強行したという。公園は、壮大だが「つくりもの」の感じが強く、筆者はさっと一巡してプクシルに向かった。

プクシルは、のどかな山里であった。村びとを見つけて訊けば、戦闘のあった場所や、戦死者を集団埋葬した谷の場所は見当がついたのかも知れないが、村は静まりかえって、人影がなかった。右手に見える山の辺りが戦闘地なのであろう、と想像しながら、十五分ほど集落をぶらついただけで、タクシーに戻った。もっと下調べをしておくべきだった。

東学の本拠が置かれていた帳内里

次は帳内里。運転手さんは東学本拠跡の正確な位置を知らず、携帯電話をかけたあと、帳内里の属する報恩郡長安面の面事務所に立寄った。事務所前には男性が待っていて、「すぐそこですよ」と、案内してくれた。運転手さんは「彼は面事務所の職員で、この辺りに詳しい。古い友人です」と言っていた。

帳内里では一八九三年四月末から五月半ばにかけての二十日間、いわゆる「報恩集会」が開かれた。朝鮮各地から三万人もの東学徒が集り、「斥倭洋」(日本と西洋の侵略反対)の旗が揺れた。翌年十月、崔時亨の「起包令」に応えて集った農民軍は、孫秉熙に率いられてここから論山に向かった。留守部隊の護る帳内里を朝鮮王朝軍が襲い、家々を焼き、人びとを殺した。その「歴史の現場」は山と道路に挟まれた、思っていたよりは狭い原っぱだった。

近年、宅地化や耕地化が進み、それを食い止めようと、地域の関係者が「史跡指定」を求めている。道路端に立派な瓦屋根を乗せ朱色に塗られた案内板が立っていた。「보은장내리 동학취회지」と書かれていた。漢字に直せば「報恩帳内里東学聚会地」。百二十年前に「報恩集会」が開催され、三万人が「斥倭洋」を叫んだ東学の本拠に思いを馳せることのできる、唯一の「物証」だった。

第三節　最後の戦闘(1) 長興

牛禁峙周辺の戦闘が終った一八九四年十二月七日以降、全羅道と忠清道では大きなものに限っても二十七回の戦闘があった(慎鏞廈＝シン・ヨンハ＝ソウル大学名誉教授)。中でも、翌年一月七日から十二日にかけての長興(チャンフン＝現・全羅南道長興郡長興邑)のソクテトゥル(ソクテは石台、トゥルは原の意)および康津(カンジン＝現・全羅南道康津郡)一帯における戦いは、東学農民軍にとって、最後の大規模戦闘と言えるものであった。

後備歩兵第十九大隊は次章でみるように、新たな訓令により、三つの中隊が一体となって全羅道西南部に進み、農民軍の残党と東学農民を殲滅するという作戦に転換しており、長興、康津一帯での戦いは、その一環であった。

全羅道最南部では、かねてから長興府とその西の康津兵営城の守城軍、民堡軍による東学徒弾圧が続き、これに対抗して李芳彦(イ・バンオン)接主らの率いる東学農民軍が蜂起した。しかし長興農民軍は、守城軍側の妨害を受けて、一八九四年十月の全琫準の再起令に従って参礼に赴くことができなかった。

康津兵営城の城址に立つ碑

李芳彦らは、長興から離れた山間部に集結して勢力を強化する一方、全琫準の本営に援軍を要請した。全琫準はこれに応えて十月上旬、金邦瑞(キム・バンソ)の率いる支援部隊を送込んだ。十一月から十二月にかけて、全羅道南部の光州(クァンヂュ)、羅州(ナヂュ)、綾州(ヌンヂュ)、宝城(ポソン)などの農民軍は長興に集り、その数は一万を超えた。

古阜の恨みを晴らす

農民軍は十二月三十日、長興の宿駅・碧沙(ピョクサ)を襲った。二月に全琫準らが古阜(コブ)で蜂起した時、按覈使(アネクサ＝臨時調査官)としてやって来たのが長興府使・李容泰(イ・ヨンテ)であり、率いて来た碧沙の駅卒らが古阜の農民を蹂躙した。碧沙では農民軍が駅舎を焼払い、駅卒を殺害して復讐した。農民軍は翌日、長興府を攻撃して邑城を占領、府使・朴憲陽(パク・ホニャン)ら九十六名を戦死させた。農民軍は矛先を康津に転じ、一月五日には全羅陸軍の総指揮所であった康津兵営城をも攻略した。

同じ一月五日、後備歩兵第十九大隊は羅州に入って農民軍討伐の「司令部」を設けた。釜山からは、後備歩兵第十連隊第四中隊(隊長・鈴木安民大尉)が支援に入った。『東学党征討略記』によると、霊岩(ヨンアム)、綾州、長興の各県令から、「東徒の襲撃を受けており、至急、救援を」との要請が届いていた。南小四郎大隊長は、ただちに左、右、中の三支隊(原文は枝隊)を組織して長興へ向かわせた。康津兵営城を攻略した農民軍は、この情報をつかむと、北へ向かう作戦を変更して長興の山岳部に戻り、ソクテトゥルの戦闘に臨むことになる。*1

一月七日に始まった戦闘は、十日に決戦を迎えた。『巡撫先鋒陣謄録』に次のような描写がある。

匪類数三萬名、自高峰之下、北至後麓主峰、漫山遍野、彌亘数十里(中略)吶喊應聲、放砲衝殺…王朝軍の兵三十名で後麓主峰の敵を制し、本隊と日本兵を竹林に隠しておいて民兵をソクテトゥルに押出し、農民軍を周辺の山から誘い出した…

農民軍が民兵を攻撃し始めると、隠れていた王朝軍の兵と日本兵が両側から機関銃などで一斉射撃、一瞬のうちに数百名が倒れた。農民軍は戦意を失って峠を越えて退却、十二日に玉山里という所で最後の抵抗を試みたが、百名を失った。ソクテトゥル戦闘での農民軍の戦死者は二千名にのぼると言われる。

戦いのあと、厳しい捜索が行われ、李芳彦も一月二十日に潜伏先で逮捕され、ソウルに送られた。いったん釈放された(大院君との縁故によるといわれるが、真偽は不明)が再逮捕され、四月末、長興で斬刑に処せられた。

生き残った農民軍の一部は、西南の海岸地帯の海南(ヘナム)へ逃れ、そこから珍島(チンド)や済州島(チェヂュド)に渡ったとみられる。

重厚・壮大な記念塔

ソクテトゥルの丘の東学農民革命記念塔

二〇〇九年三月、筆者は長興、康津の戦跡地を訪ねた。光州から列車で木浦(モッポ)へ出て、バスで霊岩へ。霊岩ターミナル前のタクシーに地図と写真を見せて行先を説明した。
康津の兵営城跡を見たあと長興に向かったが、ソクテトゥルを見下ろす丘に立つ「東学農民革命記念塔」を見落して通り過ぎ、高速道路に入ってしまった。二十分ほど走り回ったあと逆戻りして、道端で作業していた男性に訊くと、「あれだよ」と、すぐ右手の丘を指さした。まさに「指呼の間」に記念塔が建っていた。
一九九二年に建立され、大河小説『緑豆将軍』の作家・宋基淑(ソン・ギスク)氏が案内文を書いた東学農民革命記念塔は、他の戦跡地に建つ塔や碑と比べても、重厚かつ壮大だった。塔の建つ丘の前面には、戦闘のあったソクテトゥルが今は耕作地となって広がっていた。農民軍が戦いを前に潜み、敗れて越えて行った山々が見渡せた。

近くに、長興府城で戦死した府使・朴憲陽ら九十六名を祀る永懐堂(ヨンフェダン)がある。農民軍側と守城軍側遺族の対立感情は現代にも残っていて、そのためか、東学農民革命記念塔は建立後十二年も経った二〇〇四年になって、ようやく除幕されたのだという。さらに、この一帯は「国家史跡四九八号」に指定されているが、長興郡は付近の住民の要求に基づき、国に対して「史跡指定解除」を要求しているとも聞いた。

ネットで調べてみると、二〇一五年四月、現地に「東学農民革命記念会館」という、立派な施設が誕生していた。遺族間の対立には、折合いがついたのだろうか。

＊1 **康津の戦い**　『東学党征討略記』で南大隊長は、長興に向かわせた三支隊のうち、「右側支隊は康津に於いて匪徒と戦いしため、少し遅れ、長興の賊は左側支隊竝に中路隊にて之を掃蕩せり」と言っており、康津に残った農民軍と右支隊の間でも、激戦があった。

第四節　最後の戦闘(2) 大芚山

忠清南道錦山(クムサン)郡と全羅北道完州(ワンヂュ)郡にまたがる標高八七八メートルの大芚山(テドゥンサン)。一八九五年二月十八日、山頂近くの岩壁に囲まれた要塞に籠った東学徒を、日本軍支隊と朝鮮地方軍の兵が攻撃した。支隊の戦闘報告によれば、東学徒二十六人のうち、童子一人を除いて全員が死んだ。そのなかに懐胎していた女性がおり、さらに接主・金某は幼女を抱いたまま谷間に飛降りて死ぬなど、凄絶な最期を遂げたことから、「大芚山二十五人散華」として語り継がれる。

一方、表暎三(ピョ・ヨンサム)氏は『錦山地域の東学農民革命』で「日本軍の報告には誇張がある。要塞には約五十名がおり、崔公雨(チェ・ゴンウ)ら二十余名は急斜面の岩場を駆け下りて脱出、大芚山西北の地域で再起を図ったが敗れた」としている。

まず、戦闘を指揮した武内真太郎・特務曹長(所属中隊不詳)の「大芚山附近戦闘詳報」(『駐韓日本公使館記録』)の内容をみよう(概要。口語に改めた)。

①二月十七日、支隊(我兵三分隊と韓兵三十名)は大芚山の山頂近くに籠った賊魁の討滅命令を受け、良場面基洞(現・完州郡雲洲面山北里)に着いた。全州より別途派遣された韓兵が頻りに砲撃していたが、砲の位置が遠過ぎ、砲弾はすべて賊窟の前方に落ちていた。

②大芚山の山腹より上方は大きな岩が連なり、容易に登れそうにない。地元民によれば、十二月

中ごろから五、六名が大岩の間に三つの建物をつくって住み、公州の兵が来て三日間攻撃したが陥落しなかった。各地の賊が「安全な場所」であることを聞きつけて集まり、今は五十名余りになっている。賊窟は数丈の岩の上にあり、梯子(はしご)を使わなければ登れない。

③支隊は十八日、夜襲をかけようとしたが、風雨と霧で一歩も進めず、夜明けを待つことにした。午前五時、二分隊を賊の背後に迂回させた。武内は一分隊と韓兵三十名を率いて賊の正面に回るため、四メートル余の梯子を造り、岩を登って賊窟の下方約百メートルに迫った。賊は石や巨木を投下したが、我兵は匍匐して山頂に達した。しかし濃霧のため賊の姿は見えなかった。

④十一時十分、濃霧が晴れ、賊窟の所在を発見、三方から猛烈な射撃を行なったが、賊窟は三方を大岩におおわれ、前面は大石を積んでこれに銃眼を穿って我兵に応射した。

⑤午後一時四十分、武内は分隊と韓兵士官を率いて賊窟の後方直下まで前進。数丈の岩を「人梯」によって登り、賊の背後に迫った。前面の韓兵に向かって応射していた賊の後方から、我分隊が一斉射撃して突進すると、賊徒は狼狽し、千尋の谿谷に飛込む者もいた。

生者はすべて捕縛しようとしたが、あとから登ってきた韓兵が、一童子を残して全員を殺した。童子に訊くと、籠っていた賊は二十五、六名で、ほとんど接主以上の者であったと言う。二十八、九歳の懐胎した女性もいたが、彈丸に当たって死んだ。また接主の金石醇(キム・ソクスン)は一歳ほどの女児を抱き、千尋の谷に飛込み、共に岩石にぶつかって即死した。

⑥午後二時、完全に賊窟を陥落させてその家屋を焼き、陛下萬歳を三唱して下山した(以下略)。

武内兵曹長の戦闘報告について、表暎三氏は次のように指摘している。
①「一童子を残して二十数名が全員死亡した」としているが、地元民によれば入山者は五十名ほどだった。現場に残され、日本軍が捕獲した火縄銃も五十挺あった。
②死亡者以外の二十余名は左右に分れ、岩場を走り下りて逃げており、現地の地形からもそれは可能だった。
③「生存者を捕縛しようとしたが、あとから登って来た韓兵が皆殺しにした」としているが、近距離から一斉射撃したのは日本軍であり、十メートルも下方にいた韓兵が梯子を上って来て全員を殺すようなことは、できなかったはずだ。

「錦山地域の東学農民革命」によれば、大芚山の要塞に籠ったのは、珍山(チンサン＝当時は全羅道珍山郡。現・忠清南道錦山郡珍山面)一帯を拠点とする東学幹部の都禁察(職名)・崔鶴淵(チェ・ハギョン)、接主・崔公雨(前出)、同・金在醇(キム・ヂェスン)、同・金石醇(前出)、同・陳秀煥(チン・スファン)らであった。竹内兵曹長の戦闘報告にも「押収書類によれば」として、崔鶴淵ら十名ほどが挙げられているが、崔公雨の名前は見当たらない。

呉知泳の『東学史』には「崔公雨の部隊は、公州(牛禁峙)で敗れて戻ってくると、数百名で大屯山(ママ)の最高所にある石窟に立て籠った」という記述があるが、彼らが「公州敗戦組」であるのかどうか、筆者には確認できない。

前年十月十日の全琫準(チョン・ボンヂュン)の再起令に従って、この地域の東学農民軍も論山(ノンサン）に向かっているから、公州で戦って帰って来たものがいたことは否定できない。しかし、ここに至るまでの珍山東学徒の動向、妊婦や童子、幼児が含まれていたことを考えると、要塞に立て籠ったのは、珍山土着の東学幹部が主体だったのではないか。

ゲリラ戦の根拠地

珍山の東学徒とは、どのような人たちであったのか。作家の蔡吉淳（チェ・ギルスン）氏が「忠清日報」紙に連載した『東学農民革命の現場を訪ねて』によると、錦山、珍山一帯は早くから東学が浸透、一八九四年四月に全琫準らが茂長（ムジャン）で蜂起したのと同じ時期に、錦山と珍山で東学農民が蜂起した。しかし東学徒が急速に拡大した珍山に対して錦山は伝統的に保守勢力が強く、褓負商（ポブサン＝行商人。一〇四ページ ＊1参照）を動員して民堡軍を組織、珍山と抗争を重ねた。四月末、民堡軍が珍山を攻め、東学徒百十四人を殺したという記録がある。六月の全州和約以降、抗争はいったん収まったが、全琫準の再起令後、十一月には抗争が再燃した。

珍山の農民軍は錦山の民堡軍に対抗するため、十一月十一日に南原を発って清州へ向かう途中、参礼（サムネ）に滞在中の金開南（キム・ゲナム）に援軍を求めた。金開南は兵力の一部を割いて珍山に送った（表暎三氏は、金開南はこのとき、論山の全琫準軍にも一部兵力を送ったとしている）。

珍山の農民軍と錦山の民堡軍は十一月十九日から二十一日にかけて郡境のソリニ峠（소리니재）で戦い、民堡軍は六十四名の死者を出して退散した。

趙景達氏は『異端の民衆反乱』で、『各陣将卒成冊』という資料を引用して、「錦山の民堡軍は、金開南軍[*1]をはじめとする農民軍数万と激戦を繰り広げた。錦山城陥落の後、金開南軍に呼応した珍山・永同(ヨンドン)・沃川(オクチョン)など、一帯の農民軍が十二月五日にかけて断続的に錦山に出入し、五百二戸が全焼して焦土と化した」と書いている。

後備歩兵第十九大隊の南小四郎大隊長と第三中隊は、公州の第二中隊支援に向かおうとして忠清道南部で足止め状態に陥っていたが(第五章第二節参照)、その先遣隊は十二月五日に沃川から錦山に入って農民軍を破った。南大隊長と本体も翌日に錦山に入り、二日間滞在したあと[*2]、珍山に向かったが、珍山に農民軍の姿はなかった。

日本軍に敗れた農民軍は、日本軍が去ったあと、各地で「監営の地方軍が来れば隠れ、去れば現る」ゲリラ的な戦いを始めた。「その継続的な抵抗活動の根拠地として選んだのが、大芚山の峻険な岩場の上の要塞であった」と、表暎三氏は書いている。

二月十八日、大芚山から逃れた崔公雨らは、西北の廉貞谷(ヨムヂョンゴル＝現・珍山面杏亭里と現・論山市連山面道山里にかけての一帯)に集結したが、同月末、両湖召募使(ヤンホソモサ)文錫鳳(ムン・ソクポン)の率いる地方軍に再起を阻まれ、東学農民軍の最後の抵抗も終った。

二つのルート

大芚山へ行くには二つのルートがある。一つは大田(テヂョン)から市外バスで南へ向かい、珍山の大芚山休憩所へ。もう一つは全州から直行バスで北上し、完州郡雲洲面の大芚山ターミナルへ。後者はケーブル乗場のすぐ前で、近くに観光ホテルもある。大芚山の岩壁が眼前に聳え、少し登れば「東

学農民革命大芼山抗争戦跡碑」（ハングル）と刻まれた碑のある場所に出られる。全州ルートの方が便利で確実なのは分かっていたが、筆者はあえて大田からバスに乗り、珍山に向かった。大芼山で散華したのが、珍山の東学徒である以上、珍山の側から入るべきだと思った。

二〇一三年五月二十九日、三日前からの雨は、この朝も降り続いていた。大田から珍山までは案外近く、一時間弱で着いた。雨が降っているうえに寒い。とりあえず土産物屋と食堂を兼ねたロッジ風の建物に避難。雲が垂れ込めて、大芼山どころか、周りの風景が全く見えない。「ここからは向こうは全羅北道の完州郡」と書かれたアーチ(写真)をむなしく眺めて時を過ごした。

ケーブル乗場のある完州郡側に回ってみようと思った。雨の中でも、ケーブルは動いているかも知れない。ここまで来て、大芼山の「片鱗」にも触れずに帰るのは、いかにも残念だ。しかし、いくら待ってもタクシーは一台も来なかった。二時間ほど経って、大田行きのバスがやって来た。引返すことにした。

＊1 **金開南と錦山** 本文に記したとおり、金開南は珍山農民軍に支援軍を送ったという。錦山の民堡軍と戦った農民軍のなかに、この支援部隊がいたと思われる。金開南の本隊も十一月二十一日に錦山に入っ

たことが明らかになっているが、本隊が民堡軍と戦ったのかどうかは、分からない。＊2に記すような珍山農民軍の「暴虐」を、「金開南軍の行為」と示唆する見解もある。

＊2 錦山の惨状と『東学党征討略記』　第十九大隊の南小四郎大隊長は、一八九四年十二月六日に錦山に入った際、一面焼け野原となった錦山の惨状を目にし、役人を呼んで訊くと「東徒の蜂起以来この邑は二度焼かれ、五百戸あった邑は八十戸になった。珍山の民は逸早く邑を挙げて東徒に与し、錦山にやって来て東徒に加われと強要した。これを拒否すると家を焼き、掠奪し、交渉にあたった錦山の有志を虐殺した」と訴えられたと『東学党征討略記』で語っている。

南大隊長は住民の「貴軍が去れば珍山の匪徒がまた襲って来る。滞在を延ばしてほしい」との要請に応えて、錦山に二日間、滞在した。

『東学党征討略記』は、いわば手柄話であり、通訳を介しての問答で不正確な点もあるようだが、最大の問題は錦山民堡軍対珍山東学軍の過去の抗争を無視して、錦山の一般住民に対する珍山農民軍＝東匪＝の一方的暴虐、という構図でとらえていることであろう。

第七章　珍島まで

第一節　新訓令と処刑

東学農民戦争では、農民軍と周辺の非戦闘要員＝東学徒である農民＝にどれほどの犠牲者が出たのだろうか。「戦死と処刑による死者をあわせて五万名を上回り、負傷者は数十万名に上ることも考えられる」という、曖昧な言い方しかできないのではないか。

趙景達氏は『異端の民衆反乱』で「日朝連合軍との実際の戦闘での死者六千名、逮捕・処刑された東学農民を加えて一万名。朝鮮の民堡軍と地方官による『残党』処刑二万名。この三万名に負傷後の死者を加えると犠牲者は五万名に達する」との試算を出した。しかし、これは趙景達氏自身が「ごく粗い計算」としており、各データは根拠に乏しい。

例えば戦闘死六千名は「①第十九大隊の戦闘回数は二十一回、②農民軍の一戦闘平均戦死者は百名、

③農民軍との戦いに参加した日本軍は第十九大隊（約六百六十名）の三倍」として、三つの数字を掛け合わせた。しかし、東学農民戦争に関わった日本軍の動向を、網羅的に調べた姜孝叔（カン・ヒョスク）円光大教授の「第２次東学農民戦争と日清戦争」（千葉大学博士論文）によれば、第十九大隊の戦闘回数は二十七回であり、農民軍との戦いに参加した日本軍は四千名にのぼる。さらに、第六章第二節の「プクシル戦闘」でみたとおり、日本軍の戦闘報告における農民軍の死者数は、概ね「過少」に報告された。

筆者も感覚的に、戦死者と被処刑者の数は五万名を上回るのではないかと思うが、北の黄海道、平安道から南端の珍島までの、ゲリラ的な人海戦術による戦闘や民堡軍による処刑について、正確なデータを得ることは不可能と思うので、五万という概数にとどめておく。

井上勝生氏は「日清戦争での日本軍の戦死者は多発した病死者を含めて約二万名。清国側の死者は台湾も入れて約三万名」というデータを挙げて、東学農民戦争に於ける「五万名」の意味を問いかけている。

各地で続く抵抗

筆者が注目するのは、戦闘の場以外での処刑である。早くは一八九四年九月段階から、釜山以北の日本軍兵站線上の電信線切断に対して、東学農民を捕えては殺害することは行なわれてきた。しかし、農民軍の敗勢が決定的になった十二月以降の、「残党」を捜し出しては処刑する作戦は徹底していた。

第四章でみたように、後備歩兵第十九大隊の三つの中隊が、三路に分れて龍山を出発した時に与えられた訓令では、各地の東学の根拠を「剿滅」し、十二月九日には慶尚道の洛東（ナクトン）で合流するはずであった。その十二月九日、牛禁峙（ウグムチ）で勝利した西路の第二中隊はなお公州（コンヂュ）にとどまって全琫準軍の行方を捜しており、中路の南小四郎大隊長と第三中隊は公州へ向かおうとして連山（ヨンサン）で苦戦しており、東路の第一中隊は北部の忠州（チュンヂュ）にいた。第十九大隊は、第二中隊が牛禁峙で南・北接が合流した東学農民軍を破ったにも関わらず、各地の農民軍の執拗な抵抗に手を焼いていたのであり、「洛東合流」どころではなかった。

十二月十一日、第十九大隊の各隊に「羅州（ナヂュ＝全羅道南部）集結」の新たな訓令が出された。強力な保守勢力の地盤であった羅州に「追討司令部」を置き、第十九大隊に加えて釜山の後備歩兵第十連隊第一大隊の第四中隊を支援に派遣、さらに戦艦二隻の陸戦隊も参加させ、牛禁峙決戦後に南へ逃げ込んだ農民軍、各地に根を張った東学農民の殲滅を図ろうというものであった。

第十九大隊の第二、第三中隊は新訓令後の十二月十五日に論山の南の恩津（ウンヂン）で合流を果し、忠州から南下した第一中隊は同二十九日に南原（ナムォン）でようやく本隊に合流した。

各隊は羅州に至る道程で各地の農民軍残党や東学農民の処刑を行ない、翌年一月五日に羅州に司令部を置いてからは、一ヵ月にわたって全羅道南部地域で徹底的な殲滅作戦を展開した。南小四郎大隊長は「長興(チャンフン)、康津(カンヂン)の戦い以後は、多く匪徒を殺すの方針を取れり。[*1] 蓋し是れ、小官の考案のみならず、他日再起の虞を除く為めには、多少、殺伐の笑(ママ)を取るべしとは、公使竝に指揮官の命令なりし」と述べている(『東学党征討略記』)。

南大隊長は、のちに井上公使に提出した『東学党征討策戦実施報告』にも、次のように記している。

賊徒は全羅道の西南部に窮逐する為め、東路分進隊も西南に向て(ママ)前進するの訓令あるに依り、西路分進隊と中路分進隊と分離せざりし(ママ)羅州に至れば、其付近賊徒の巨魁潜伏し、其残賊は海南(ヘナム)、康津、長興、宝城(ポソン)付近に在りて凶暴至らざるなしと。之に依て諸隊を各地に分進せしめ、剿滅するに至れり。

東学党は一種の乱民にして多く良民と混合し、其判別には征討軍の最も困難せし処なり。彼らは到る処に於て起包し、一戦之を撃破すれば直ちに散じて人民となり、或は県監・郡守・府使等に迫り非東学の證書を乞う。地方長官は良民悪漢の差別なく證書を与う。故に東学党となりて征討軍に抵抗せし者も良民の仮面を被るに至る。

地方長官らに詰問する時は、其答甚曖昧にして取る処なし。(中略)東徒の勢力盛成る時は其云うが侭になし、軍隊到れば軍隊に与する如く周旋し、而して軍隊出発せんとする時は又東徒に攻めらるを恐れ、頻りに軍隊を止め置くことを望む。之を以て策戦進行甚々遅緩せり。

『策戦実施報告』の「討伐の結果」の項をみよう(一部省略)。

長興付近戦闘後、賊徒は散乱して処在を知る由なし。地方人民(民兵と称するもの)を奨励して其捜索に尽力せしめたり。地方人民は軍隊の威を借るにあらざれば捜索して捕縛する事能わず。故に已むを得ず軍隊を西南各地に分屯せしめ、匪徒を追捕せしめたり。而して民兵の捕縛して地方官の処刑せしもの左の如し。

海南付近二百五十名、唐津付近三百二十名、長興付近三百名、羅州付近二百三十名。其他咸平県、務安県、霊岩県、光州府、綾州府、潭陽県、淳昌県、雲峰県、長城県、霊光、茂長の各地に於ても三十乃至五十名位の残賊を処刑せり。

之を以て見る時は、最早、再興の患なきものの如し。

『策戦実施報告』に付された「宿泊表」をみると、一月五日の「羅州滞在」から二月五日までの一カ月間、全羅道南部のほぼすべての地域が網羅されており、連日、これらの地域で「追討、処刑」が実行されたことが分る。地名のあとに(戦)とあって、戦闘があったことを示すのは朝陽、乾山、長興、玉山里の四カ所のみである。他はすべて戦場から逃れてきた「残賊」や在地の東学農民を民兵などを使って捜し出し、直接処刑したり、朝鮮地方官や朝鮮軍に処刑させたりした。

残酷な処刑の記録

井上勝生氏が発掘した徳島県出身の第十九大隊第一中隊兵士の陣中日誌には、忠清道北部の忠州から全羅道南部に至る道程の各地と、長興、康津などにおける殺戮が、生々しく描かれている(『明治日本の植民地支配』）。一八九五年一月十八日、康津滞在時の日誌には「過日、我軍長興と鳳鳴台を陥落せし以来、東徒追々帰り来るを捕え、ことごとく殺せし者、参百人に達せり」とある。日本軍が長興を陥落させたのは一月七日から十日にかけてのことであり、彼の所属した小隊は、十日ほどの間に三百名を殺戮した。それも「敵を捜索厳にし、男子の通行する者は、ことごとく捕え、藁に火を付け、その中へ投ず。衣服に火の伝うや狼狽し、三丁計り走り斃るを銃発して殺す。見る人々、笑わざる者なし」というような、残酷な方法による処刑もあった。

姜孝叔氏の記述を参考に、捕えた者の尋問と処刑のパターンを整理すると──。

尋問は、①日本軍による、②朝鮮官吏・朝鮮軍による、③両者合同で──があり、東学徒と認定された者の処刑には斬首、銃殺(砲殺)、銃尻による打殺などがあり、幹部は梟首された。指導者と目された者は、ソウルの日本公使館に送られることになっていた。

処刑執行者は、①日本軍が執行、②朝鮮官吏や朝鮮軍の要請を受けた形をとって日本軍が執行、③日本軍の決定に基づき朝鮮官吏・朝鮮軍が執行、④朝鮮官吏・朝鮮軍が独自に──があった。『策戦実施報告』に列挙された各地の処刑は、南大隊長の記述どおりとすれば③に該当し、全羅道西南部における一千五百名もの処刑は、朝鮮の官吏が行なったことになる。

しかし、処刑の決定権は日本軍にあり、執行を朝鮮官吏や朝鮮軍にゆだねたのは、むしろ責任回避ではないか。日本軍が直接手を下す場合も多かったことは、徳島出身の兵士の陣中日誌に明らかだ。

捕えた農民軍あるいは東学農民のうち、強制的に東学に加入させられ、使役されていたと認定された者は、朝鮮官吏に説諭させたあと放免された。第十九大隊の龍山出発に際して与えられた訓令の中の

「脅従者ニ至テハ、緩急其度ヲ計量シ、其柔順ニ帰スルモノニ在テハ之ヲ寛恕シ、敢テ苛酷ノ処為ニ陥ルヲ避クベシ」は、「東徒殲滅」作戦中にあっても、その意図はともかく、一部生かされていた。

＊1 **東学徒処刑の理由**　南小四郎大隊長は、「匪徒の多くを殺すことにした」理由として、以下のような勝手な「論理」を持出している(要約)。

全琫準のいたころは東学党の中にも多少の良民や義士がいたが、彼が去ると、これらのものはみんな散ってしまい、残徒は残虐獰猛の無頼漢だけになったため、多くを殺すの策が必要になった。長興辺りでは人民を脅迫して東徒に与せしめた数が数百に上ったので、真の東学党は捕えるに従って殺した。

第二節　姜論文への疑問

第十九大隊を支援するため、全羅道東南端の光陽(クァンヤン)、順天(スンチョン)方面に派遣されたのは第十連隊第一大隊(釜山守備隊)の第四中隊(中隊長・鈴木安民大尉)であった。この鈴木中隊が「一八九五年一月初めに光陽と順天に於いて東学農民軍の大量処刑を行なった」とする資料があるが、これは事実に反する。実際は一月一日に順天の保守勢力や地方役人が、多数の農民軍を処刑し、翌二日に光陽でも地方役人と民兵が農民軍大幹部の金仁培(キム・インベ)ら多数を処刑した。これには、後述のように明確な証拠資料がある。

ところが、姜孝叔氏の論文「第2次東学農民戦争と日清戦争」は、ある個所ではこれを「地方役人や民兵による」と明記しておきながら、別の個所では「鈴木中隊による処刑」と断定しており、二つの矛盾した記述についての説明はない。

以下、煩雑になるが、姜孝叔論文の疑問点を挙げておきたい。なお、筆者がみた論文は二〇〇五年度千葉大学博士論文として提出され、国立国会図書館西館に保存されているものである。その後、論文や出版など、なんらかの形で内容が修正されているかも知れない。

姜論文の第一章の三一ページには、以下の記述がある。

> 順天府では一八九五年一月一日、それまで農民軍に加担していた**士族や吏胥**(地方役人)**が農民軍五十五名を虐殺**するという、農民軍にとって悲惨な事態が発生した。翌日は光陽県においても、突然**吏胥と民堡軍が決起し、東学の全羅・慶尚両道の大首領である金仁培をとらえて、直ちに処刑梟首し、また農民軍二十三名を銃殺**するに至った。(中略)五日、筑波艦隊の陸戦隊が光陽に上陸、農民軍四十四名の屍体と捕えられた者四名を確認している。

さらに第二章八六ページから八八ページにかけての「全羅道・慶尚道西南端における朝鮮軍による農民軍弾圧」と題する一覧表には、一月一日に順天府で**順天官軍によって五十五名が殺された**こと、同二日には光陽県において**光陽県兵と民兵等によって、二十五名が殺された**ことが示されている(なおこの一覧表では、一月六日にも光陽県付近で四十四名が処刑され、同七日にも順天府で九十九名が処刑され数十名が投獄されたことになっている。これは、のちにみるように、一日と二日に行なわれた処刑を日本軍が発見した日付であり、姜氏は同じ事件を「二重計上」している)。

一方、姜論文は第二章の五八ページ以降では、前記の内容を一転させ、鈴木中隊による光陽、順天での農民軍大量処刑を以下のように記録している。

鈴木部隊は一月六日、慶尚道の河東(ハドン)から蟾居(ソムゴ=現・光陽市津上面=筆者)を経て光陽に到ったが、農民軍はすでに解散したあとであり、朝鮮官吏を手先として**残余農民軍を捕え九十一名の処刑を行なった**。七日の午後には順川(ママ)に着いたが、同じく順川の農民軍も四散し、その大部分は長興、興陽へ退いた後であった。鈴木部隊は順川でも光陽と同様に朝鮮官吏をして**残余の農民軍を捕えては処刑を行なった**。その人数は実に九十九名に至り、監獄に入れた者も数十名に達した。

姜氏はさらに第四章の一五五ページから一五六ページにかけて「一八九五年に入ってから捕獲農民軍処理は一層厳しく行なわれ、釜山守備隊(鈴木中隊の属する第十連隊第一大隊=筆者)が直接尋問して直接処理することが多くなった。(中略)全羅道南端に派遣された鈴木部隊・藤阪部隊による捕獲農民処理を整理した一覧表がそれを物語っている」と前置きし、「全羅道南端における捕獲農民処理」なる一覧表を掲げている(藤阪部隊は第四中隊に属する小隊名)。

一覧表の一月六日の項では、光陽に於いて金仁培ら九十一名の斬首、砲殺が行なわれたことを示し、**「処理者」として釜山守備隊の鈴木部隊と藤阪部隊を特定**している。一月七日の項では、順天に於いて百三名の斬首、砲殺、打殺が行なわれたことを示し、**「処理者」として鈴木部隊と藤阪部隊を特定**している。さらに、両部隊について「一八九五年一月に入ってからは、朝鮮兵に付近の農民を集めさせ、朝鮮兵とともに一々糾問し、直接その処刑をなしていた」と断言している。

姜論文が鈴木、藤阪部隊を大量処刑の「処理者」とした根拠は、第四中隊長であった鈴木安民大尉が、釜山兵站司令官の今橋少佐を経由して大本営の川上兵站総監に提出した一月八日付の報告であろう。同報告の光陽、順天に関する部分（前半の河東、蟾居に関する部分は省略）は次のとおりである（一月二十七日付「海南新聞」＝二四九ページ＊1参照＝の「東徒鎮圧公報」欄による）。

一月六日、（蟾居から光陽に向かい）高陽府（不詳）に到れば、彼東徒は先に我軍の向かうを聞き、既に韓暦七日（陽暦一月二日）を以て解散せりと。而して**府民は官吏と協力し残徒を捕え、左の処刑をなせり**。

嶺湖大接主・金仁培＝梟首（以下、十三名の肩書、氏名、処刑方法を列挙）。外七十八名砲殺。

一月七日、光陽を発し順天に向かい、（中略）午後、該府に到着せり。当府屯集の東徒も光陽の東徒と同日（正しく前日）を以て解散し、（中略）**当府民も亦官吏と協力し残徒を捕え、左の処刑をなせり**。

嶺湖都執綱・鄭虞炯ら二名砲殺（三名の梟首者を列挙）名不知者の九十四名打殺、囚徒数十名。

右の鈴木大尉の報告の、処刑執行者の主語は「府民」（保守勢力が組織した民兵）である。姜氏は主語を取り違えているのではないか。

姜論文で一月六日とされている光陽の大量処刑は、実は鈴木中隊が到着する前の一月二日に光陽の吏員と民兵によって執行されていたこと、一月七日とされている順天の大量処刑は、光陽より一日前の一月一日、やはり順天の官吏と府民によって執行されていたことを証明するのは防衛庁防衛研究所図書館所蔵「戦史準備書類58　東学党ノ状況」に含まれる資料である。

一月五日に光陽の猫島に錨泊中だった「筑波」の艦長・黒岡帯刀から大本営の海軍大臣・西郷従道に報告があった。「筑波の斥候隊が朝鮮官庁の使者に遭遇、携帯書類を検査したところ、順天と光陽で東徒首領らの大量誅戮があったことが分った」旨、記されていた。

黒岡艦長の報告には別紙二通が添えられていて、一通は一月一日付の「順天府都護府使ノ報告書」（次ページ図版右＝筆写版）であり、もう一通は一月二日付の「光陽県々令報告書」（図版左＝筆写版。いずれもアジア歴史資料センターのデータベースから）である。順天府使と光陽県令が、それぞれ麗水（ヨス）の左水営長官である節度使に宛てたものであった。

順天からの書類には、一月一日に官吏や人民が東学本営を襲い、首領の鄭虞炯らを捕殺したことが明記されており、光陽からの書類には一月二日に吏員と民兵が大首領・金仁培を捕えて梟首したことなどが明記されている。

順天と光陽の処刑は、日本の第十連隊第四中隊＝鈴木中隊が執行したのではなく、鈴木中隊は数日

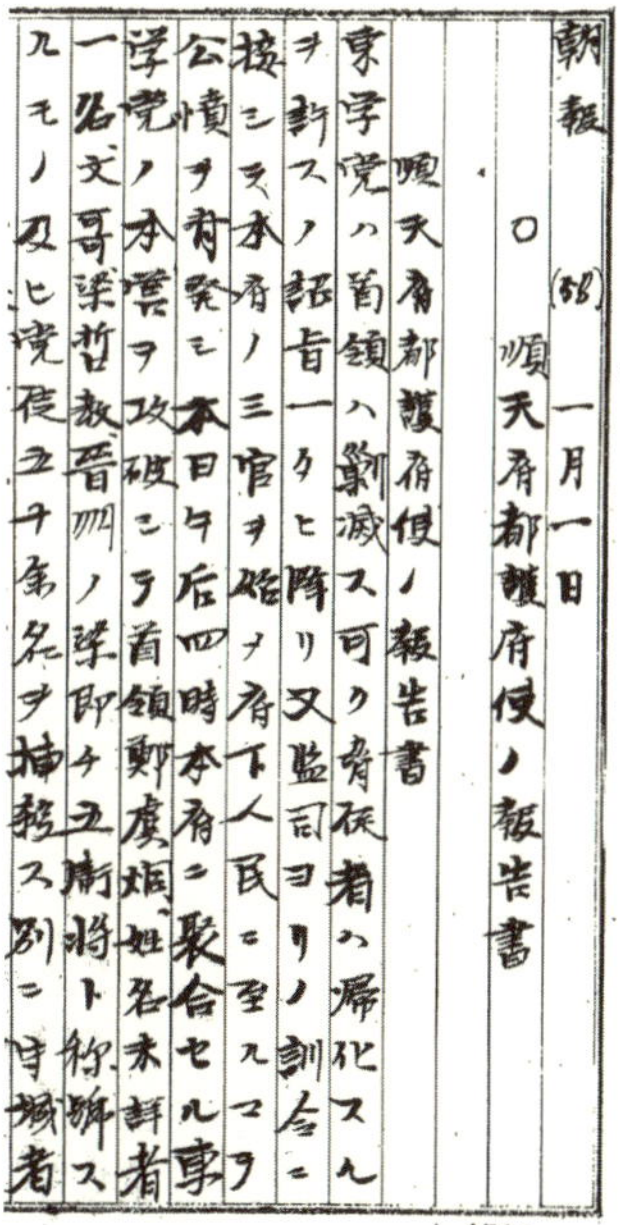
朝報 (58) 一月一日
○順天府都護府使ノ報告書
順天府都護府使ノ報告書
東学党ハ首領ハ剿滅ス可ク脅従者ハ帰化スルヲ許スノ詔旨一タヒ降リ又監司ヨリノ訓令ニ接シテ本府ノ三官ヲ始メ府下人民ニ至ルマテ公憤ヲ斉発シ本日午后四時本府ニ聚合セル事学党ノ本営ヲ攻破シテ首領鄭虞炯、姓名未詳者一名文哥梁哲教晋州ノ梁即チ五衛将ト称スルモノ及ヒ党徒五十余名ヲ捕殺ス別ニ守城者

「順天府都護府使ノ報告書」

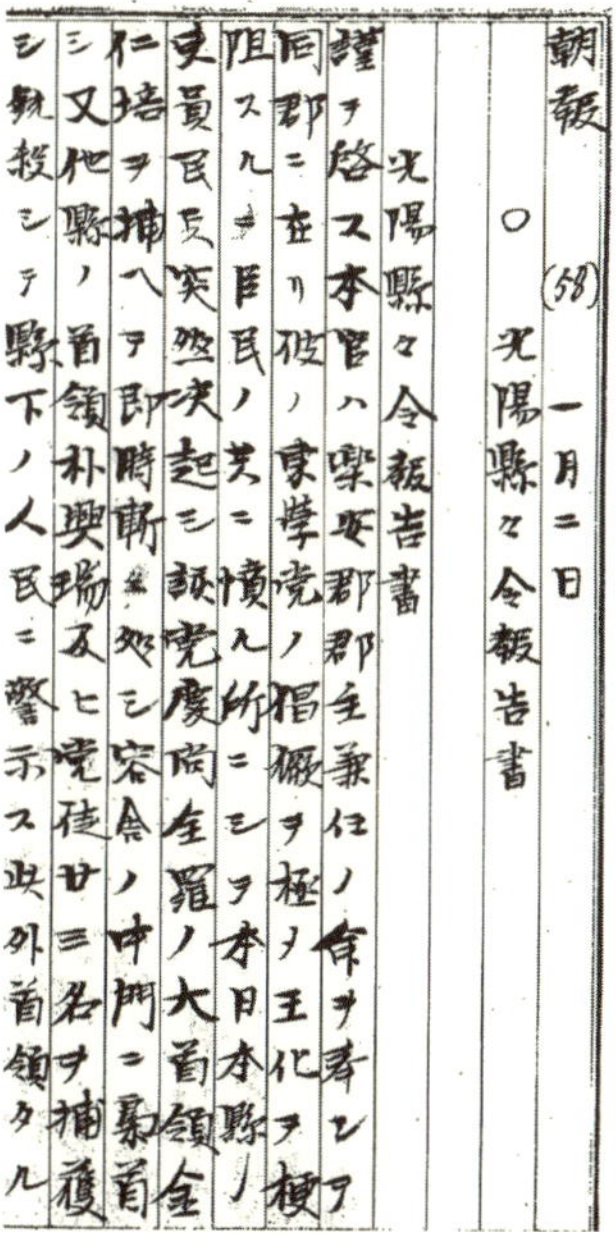
朝報 (58) 一月二日
○光陽県々令報告書
光陽県々令報告書
謹テ啓ス本官ハ楽安郡郡守兼任ノ命ヲ奉シテ同郡ニ在リ彼ノ東学党ノ猖獗ヲ極メ王化ヲ梗阻スルヲ臣民ノ共ニ憤ル所ニシテ本日本県ノ吏員民兵突然決起シ該党魁首全羅ノ大首領金仁培ヲ捕ヘテ即時斬首シ客舎ノ中門ニ梟首シ又他県ノ首領朴興瑞及ヒ党徒廿三名ヲ捕獲シ銃殺シテ県下ノ人民ニ警示ス此外首領タル

「光陽県々令報告書」

後に現地に到着、そこで処刑が行われたことを知ったのである。しかし、この事実は、鈴木中隊が各地で処刑を執行しなかったことを意味しない。

国際法に違反

井上勝生氏は、日本軍討伐隊の東学農民軍や東学徒に対する処刑について「交戦国でもない朝鮮の主権のもとにある農民に対する処刑は、国際法に反するものであった。たとえ交戦国であったとしても、捕虜は国際法の慣行によって殺害されることはなかった」（要旨）と指摘している（『農民戦争と日本』所収「日本軍初のジェノサイド作戦」など）。

筆者も異論はない。日本軍が直接手を下さず朝鮮の地方官吏や朝鮮軍に命じて処刑させたケース、朝鮮側が尋問し朝鮮側が処刑したケースも「東学徒はすべて極刑」という日本軍の命令の大枠の中で執行された。

しかし、東学農民軍が全羅道一帯で「自治」を布いた時期に、保守勢力と地方権力の苛斂誅求やその手先となった下級官吏を厳しく摘発したことへの報復として、農民軍敗北後に行われた処刑（順天の場合は事情はやや異なるが）は、日本軍による処刑とは区別して考えた方がよい。

姜孝叔氏は、先に挙げた「筑波」の黒岡艦長の報告資料に依って、論文の第一章三一ページで「士族、吏胥、民堡軍による処刑」を明確に打出したはずである。それがなぜ鈴木中隊長の報告内容を読み違え、「日本軍による処刑」としてしまったのか。そして両者を併記する矛盾に気づかなかったのか。

姜氏が防衛庁防衛研究所図書館蔵を中心に、チェックした一次資料は実に膨大な量にのぼる。大量のデータを系統づけて整理し記述するのは、大変な作業であったと推察され、順天、光陽の処刑に関しては、資料の比較吟味に、手が回りかねたのかも知れない。

二〇一七年十月、韓国・円光大学の姜孝叔氏に、論文記述の疑問点についての質問状を送ったが、返事はなかった。

第三節　鳴梁海峡を越えて

全羅南道南端の海南(ヘナム)郡と珍島(チンド)を隔てる鳴梁(ミョンニャン)海峡は、幅三百メートルほどだが、潮の流れの速さで知られる。長興、康津の戦闘で敗れた農民軍の一部は、厳冬期に、波高く流れの速い海峡を渡って珍島へ逃れた。

一八九五年一月二十一日、全羅道の羅州(ナジュ)に東学農民軍の「追討司令部」を置いた第十九大隊の第一中隊の支隊(数十名規模か)と朝鮮の統衛営兵三十名が、この海峡を渡って、珍島の碧波津(ピョクパヂン)に上陸した。

第十九大隊の南小四郎大隊長は一月十九日、仁川の今橋兵站司令官宛に「東徒二、三千、海南地方より珍島、済州島(チェヂュド)に在り」と報告した(一月三十日付「海南新聞」*1)。南大隊長は『東学党征討略記』で長興、康津付近の戦いのあと「珍島へは一支隊を派遣して遺賊を捕えて処分した」としたうえで、「済州島は風波の荒き上、陸軍は船を有せざるを以て追撃する能わず、其後、如何なりしや知らず」(要約)と語っている。

守城軍による処刑

南大隊長の『東学党征討策戦実施報告』に付された「宿泊表」によれば、珍島へ上陸した第十九大隊支隊と統衛営兵は一月二十二日に中心地の府中に到着。二十四日までの三日間、府中に滞在、二十五日に海南(ヘナム)へ撤収した。

四日間の行動については、朝鮮の官側記録である『巡撫先鋒陣謄録』に二十二日のこととして、「守城軍(後出)を解散させ、守城軍が監禁していた罪人(農民軍指導者)を審問し、孫行権、金允善、金大旭、徐奇宅らを処刑、他は訓戒して釈放した」とあるほかには、筆者は具体的な記述を知らない。

第一中隊の支隊が、海峡を渡って珍島へ逃れた農民軍や在島の東徒指導者を捜し出して逮捕し、統衛営兵に命令して、あるいは直接に処刑したことは間違いないだろう。しかし、珍島ではすでに、日本軍の到着前の一八九四年十一月ごろから、守城軍による東徒指導者や農民軍の処刑が行なわれていた。

二〇〇五年に珍島郡庁が刊行した「東学農民革命軍指導者遺骨奉還のための学術研究および東学農民革命歴史公園造成計画最終報告書」という長い名前の分厚い資料(ハングル)には『珍島郡誌』からの引用として以下のように書かれている。

東学党の敗軍の兵たちは、珍島の守備が「全無」状態なのを知ってか、霊光、茂長などから侵入し、郡内の少数の不穏共鳴者と合作、作弊(害をなす)し、その勢力が無視できなくなった(これは長興戦闘以前のことを指していると思われる=筆者)。彼らは「除暴救民」ではなく「以暴害民」に変質した。地元民代表が対策を協議、自衛権を発動することになった。城を守りつつ(農民軍を)逮捕・粛正するために、守城軍を結成した。

古老たちの口伝によると、守城軍と東学軍は頭巾などの色を変えて見分けがつくようにしていたが、時には混乱もあった。武器不足から主に「石戦」となり、昼間は男女老少が石ころ集めに忙しかった。昼は討伐、夜間は守城という戦いが何ヵ月か続くあいだに、鳥島面（黄海の離島＝筆者）出身の朴重振（仲辰）ら五十名を捕えて留置したが、守城軍が打殺し、珍島邑の西の俗称・率渓峙（ソルゲチ）に捨てた。人の往来が途絶え、悪臭がひどかった。

『珍島郡誌』の五十名という数字（これは討伐軍の到着前の処刑だが）のほかに、『天道教会月報』（一九三二年十一月号）には「珍島で七十〜八十名の東学道人が犠牲になった」という記述があるという。さらに、北海道大学で見つかった東学指導者のものとみられる頭骨には、「採取者」佐藤政次郎の「珍島の東学党平定に際し、その首唱者数百名を殺し…」という文書（一七七ページのコラムの図版）が添えられていた。

これらのことから、珍島で処刑・殺害された東学徒と農民軍については、「最少でも五十名、最も多く見積もれば二百〜三百名」という説が出されているが、確実な根拠はなさそうだ。第十九大隊の支隊が駐屯中の四日間で、どれだけの処刑があったのか、処刑者のうち、島外から渡って来た農民軍と土着の東学徒の割合などは分らない。

井上勝生氏が「残賊殲滅命令を受けた支隊の討滅は三日間余つづいた。こうして『髑髏』書付に記されていた『数百人』の戦死者が出る状況は、まちがいなく存在したと言える。書付に記されていたように、指導者たち複数が梟首されたのである。北海道大学文学部に放置された遺骨は、このようにして日本軍の侵入に対して蜂起し、梟首された複数の指導者たちの遺骨、その一体であった」（『明治日本の植民地支配』一五二ページ）と書かれているのとは、少し状況が異なるのではないだろうか。日本軍支隊の侵入以前に、守城軍による処刑があったと思われる。日本軍支隊侵入後には、処刑はあったが農民軍の蜂起と戦闘はなかったのではないか。

これについて二〇一七年十月、井上氏に手紙を書いて質問したが、「家族が交通事故に遭い、看病で時間の余裕がない」とのことで、回答はいただけなかった。

【上】犠牲者が埋められたソルゲチの斜面
【下】郡衙があった三星寺

二〇〇九年三月、長興（チャンフン）、康津（カンジン）を訪ねた翌日、木浦からバスで珍島へ向かった。約一時間、珍島大橋を渡る。眼下の鳴梁海峡の流れは速く、白波が逆立っていた。

バスターミナルから十分ほどの、珍島郡庁二階の文化観光課で瀧口恵子さんが待っていてくれた。韓国人のご主人と二十年近く珍島で暮らし、郡庁で働いている。農民軍犠牲者が埋められたソルゲチ（솔게치）を案内してくれる人が欲しかったので、郡庁の滝口さん

にメールで事情を伝え、快諾してもらった。

滝口さんの軽トラックで現地に向かう。ソルゲチの峠の斜面(前ページ写真上)の畑の中を歩いた。珍島郡はここに「歴史公園」をつくる計画だったが、滝口さんは「財政難で、取りやめになりました」と言った。筆者は、「壮大な歴史公園を造成するよりは、現状を保ったままで、標識と案内板を設ければ十分なのでは」と思った。二〇一三年に刊行された『東学農民戦争と日本』所収の中塚明氏の報告によれば、一帯は現在、整然とした枸杞(くこ＝漢方材料)の畑になっているという。

ソルゲチから郡庁への帰途、三星寺(サムソンサ)に立寄った。当時は郡衙(役所)があったところで、道路に沿って石垣が残っている(前ページ写真下)。石垣の周囲に、処刑された東学徒や農民軍の遺体が並べられ、それを地元民がソルゲチに運んで埋めたのだという。

＊1 **海南新聞**　現・愛媛新聞。第十九大隊は四国地方の後備兵を集めて松山で編成されたため、地元紙・海南新聞は、その動向を細大漏らさず報道した。第八章二六二ページ参照。

第八章　全琫準断罪

第一節　密　告

全琫準（チョン・ボンヂュン）への死刑判決は、一八九五年四月二十三日、ソウルの法務衙門権設裁判所において下された。判決後、直ちに（正確には翌四月二十四日午前二時）、同じ法廷で死刑判決を受けた盟友の孫化中（ソン・ファヂュン）、崔景善（チェ・ギョンソン）、兄とも恃んだ金徳明（キム・ドンミョン）らとともに、絞首刑に処せられた。

避老里に潜伏

前年十二月末、院坪（ウォンピョン）に続く泰仁（テイン）の戦闘で敗れ、農民軍を解散した全琫準は、少数の部下とともに、逃避行に入った。一行は内蔵山（ネヂャンサン＝井邑市の南方、二五二ページ地図参照）の山岳地帯を南下、白羊寺（ペギャンサ）を経由して東進、二十七日に淳昌（スンチャン）の避老里[*1]（ピノリ。現・全羅北道淳昌郡雙置面）に着いた。

なぜ避老里へ行ったのか。呉知泳の『東学史』による「かつて全琫準の部下であった金敬天（キム・ギョンチョン）という男が避老里にいたからだ」とする説と、後備歩兵第十九大隊長・南小四郎の『東学党征討略記』にある「琫準、雙岩（サンアム）里に義兄を有す…此に投じ潜匿せんことを求む」を根拠とする説がある。しかし現在、地域統合の結果なのか、淳昌郡雙置（サンチ）面に雙岩里という地名はない。

『東学史』は「東学党を滅ぼした者たち」という項目の筆頭に金敬天を置き「本来、全琫準の接司（書記）をつとめていたのに、その接主である全琫準を官に引き渡した人物である。全琫準が敗れて湖南に戻り、淳昌の山中で再起の策を図っているさい、金敬天は、ちっぽけな功心にとらわれて官兵と連絡をとり、全琫準をひきわたしたのだった」（梶村秀樹訳）と書いている。

『征討略記』は、「潜匿せんことを求む」に続けて「義兄偽り諾して而して密に之を官に告げ、其中餐を喫して温突（オンドル）室より出でんとするを待ち、其右足を打ち又其股を突き倒して、而して之を捕えしなり」と、具体的である。

いずれにしても全琫準は一八九四年十二月二十八日、淳昌の避老里で密告により捕えられた。金敬天（あるいは義兄）が密告した相手は、以前に全州監営の役人であった韓信賢（ハン・シニョン）という男であった。全琫準は酒幕（チュマク＝宿屋を兼ねた酒場）を韓信賢の配下に包囲され、積んであった薪を足場に石垣を飛越えようとして銃床で足を払われ、負傷して倒れた（金義煥『全琫準伝記』）。

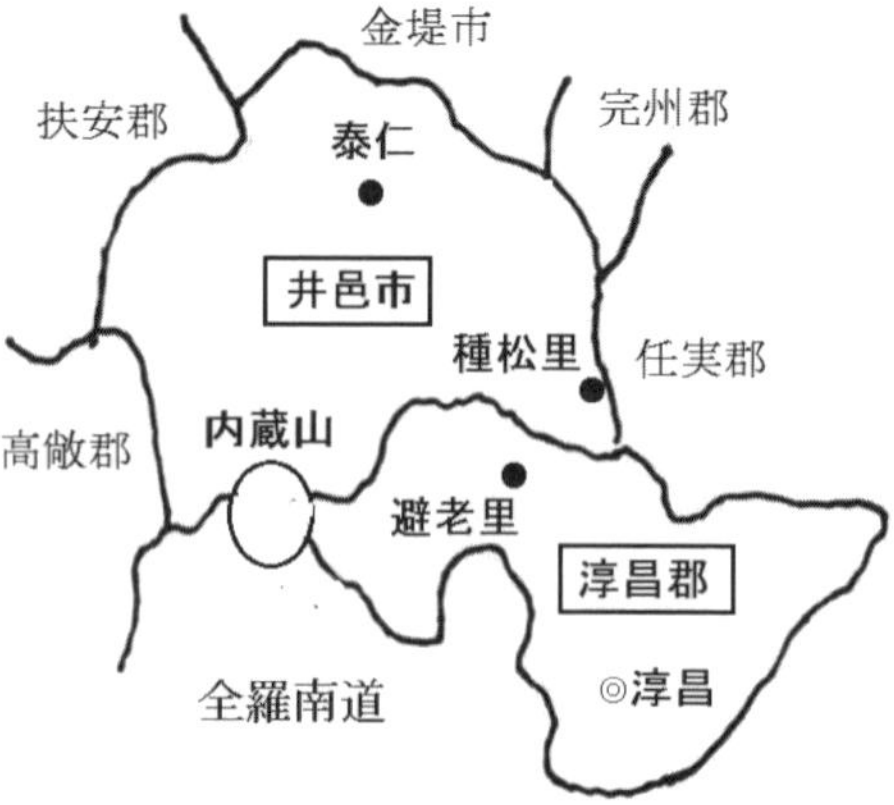

全琫準が逃避行に入った当時、逮捕者には一千両の賞金が与えられ、希望する土地の郡守に取立てられることになっていた。韓信賢は賞金と黄海道の某地の郡守の地位を得たが、金敬天は何も与えられないまま客死したという（『東学農民革命一〇〇年』）。

避老里は全琫準にとって、一時的な「避身」の場所だったと思われるが、彼はどこへ行こうとしていたのだろうか。自身はのちの審問の場で「金溝で軍を解散後、情勢をさぐりにソウルへ行こうとして淳昌で民兵に捕えられた」としか語っていない（『全琫準供草』）が、避老里との位置関係（上の地図）から、考えられる一つの可能性は、全琫準は金開南（キム・ゲナム）と会って、再起を図ろうとしていたのではないか、ということである。

全琫準の決起の呼びかけに応えず、独自行動で南原（ナムォン）から出陣した金開南は、清州（チョンヂュ）で日朝連合軍に敗れ、故郷の泰仁（テイン）に身を隠した。現在、泰仁は井邑（チョンウプ）市に属するが、その中心部は同市の北部にある。

一方、淳昌郡の中心部は同郡の南部にあるため、泰仁と淳昌はずいぶん離れているように筆者は感じていた。しかし、当時、金開南がいた泰仁の種松里（チョンソンニ＝現・井邑市山内面宗聖里）は井邑市の東南部に位置しており、淳昌郡の西北部に位置している避老里は意外に近い。

全琫準が種松里の金開南を訪ねようとして追撃して来る官軍を避け、内蔵山を抜けて淳昌郡に入り、金敬天（あるいは義兄）のいる避老里を経由しようとしたことは、十分、考えられるのではないか。

稚拙なジオラマ

二〇一二年四月、井邑からバスで避老里へ行った。旅の準備のためのネット検索で、井邑から淳昌郡雙置面行きのバスがあるのを見つけた。しかし地図を見ると、雙置バス停から避老里まではかなりの距離があった。バス停でタクシーが拾えるのかどうか、雙置面の面事務所にメールで問合せた。送信して三十分も経たないうちに、返信があった。「雙置訪問を歓迎します。バス停付近に個人タクシーがいます。避老里まで往復で五千ウォンほどです」。要を得た素早い反応に驚いた。当日、雨の山道を分け入って、井邑からのバスが雙置に着くと、バス停前にちゃんと一台の個人タクシーが止まっていた。

人形で再現した全琫準の逮捕場面

避老里の「全琫準被逮地」は、酒幕らしからぬ建物と碑が建ち並び、公園のように整備されていた。往時の山村の酒幕の雰囲気は、まったく感じられなかった。裏手に、捕吏に追われた全琫準が、石垣を飛越えようとする場面が人形を使って再現されていた。人形のポーズからも表情からも、全琫準に対する尊敬や敬愛の気持ちは、感じ取ることができなかった。

＊1 **避老里の由来** 朝鮮の官僚派閥の一つであった西人(ソイン)派が一六八〇年に老論(ノロン)と少論(ソロン)に分裂、優勢な老論派を避けて、少論派がこの地に定着したことから「避老里」と呼ばれるようになったという。

第二節　写真は語る

捕えられ、足に傷を負って台座に乗せられながら、昂然と頭をあげて鋭い眼光を放つ小柄な男——緑豆将軍・全琫準(チョン・ボンヂュン)。見る者に強い印象を与えずにはおかないこの写真(次ページ。右下は顔の部分のアップ)は、さまざまにトリミングされ、あるいはイラストとして、東学農民戦争について書かれたものには必ず登場するが、撮影者も撮影場所も明らかにされないまま「ソウルへ護送途中の全琫準」というキャプションが付けられてきた。

一八九四年の年末、淳昌の避老里で密告によって逮捕された全琫準は、一月二日に日本軍に引渡された。逮捕時に負った足の傷の手当のために羅州(ナジュ)に滞在したあと、一月十三日にソウルに送

られ、日本領事館に収監された。筆者は長らく、写真はこの護送の道中で誰かが撮ったものと信じてきた。

　二〇一一年夏、たまたま手にした金文子(キム・ムンジャ)さんの『朝鮮王妃殺害と日本人』で、全琫準の写真は「護送途中」のものではなく、一八九五年二月二十七日、収監されていた日本領事館から法務衙門(法務省)へ移送される直前、写真師・村上天真が撮影したものであることを知った。金文子さんの鮮やかな考証を、蒙を啓かれる思いで読んだ。

　全琫準はこの日から法務衙門で五回にわたって、日本領事・内田定槌(さだつち)らの尋問を受けた。四月二十三日に死刑判決を受け、翌日未明に絞首刑が執行された。写真は処刑直近の、おそらくは全琫準がこの世に残した最後の写真であった。以下は『朝鮮王妃殺害と日本人』および「全琫準の写真と村上天真~東学指導者らを撮影した日本人写真師」(ハングル)と題する金文子さんのリポート(韓国史研究会刊)によるところが多い。

全琫準の写真についての金文子さんの考証は、当時の「めさまし(めざまし)新聞」と「大阪毎日新聞」の記事、雑誌「写真画報」掲載の写真の三つをもとにしている。筆者も京都府精華町の国立国会図書館関西館などで三つの現物資料を確認したが、写真の来歴も記事も、実に興味深いものだった。

特派写真師という名目で「めさまし新聞」に寄稿していた村上天真(本名・幸次郎)は、一八九四年十一月に朝鮮に渡り、ソウルで写真館を営んでいた。翌九五年二月二十七日、かねて依頼していた内田領事から、全琫準を法務衙門に送るとの情報を得て、領事館内で移送直前の写真を撮った。三月十二日付「めさまし新聞」第五面の「京城短信」欄に「全琫準を撮影す」という記事が掲載された。この記事は三月二日発だった。署名が「天上天真」となっているのは誤植だろう。記事の概要は次のとおり。

…(全琫準は)喜悦満面に現れ「擔輿の侭にて程能く写るや」など尋ね、自ら命じて傘(笠?)を取放たしめるが、撮影の間も傷所の痛む様子なりし。聞く、捧準(ママ)は全羅道泰仁の一農民、今年四十歳。平生、頗る学を好み孔孟の教えを信じ、東学徒の群れに入りしは今を距(さ)る三年前なりしと。彼つねに云う「方今、朝鮮人の心泛々として統一するなく、官吏横暴なるも匡正するものなし。然るに東学党の教旨は己を正して人に及ぼし人民の協同一致を主とするにあれば、人心を正し吏弊を除くは盛んに我党の結合を計るにあり」と。是れ彼れが入党の初志なりける…

記事のあとに「記者曰(いわく)、東学首魁の写真二葉は次号に譲る」との断り書きがあって、写真はない。

ところが、同じ三月十二日付「大阪毎日新聞」第三面の「朝鮮通信」欄にも、三月一日発の蘇嵐生記者*1(本名、中島司馬之介)による「全捧準(ママ)を見る」という記事が掲載されていた。こちらは「輿ニ乗ルハ即チ全琫準」という説明つきの挿絵入りだった。

一昨日、写真師村上文真(ママ)氏及び天佑侠の巨魁と噂されたる田中次(侍)郎氏と余と三人、領事館内の鉄窓に呻吟する東学党の大巨魁、全捧準を見たり…彼、銃剣の為めに足を包帯し、顔色、手足蒼白く気息奄ゝとして頗る危篤の病状なるも、其気力は中ゝ剛健の様見せ、年歯三十七八、其容貌は尋常に異ならずと雖も、疎髯(そぜん)ありて眼光鋭く…彼は喜んで写真を撮り、夫より直に輿に乗り、他の共犯二名と共に法務衙門に引渡さるゝ為め領事館を立出たり。

ア丶可惜(おしむべき)名士よ。

大阪毎日新聞に掲載の挿絵

挿絵は、朝鮮巡査の位置が少し違うだけで、村上天真が撮影した写真と同じ現場の同じ人物を描いたものだ。なぜ「めさまし新聞」には写真が載らず、「大阪毎日」に挿絵が掲載されたのか。

一八九五年当時、新聞社が写真の金属版を作って大量に印刷する手段は、まだ開発されていなかったか、技術はあったにしても写真製版にはかなりの時間がかかった。そこで、写真をもとに絵を描き、線刻して木版を作って挿絵として印刷していた。「大阪毎日」の蘇嵐生記者は、おそらく、村上天真から写真を買取って、三月一日に記事とともに本社へ送った。本社では直ちに画工が絵を起こし、彫師が木版を作って十二日の紙面に挿絵が掲載された。

一方、写真館を営んでいた村上天真は、せっかくの特ダネ写真を営業用に焼増しする作業が忙しかったのか、「めさまし」への送付が「大毎」の中島記者より一日遅れの三月二日になった。十二日号への掲載には間に合わず、全琫準の処刑直近のリアルな絵姿は「大毎」のスクープになった。後れをとった「めさまし」は、以後も掲載を見送った――というのが金文子さんの推理についての筆者なりの解釈である。

もう一枚の写真

肝心の村上天真撮影の写真は、二ヵ月後の五月二十日発行の雑誌「写真画報」第十四巻に「東学党巨魁全祿斗(ママ)及朝鮮巡査」というタイトルで一ページを占めて掲載された。「東学党の巨魁」という解説記事も添えられていた。「めさまし」への掲載をあきらめた天真が、雑誌発行元の春陽堂に売込んだのであろう。

国立国会図書館関西館に保存されている「写真画報」の現物は、セピア色に変色はしているが鮮明なものだった。同館でコピーをとる際、備えつけの普通用紙しか使えず、本節冒頭の写真は不鮮明なものになったので、全琫準の顔だけを、アップにした。

なお、二〇一五年四月二十四日のハンギョレ新聞によれば、全琫準が法務衙門に移送される直前の、本節冒頭の写真とまったく同じ構図の写真が公表された。韓国・順天郷大学のヤン・サンヒョン教授が、米国ラトガース大学に残されたコレクションから見つけたという。違いは、全琫準の表情が柔和で穏やかなこと(前ページ写真)と、右後方の人物が横を向いていることだけだ。

村上天真が連続してシャッターを押したもののうちの一枚と思われるが、もしもこの写真だけが流布していたら、全琫準の印象はずいぶん変ったものになっていただろう。

＊1 **蘇嵐生記者**　毎日新聞の社史『毎日の3世紀』別冊の年表の一八九五年一月の項に「中島司馬之介(蘇嵐)を春山守静に代えソウルに派遣。〈朝鮮通信〉を送る」とある。

第三節　判　決

全琫準の裁判は一八九五(明治二十八)年三月五日から四月四日まで、法務衙門権設裁判所で五次にわたって開かれた。日本領事・内田定槌(さだつち)は「会審」として裁判に加わったが、むしろ尋問を主導し、特に全琫準と大院君の関係について、厳しく追及した。結審後二十日近く経った四月二十三日(陰暦三月二十九日)に判決が下された。

地方紙含め各紙が掲載

五月十一日付、「山陰新聞」(現・山陰中央新報＝島根県松江市)が一面で報じた「全捧準(ママ)の判決宣告書」(左の図版＝縮刷版のコピー)の最後の部分は次のとおりである(ハングルまじり漢文の判決文を日本語に翻訳した記事を、さらに筆者が一部手直しした。陰暦を陽暦に改めた)。

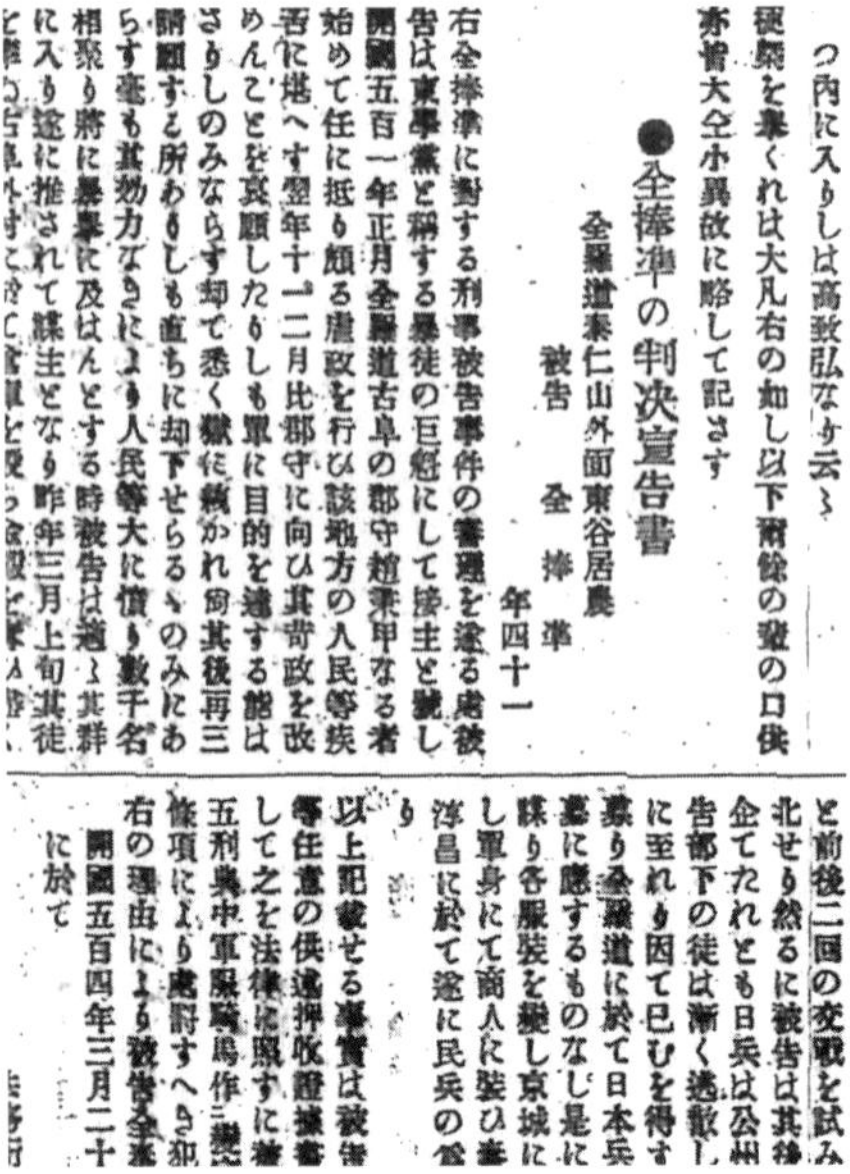
つ内に入りしは高敬弘なりと云ふ
硬槃を擧ぐれは大凡右の如し以下附餘の發の口供
等皆大仝小異故に略して記さす

●全捧準の判決宣告書

全羅道泰仁山外面東谷居農
被告　全捧準
年四十一

右全捧準に對する刑事被告事件の審理を遂る處被
告は東學黨と稱する暴徒の巨魁にして接主と號し
開國五百一年正月全羅道古阜の郡守趙秉甲なる者
始めて任に抵り頗る虐政を行ひ該地方の人民等疾
苦に堪へす翌年十一二月比郡守に向ひ其苛政を改
めんことを哀願したりしも單に目的を達する能は
さりしのみならす却て悉く獄に繋かれ尚其後再三
請願する所ありしも直ちに却下せらるゝのみにあ
らす毫も其効力なきにより人民等大に憤り數千名
相聚り將に暴擧に及はんとする時被告は適ゝ其群
に入り遂に推されて謀主となり昨年三月上旬其徒
と前後二回の交戰を試み
北せり然るに被告は其後
企てたれとも日兵は公州
告部下の徒は漸く逃散し
に至れり因て已むを得す
募り全羅道に於て日本兵
募に應するものなし是に
謀り各服裝を變し京城に
し單身にて商人に裝ひ兼
淳昌に於て途に民兵の爲
り

以上記載せる事實は被告
等任意の供述押收證據書
して之を法律に照すに被
五刑典中軍服騎馬作亂
條項により處罰すへき犯
右の理由により被告全捧
開國五百四年三月二十
に於て

山陰新聞一面に掲載された判決宣告書

(被告は)参礼駅を発して行々徒党を募り、恩津、論山を経て徒類凡そ一万余人を率い、十一月二十三日ごろ忠清道公州に至りしに、該地は既に日本兵の拠る処となりしを以て、之と前後二回の交戦を試みたれども、二回とも大に敗北せり。然るに被告は其後、なお日本兵を攻撃せんと企てたれども、日兵は公州に在りて更に動かず、被告部下の徒は漸く逃散して竟(つい)に収拾すべからざるに至れり。

因て巳(已)むを得ず一旦故郷に帰り、再

び兵を募り全羅道に於て日本兵を禦(ふせ)がんとしたれども、その募に応ずるものなし。是に於て被告は三五の同志と謀り、各服装を変じ京城に入り、情況を視察せんと欲し、単身にて商人に装い、泰仁より上京の途次、全羅道淳昌に於て遂に民兵の為に逮捕せられたるものなり。

以上、記録せる事実は、被告及その共謀者・孫化中、崔卿宣(崔景善)等の任意の供述、押収証拠書類により明瞭なるものにして、之を法律に照すに、被告の所為は「大典会通」巻の五の刑典中「軍服騎馬作変官門者不待時斬(武装して国に反逆する者は直ちに斬る)云々」の条項により処罰すべき犯罪なりとす。

右の理由により被告全琫準を死刑に処す。

開国五百四年三月二十九日　法務衙門権説裁判所に於て

法務衙門大臣　徐光範
協弁　李在正
参議　張 博
主事　金基肇
同　呉容默
会審　京城駐在大日本帝国領事　内田定槌

筆者が「山陰新聞」の縮刷版のコピーを国立国会図書館のコピーサービスで取寄せたのは、ある資料で明治二十八年の山陰の地方紙の第一面に「判決宣告書」の全文が載っていることを知って驚いたからだ。

当時の日本の新聞の朝鮮取材の状態を調べてみた。

渡辺一雄氏ほか『日本戦争外史　従軍記者』、原田敬一氏『日清・日露戦争』によると、各新聞社は一八九四年七月の日清戦争開戦(宣戦布告は八月)に先立ち、六月の朝鮮出兵段階から大きな関心を寄せ、最初の派遣部隊＝混成第九旅団には三十二名の記者と二名の画工が従軍した。八月に入ると大本営は「新聞記者従軍規則」と「従軍心得」を定め、この出願・渡航手続きに従って地方紙を含む全国六十六の新聞社が記者百十四、画工十一、写真師四の計百二十九名を朝鮮に送り込んだ。各社は特派員から送られる記事をもとに「号外合戦」で速報性を競った。

特派員の関心は、日清戦争自体の報道にとどまらず、東学農民軍の動きにも向けられた。たとえば「海南新聞」(現・愛媛新聞)には、一八九四年六月だけで二百二十三本の農民軍関連記事が掲載されたという(『植民地朝鮮と愛媛の人びと』所収の尾上守氏の報告)。「海南新聞」には、後備歩兵第十九大隊を送り出した地元紙として、翌年にかけても夥しい数の関連記事が掲載された。


「東京朝日」の一八九五年五月七日付紙面「朝鮮時事」欄には「東学党巨魁の裁判」(京城・青山好恵＝このみ＝四月二十三日発)として、「山陰新聞」の判決宣告書と全く同じものが掲載されている(韓国『東学農民戦争史料叢書』第一七巻所収)。ということは、各紙の独自取材によるものではなく、宣告書を翻訳して提供した何らかの組織があったものと推定され、宣告書は日本各地の相当数の地方紙にも掲載されたはずだ。

逆賊の名、遺憾なり

全琫準の判決言渡しの法廷に戻ろう。「東京朝日」の青山記者は宣告書全文の「前書」で全琫準について次のように書いている。

全祿斗(琫準)は数ヵ所の銃創、打創に加うるに長日月の入牢の爲め、全身衰弱し果てて殆ど座に堪うる能わず。而も刑の宣告を受け終るや、尚憤然、膝を打って曰く、「正道の為めに死する毫も怨なし。唯逆賊の名を受けて死する、切に遺憾なり」と。(中略)朝鮮社会の現状は、勇士を駆って其向う所を誤らしめ、遂に斯く可憐の最期を遂げしむ。噫…

青山記者ら数名の日本人記者は、この日、特に許されて法廷を傍聴したのだという。「東京朝日」は五月八日付にも「東学党巨魁宣告余聞」のタイトルで、法務参議として裁判に加わった張博(チャン・バク)と全琫準の死刑宣告後のやりとりを掲載している。少し長いが、ほぼ全文を引用する。

昨日、法務参議・張博氏が宣告を為したる後、「自分は法官の身にして罪人と私に言を交うる能わざれども、一言したき事あれば汝に問うなり。汝は命が惜しきや」と問いけるに、全祿斗「国法を以て処さるる以上は巳(已)むを得ざるなり」と言いければ、張参議は諄々として「我国にては汝らに対する犯罪に就て、未だ規定せられたるものなし。文明諸国に於ては、汝等の如き国家の為めにする罪人は、国事犯として取扱う例なれば、汝等も或は死刑を免るべきも、如何せん我国には其法なきを以て斯く死刑を申し渡す訳なり。汝の今日死するは最も遺憾なるべけれども、汝が一度全羅に起こりしより一変して日清の戦争となり、汝等が所謂貪官汚吏・閔泳駿以下の者は、或は捕えられて国法に処せられ、或は逃亡して其跡を隠し…即ち汝の死は、以て今日の公明なる政事を促がしたるものというべし。汝宜しく安心して瞑すべし。若し人生再び行き還えるあるものとせば、此後は決して全羅一隅の痴民を集めて為し能わざるの事を図らず、必ず其心胆を大にし、世界の敵し能わざると称する露国の如きに向て尚且(なおかつ)自ら当らんとする位の大胆量を持つべし」…

これに対して全琫準は憮然として、「正義のために死ぬのは無念ではないが、逆賊の名を受けて死ぬのは無念だ」と答えたという。張博・法務参議が重ねて「それは違う。この宣告は汝に逆名を蒙らせたものではない。誤解しないように」と諭し、全琫準は捕吏に引立てられ、眼を閉じて退出したという。

張博の異例の発言は、一面において全琫準に同情的であるが、一面では開化派官僚として、突き放したものの言い方をしており、全琫準が憮然としたのも当然かもしれない。開化派の金弘集内閣は、日本の統制を受けつつも内政改革に取り組んだが、全琫準らと相容れることはなかった。張博の発言中、露国云々は、当時、ロシアを頼ろうとしつつあった高宗と閔妃に対する開化派政権官僚の反発の表れかも知れない。

第九章

遺された者たち

第一節　全琫準の娘として

二〇一〇年七月、全羅北道鎮安（チナン）郡の「鎮安新聞」は、全琫準の長女、全玉礼（チョン・オンネ）の墓が鎮安郡富貴（プグィ）面にあり、井邑（チョンウプ）の著名な郷土史家の崔玄植（チェ・ヒョンシク）氏が碑文を書いた碑や石像があることを伝えた。全玉礼については一九七〇年に「東亜日報」が「自称全将軍딸（タル＝娘）　玉女할머니（ハルモニ）別世」の見出しで、その死を伝えたことがあった。鎮安の碑は一九八四年に玉礼の孫の李熺踵（イ・ヒヂョン）氏が建てたもので、次のように書かれている。

（前略）女史は一八八〇年四月八日、泰仁県山外面東谷で、甲午革命指導者・全琫準先生の長女として生まれ、八歳の時、古阜郡宮洞面陽橋里へ越して育った。一八九四年の甲午革命によって両親を失い、天涯の孤児として流浪、金玉蓮と名前を変えて馬耳山金塘寺（マイサン・クムダンサ）に入った。二十歳の時、李賛栄（イ・チャニョン）先生と結婚して五男二女をもうけ、良妻賢母を貫いた。

歳月は流れ、祖国解放後、一九六八年に世人らが緑豆民謡*1を謳歌するようになって、ようやく自分の来歴を明かした。黄土峴記念塔に参拝、甲午東学革命記念祭に参加して堂々とした人生を歩むようになり、七十年の「恨」が解けたという。一九七〇年十一月二十七日死去。享年九十一（後略）。

一九八四年四月十五日

前（井邑）甲午東学革命記念事業会会長　崔玄植

筆者は二〇一二年七月に、京都大学で研究中の円光大学・朴孟洙（パク・メンス）教授から、碑文の内容を裏づける話を聞いた。

朴教授がまだ大学院生だったころ、井邑（チョンウプ）から全羅南道の霊光（ヨングァン）へ行くバスに乗った。乗客は一人だけだったので、中年の運転手の近くに座って世間話をした。何を勉強しているのか聞かれ、「東学のことを」と答えると、運転手は「祖父に聞いた話だが、全琫準将軍の遺族は『逆賊の子孫』ということで、故郷の泰仁には住めなくなり、鎮安の方へ避難した。その時、食べるものがなく、韓紙（ハンジ）にカンジャン（醤油）を染みこませて乾かし、それをしゃぶりながら歩いたそうだ」と話してくれた。

朴教授が後日、一九七〇年一月十五日付の「円仏教新聞」を見ると、「全琫準将軍の娘　全玉女(ママ)女史入寂　葬儀は円仏教の儀式で」という見出しで、次のような記事が出ていた(すべてハングル)。

キョドン支部(不明)の前支部長イ・ヒジョン氏(フェマン農場主人)の祖母で全琫準将軍の一人娘の全玉女ハルモニが、去る一月五日の明け方四時、鎮安郡富貴面のフェマン農場で入寂した。享年九十二歳(ママ)。

出棺は一月七日十一時、円仏教の儀式にのっとって、簡素に行われた。天道教側では、盛大な葬儀を行うことを主張、多額のおカネまで送ってきたが、イ・ヒジョン氏は時代の要請と国民儀礼準則を先どりして実行したいと、円仏教式で挙行した(以下略)。

全ハルモニの孫の李熺踵氏は、仏教系の新宗教・円仏教の信者で、地区の支部長をしていたようだ。天道教(チョンドギョ)は、東学第三代教祖だった孫秉熙(ソン・ビョンヒ)が創立した東学の後身で、その正統を継ぐ意識から、全琫準の娘の盛大な葬儀を主張したのだろう。なお、鎮安の崔玄植氏の碑文で、死去の日付が十一月二十七日になっているのは陰暦を使っているためだが、一九七〇年一月五日の陰暦は、正確には一九六九年十一月二十八日である。

朴教授はさらに、全琫準の家族について、「二人の息子の内の一人は、泰仁近くの農家のモスム(作男)をしていたが、その農家の牛を盗んでどこかへ逃げたという話も聞いたことがある」と話していた。

世譜によれば、全琫準は全羅北道の礪山(ヨサン＝現・益山市礪山里)を本貫とする宋氏の娘と結婚したが死別し、全羅南道の南平(ナムピョン＝現・羅州市南平邑)を本貫とする李氏の娘を後妻に迎えた。前妻と死別したのは全琫準が二十三歳の時だった。

国民新聞の記者で当時の朝鮮事情に精通していた菊池謙譲が、全州和約を結んだ全琫準が泰仁県東谷の家に帰った時の情景を「此処には後妻久しく孤閨を守り、先妻の子と後継の出と二人の少年を養育していた。戦場から突然帰来した其夫を迎えた喜びと其二児の歓呼は喩え難き光景であった」(『近代朝鮮史』下巻＝『日本植民地下の朝鮮研究』第六巻所収)と書いている。全琫準はのちの裁判で家族は何人か、と聞かれて「六人である」と答えている。菊池の見た男子二人と、後妻の生んだ女子が二人おり、その一人が玉礼だった。

全琫準の妻や全玉礼(玉女)以外の子供たちが、どのような運命を辿ったのか、詳しくは分らない。しかし、敗残の農民軍への執拗な追跡・殲滅作戦や「逆賊」としての断罪を思えば、家族の運命も想像に難くはない。そんななかで、十代半ばだった全玉礼だけは難を逃れ、名を変えて寺に入り、幸せな結婚をして、父・全琫準に対する世評が改められたことを知ったのちに、世を去った。

＊1 **緑豆民謡**　全琫準が処刑されて間もなく、彼を偲ぶ歌が、全羅道一帯でひそかに歌われるようになった。最初の部分の代表的な訳は「鳥よ鳥よ　青鳥よ　緑豆の畠に下り立つな　緑豆の花がホロホロ散れば　青餔売りが泣いて行く」(金素雲氏による)で、緑豆は全琫準を、青餔(チョンポ＝緑豆で作った食べ物)売りは貧しい民衆を表わすと言われるが、ほかにも、さまざまな解釈があるようだ。

第二節　崔時亨の眷属

東学第二代教祖・崔時亨（チェ・シヒョン）は、農民軍敗北後も逃避行を続け、一八九八年に逮捕・処刑されたが、崔時亨の娘とその子も数奇な運命を辿った。一九四五年の解放からしばらくして、韓国の小学校の卒業式で「蛍の光」に代って歌われるようになった「卒業式の歌」をはじめ、数々の素晴らしい童謡を作曲した鄭淳哲（チョン・スンチョル）は、崔時亨の孫である

鄭淳哲は一九〇一年に、忠清北道沃川（オクチョン）郡青山（チョンサン）面で、郡の役人の鄭注鉉（チョン・ヂュヒョン）と崔時亨の娘の崔潤（チェ・ユン）のあいだに生まれた。東学農民軍が決起した一八九四年、崔潤は逮捕され、官衙に閉じこめられたが、郡守は部下の鄭注鉉に崔潤を与え、結婚させた。崔時亨は生涯に三度結婚しているが、崔潤は、二番目の妻が生んだ娘で、母親は早くに病没した。

鄭淳哲

「逆賊」の娘とその生んだ子の鄭家における立場は屈辱的なものだった。小学生の淳哲は家出し、沃川駅から貨車にもぐりこんでソウルに向かった。ソウルでは孫秉熙が天道教を興して活躍していた。淳哲は孫秉熙の配慮により、天道教系の中学で学んだ。

卒業後、孫秉熙の女婿で、のちに著名な児童文学者となった方定煥（パン・ジョンファン）とともに東京へ留学、淳哲は東洋音楽学校に入った。孫秉熙が一九一九年に「三・一独立運動」を主導して逮捕され、

天道教の財政も悪化して、淳哲らは苦学した。

そんななかでも、児童文学や童謡などに関心の高かった彼らは一九二三年、東京で「セクトン会」を創設、子供文化運動に乗り出した(セクトンは幼児用の韓服の袖の五色の縞模様)。一九二六年に帰国後も数々の童謡を発表したが、一九四六年、解放後はじめての卒業式を迎える子らのために尹石重(ユン・ソクチュン)の詩に曲をつけたのが「卒業式の歌」だった。

一九五〇年、鄭淳哲に悲劇が訪れた。六月二十五日、北朝鮮軍が南へ侵入し、間もなくソウルを占領した。当時、彼は女子高校の教師をしていたが、校長らが避難したあとも学校に残った。九月二十八日、国連軍にソウルを奪回された北朝鮮軍は、北へ後退する際に淳哲を拉致、以後、彼の消息は途絶えた。

筆者は二〇一三年五月、かつて崔時亨が滞在していた青山を訪ねるため、沃川―青山をタクシーで往復したが、沃川駅には鄭淳哲の生涯が、パネル展示されていた。

一方、鄭淳哲の母の崔潤は、淳哲が家出して間もなく鄭家を去り、忠清南道の鶏龍山(ケリョンサン)にしばらく滞在したあと、慶州(キョンヂュ)の龍潭(ヨンダム)に入った。龍潭は初代教祖・崔済愚(チェ・ヂェウ)が「天」の降臨を感得して東学を唱道した聖地だ。崔潤は人里離れた谷間の穴蔵のようなところに住んで聖地を守りながら修道生活を送り、布教にも努めた。鄭淳哲が北朝鮮へ拉致されたということは、龍潭で聞き、知っていたという。一九五六年三月、七十八歳の崔潤は、波乱の生涯を閉じた。

崔時亨の三番目の妻は孫秉熙の妹で、その長男・崔東曦（チェ・ドンヒ）は朝鮮独立運動の闘士になった。一八九〇年生れの東曦は一九一九年の三・一運動のあと上海に渡り、同志とともに「高麗革命委員会」をつくり、その後、ロシア沿海州に渡った。一九二六年には中国・吉林省で「高麗革命党」を組織、独立闘争を展開した。しかし肺病のため、一九二七年に上海赤十字病院で死去したという。一九九〇年、祖国から建国勲章愛国章が追叙された。

以上の崔時亨の家族の話は、朴孟洙教授の示唆を受けて、「鄭淳哲記念事業会」などの存在を知り、調べた結果である。

第三節　曽祖父は趙秉甲

趙己淑氏

二〇〇六年十月十九日の韓国・連合ニュースは「盧武鉉（ノ・ムヒョン）大統領の弘報担当首席秘書官であった趙己淑（チョ・ギスク）氏が十九日、マスコミ各社の政治担当記者に長いメールを送った。彼女は二〇〇六年二月に退官、梨花（イファ）女子大大学院国際政治部門に復職していたが、雑誌「月刊朝鮮」が十一月号（発売は十月）で、①趙己淑氏の曽祖父は、東学革命の導火線になった古阜郡守・趙秉甲（チョ・ビョンガプ）である、②趙秉甲は裁判官として、東学第二代教祖・崔時亨に死刑宣告をした一人である――と書いたことに反論したものだ」と報じた。

趙秉甲は古阜郡守を罷免されたあと、全羅道南端の古今島（コグムド）で謹慎していたが、一年ほどで解放されて裁判官になり、一八九八年に逮捕された崔時亨に死刑判決を言渡す判事団の一角を占めるようになっていた。百年以上を経た二〇〇六年になって「月刊朝鮮」が「退官した大統領首席秘書官と悪名高き古阜郡守の関係」をわざわざ記事にした意図は何だったのだろうか。

ある解説によれば「月刊朝鮮」は当時、盧武鉉政権が進めていた「過去史清算作業」で、同系列の新聞「朝鮮日報」の過去の「親日」が問われることを牽制し、政権の要職にあった者の家系を暴露することによって、「過去史清算」の偽善性を示そうとしたのだという。

「月刊朝鮮」の意図はさておき、趙己淑氏の反論メールは、古阜郡守の子孫としての苦渋をにじませつつも、過去に真摯に向き合おうとするもので、筆者は好感を持った。概要を紹介したい。

国民が言論界幹部や政治家の先祖に関心を持つのは、親日の代償として得た財産と権力を、子孫として享受しているのではないかという疑いがあるためだ。先祖の過去が、私の公職遂行と関連があるのなら、公開して明らかにしなければならない。しかし私は、先祖の名前を売って名誉や権力を享受したことはないし、その財産を譲り受けて贅沢をしたこともない。

さらに、曽祖父に関する歴史的事実については、誤りもありうることが学界でも発表されている。（中略）一時期、私は歴史学徒になって、無念な家族の歴史を正そうかと考えたこともあったが、そうしなかった。

東学革命の本質は、農民軍が朝廷の虐政に組織的に抵抗したという事実であり、それが私たちの近代史と精神史にどれほど大きい影響を与えたのか、である。東学革命が意味を持つためには、革命を正当化する虐政の主体がなければならない。私たちの曽祖父がその犠牲の羊になったのなら、そんなに悪いことではない、と考えたからだ。

伝えられる先祖の行為が、歴史的事実ではない可能性がある点について、さらに言及しなかったのも、当時の犠牲者と遺族に対する礼儀を守るためだった。

青瓦台の首席として在職時、東学運動記念行事に招待されたが、私の参加が遺族に迷惑をかけると考え、個人の事情を率直に伝えて了解を求めたこともある。先祖に誤りがあるなら、その報いを受止めるべきだと考え、個人の利益よりは公共の利益を優先して生きて行こうとしている。

無念な思いを抑えて、家族史を捻じ曲げたことも隠そうとしたこともないのに、なぜこの時点で問題になるのか分からない。


メールは以下、延々と続くが、「新聞や雑誌の横暴は許せないが、おかげで私の原罪とでもいうべきものが、少しは軽くなりました。皆さんと焼酎でも飲みながら、小市民の幸福を分かち合いたいです」と結ばれている。

付け加えれば、趙己淑氏は後日、東学農民革命遺族会の会合に出席して「遅くなりましたが、先祖に代って心から謝罪申上げます」と話した。遺族会側は趙己淑氏が青瓦台に入る前からの行動を評価しており、「東学農民軍と考えを共にする友軍だ」と話したという。二七一ページの写真は、その会合に出席したときのものらしい。

終章

第一節　天道教の誕生

ソウルの地下鉄3号線は、朝鮮王朝の正宮・景福宮（キョンボックン）の南を東西に走る。景福宮駅の東隣りの安国（アングク）駅の南口を出ると、広い三一路（サミルロ）が南へ伸びている。左手は大院君の旧居だった雲峴宮（ウニョングン）。朝鮮王朝末期の歴史に何度も舞台を提供した。三一路を隔てた雲峴宮の向かい側に、四階建ての塔屋を持つ重厚・壮麗な赤レンガづくりの建物がある。天道教（チョンドギョ）中央大教堂（次ページ写真）。東学第三代教祖であった孫秉煕（ソン・ビョンヒ）が一九二一年に、東学教祖としてではなく、天道教の創立者として建てたものだ。

天道教はどのようにして生まれたのか――。

東学農民戦争後の孫秉煕の歩みを、趙景達氏『異端の民衆反乱』、西尾陽太郎氏『李容九小伝』などによって辿ってみる。

全琫準、金開南、孫化中らの南接指導者が、一八九四年末の農民戦争敗北後、早い時期に捕えられて処刑されたのに対して、北接指導者は忠清道北部から江原(カンウォン)道の山中に入って日本軍と朝鮮官軍の追跡を逃れた。一八九八年になって第二代教祖・崔時亨(チェ・シヒョン)が江原道の原州(ウォンジュ)で逮捕され、刑死した。その後、崔時亨の高弟と言われた人たちも相次いで逮捕され、東学教祖は、残った孫秉熙が継ぐことになった。

天道教中央大教堂

孫秉熙は官憲の目を逃れながら布教を続け、ひそかにソウルに現れることもあった。ソウルでは皇帝・高宗の近代化政策(次節参照)による「文明開化」を目のあたりにし、開化派人士との接触を通じて次第に開化思想に接近、「親日」の傾向を強めて行く。一九〇一年に日本に亡命し、開化派亡命人士と交流を重ねた。〇二年には東学徒に向けて、道戦・財戦・言戦による文明開化への道筋を示す「三戦論」を発表した。

「一進会」の対日協力

一九〇四(明治三十七)年二月に日露戦争が始まると、孫秉熙は日本の陸軍省に一万円を贈る一方、韓国内に対日協力のための組織をつくるよう指示した(朝鮮は一八九七年に大韓帝国になっていた)。韓国では孫秉熙の腹心の李容九[*1](イ・ヨング)が「進歩会」を組織した。会の発足に際して十六万人の東学徒が断髪した。

一八九五年に「断髪令」を強行した金弘集の開化派内閣は、「身体髪膚これ父母に受く。あえて毀傷せざるは孝の始めなり」との教えに反し、倭国化＝日本化を強制したとして、義兵闘争を招いた。進歩会発足時の断髪は、開化主義の意思表示として孫秉熙が指令したものだが、『李容九小伝』によれば、別の筋からの要請があった。

進歩会は一九〇四年末、日本軍部と密接な関係を持つ宋秉畯[*2](ソン・ビョンジュン)の「一進会」と合同して「合同一進会」になったが、宋秉畯は支援を求めた李容九に対して「一斉断髪を以って親日の血盟とする」という条件を出した。李容九らは合同一進会として公然と政治活動を展開することになったが、趙景達氏はこれを「東学が事実上公認されたことを意味し、開祖・崔済愚以来、敵視してきた西洋思想を受入れ、嫌悪してきた日本の後ろ盾で、崔時亨以来の宿願であった東学の合法化を勝ちえるという、まことに皮肉な結果」と指摘している。

李容九は一進会会長として、ロシアと戦う日本軍に対する「犠牲的な」援助活動を開始するとともに、宋秉畯との盟約による「日韓合邦」(後述)をめざして工作に乗出した。まず、日本が軍用鉄道として敷設を進めていたソウルと平安(ピョンアン)道の西北端を結ぶ京義鉄道工事に、毎日三千名の東学教徒を動員した。北部地域での物資輸送のために、咸鏡(ハムギョン)道から連日、三千名の輸送隊と五十名の偵察員を提供した。

これらの対日協力は、孫秉熙も了解していた。しかし、一九〇五年十一月、孫秉熙の思惑を超える事態が起きた。第二次日韓協約＝乙巳(ウルサ)保護条約締結を前に、「一進会会長・李容九」の名前で日本の保護を求める宣言書が出されたのだ。韓国の外交権を奪い、日本の仲介無しに他国と条約を結ぶことを禁じ、日本政府を代表する統監が韓国皇帝にいつでも内謁して意見を述べることができる――という条約に賛成する宣言を出したことは、世論の猛反発を呼んだ。


孫秉熙は一進会への批判が東学に向けられることを恐れ、東学の衣替えをはかった。一九〇五年十二月一日、「天道教(チョンドギョ)」の誕生を告げる広告を韓国各紙に載せ、東学が一新されたことを各界に印象付けたあと、翌年一月末に日本から韓国に戻った。

呉知泳(天道教に移り、教団中央で活動した)は『東学史』で、孫秉熙の意図を「従来の政・教混同の方針を改めて、一般東学教徒を宗教に復帰させようとした」とし、「孫秉熙は李容九と宋秉畯を呼んで『ソウルの一進会本部を除いて各地方支部を解散、宗教と一進会としての活動を分離せよ』と命じたが、李容九は応じなかったので、(李容九に同調する)六十二人を破門処分に付した」と書いている。

「日韓合邦」工作の挫折

李容九と宋秉畯は一九〇六年年末に新たに「侍天教(シチョンギョ)」を起こし、内田良平(黒龍会主宰)、武田範之(内田の同志。曹洞宗僧侶)、杉山茂丸(玄洋社幹部)らと手を結んで「日韓合邦」工作へ突き進む。内田は韓国統監府の嘱託として、伊藤博文統監に随行して渡韓、李容九と知り合った。「日韓合邦」とは何か——。合同一進会発足に際して宋秉畯と李容九が合意した構想は、以下のように要約できるだろう。

他国の軍事行動や圧迫による一方的な併呑を回避し、二千万民衆が奴隷的境遇に陥らず、その生命と財産を守るには、独立と弊政(悪政)改革が必要だが、いまの韓国にその力はない。日本と合邦あるいは連邦して、一時的に韓国の内治・外交を日本政府に一任し、日本が韓国民を日本臣民と同等に扱い、子弟を教育し、文明と学問を普及させることによって、韓国の富国強兵と韓国民の自立をはかる。

李容九らの日韓合邦構想は、樽井藤吉の「大東合邦論」＝日韓の対等合邦を軸にアジアが団結して欧米、ロシアの侵略を阻止する＝の影響を受けたアジア主義に立脚していた。しかし、すでに日露戦争は決着し、乙巳保護条約が結ばれて日本が韓国を併呑しようとしている時に、「日本による一方的併呑を回避するために、日本を頼って内治・外交を一任し、国力を強化する」という構想は、幻想に近かった。李容九らにしてみれば、「黙して日本に併合されるよりは、韓国側から能動的に合邦を働きかければ、対等は無理でも、いくらかは隷属的でない結果が得られるのではないか」という、切羽詰った気持ちであったろうと推察する。その根底には、韓国の現状に対する絶望があった(日露戦争から日本の韓国併合に至る経過は＊3)。

李容九は一九〇九年年末、一進会会長として曽禰荒助統監（伊藤の後任）、韓国皇帝・純宗（高宗は一九〇七年に退位）、李完用総理あてに「合邦請願書」[*4]を提出した。結局、「合邦」の請願は日本政府によって「併合」への露払いとして利用され（韓国側が望んだことにされた）、一九一〇年八月、「韓国併合に関する条約」が締結された。その第一条は「韓国皇帝陛下は、韓国全部に関する一切の統治権を完全且永久に日本国皇帝陛下に譲与す」であって、それは「併合」そのものであった。

一進会は九月に十五万円を与えられて解散させられた。内田や武田に「裏切り」の意図はなかったと思うが、彼らも日本政府の意向を忖度せざるを得ず、「合邦」への協力には限界があった。

病床に伏した李容九は翌年、兵庫県の須磨に転地療養したが、五月二十二日に病没した。四十五歳だった。李容九に残されたのは「売国奴」の汚名であり、姜在彦氏『朝鮮近代史』も、「売国奴グループ一進会」「李容九は幽霊会員一〇〇万名を代表して声明を発表し、公然と『日韓併合』論を唱道した」と、容赦なく切捨てている。「合邦」は「併合」と区別して論じられてはおらず、同一視されている。

＊1 **李容九** 二十三歳で入道。農民軍の第二次決起の際には、孫秉熙とともに北接軍を率いて南接軍に合流して戦ったが、負傷して故郷の忠州に逃れた。一八九八年に逮捕され、崔時亨の所在を追及されたが、拷問に耐えて、師を護った。崔時亨の刑死後、「兄弟子」孫秉熙の開化・親日路線に同調するようになった。

＊2 **宋秉畯** 「野田平次郎」という日本名を持つ親日派。一八八四年の甲申政変の後、金玉均暗殺の密命を帯びて渡日したが、果たせず帰国した。韓国での追及を避けて日本に亡命し、日露開戦後はソウルで

日本軍兵站監の通訳をつとめた。その後、「日韓合邦」実現のために「一進会」を組織した。李完用内閣の閣僚を務めながら、李容九とともに「合邦請願書」を提出した。併合後、日本政府から子爵、伯爵に叙せられた。

＊3 **日露戦争から韓国併合へ**　日清戦争後の一八九五年、朝鮮におけるロシアの影響力が強まり、高宗と閔妃はロシアに接近した。十月、日本の「壮士」により閔妃が暗殺されたが、金弘集・開化派内閣は「日本人は無関係」との立場をとった。さらに十一月には断髪令を強行、「日本化の強制」に対して反日義兵闘争が起きた。主力は「東学余党」であった(姜在彦氏)。九六年に入ると民衆の反日感情は開化派への報復となって現れ、金弘集らが殺害され、開化派政権は崩壊した。

(一八九七年の「大韓帝国」樹立、独立協会の動きなどについては省略)。

一九〇〇年、清国の義和団事件に際し、各国と共同出兵したロシアは、満州に居座り続けた。朝鮮を足場に満州進出をめざしていた日本は〇四年二月にロシア艦隊を攻撃、日露が開戦した。翌年、日本は辛くも勝利した。

日本は「日韓議定書」、「第一次日韓協約」、「第二次日韓協約」＝「乙巳保護条約」と相次いで韓国の主権、外交権を奪う措置を取り、〇五年末には統監府を置いて伊藤博文が統監に就任した。

〇七年、ハーグの「万国平和会議」に密使を送り、日本による保護国化を訴えようとした高宗は、伊藤統監に退位を迫られ、七月に純宗が即位した。日本は「第三次日韓協約」を結び、各省の次官に日本人官僚を配し、韓国軍を解散させた。

〇九年十月、枢密院議長に転じていた伊藤博文がハルビン駅頭で安重根に射殺されるなど、韓国内の併合反対運動が激化する中、第三代統監・寺内正毅は一〇年八月、「韓国併合に関する条約」の調印を強要、大韓帝国は消滅し、統監府は朝鮮総督府に変った。(姜在彦氏『朝鮮近代史』、原田敬一氏『日清・日露戦争』などによる)。

＊4 **日韓合邦請願書**　武田範之が書いたと言われる。三つの宛先それぞれに、漢語を駆使した、凝りに凝った文章である。

要約すれば、「日本は日清戦争で韓国を清国から独立させてくれ、日露戦争でも韓国をロシアから救ってくれた。韓国が今日あるのは日本のお蔭であるが、保護条約などに安住していたのでは、今後どのような国際的な危機にさらされるか分らない。韓国を救うのは日韓合邦だけである。日本の天皇陛下に懇願して『日韓一家』となり、日本人と同じ待遇を享受すれば、二千万のわが国民も一等国の地位を得られる。それが東洋の安定と世界平和に通じる」ということになろうか。

第二節　大教堂建立と三・一運動

ソウルの天道教中央大教堂を筆者が訪れたのは二〇〇七年十月十四日の日曜日の午後だった。秋の陽をあびた壮麗な赤レンガづくりの大教堂に入ると、歌声とピアノの音が聞こえた。講堂のような広い部屋で、十数人の女性が合唱の練習をしていた。筆者は天道教について、その現状や教徒の信仰・生活信条、さらには東学農民戦争の受止め方などを知りたくて、韓国語の質問カードとボイスレコーダーを用意していた。しかし、事務所は無人で、講堂の合唱練習以外に人影はなく、話を聞くことは

大教堂前の石碑

できなかった。しばらく構内を見学し、引揚げることにした。帰途、振返ると大教堂前の道路に小さな石碑があり、ハングルと漢字で「独立宣言文配付址」と刻まれていた。碑文は簡潔に「三・一独立運動挙事のために天道教代表たちが集って独立宣言文を検討、配付した場所」とだけ刻まれている。大教堂の前の道路は「三一路」で、もちろん一九一九年の「三・一独立運動」（五六ページの＊3参照）に因んで名づけられた。三一路を南へ進めば、独立運動の起点となった「パゴダ公園」（現・タプコル公園）に行当る。

建立名目の資金集め

中央大教堂建立と三・一独立運動は密接に絡んでいる。一九一八年年末、孫秉煕はすでに天道教大道主の座を降りていたが、天道教改革・近代化の一環として中央大教堂の建立を決意した。教徒一戸当り十ウォンの募金が始り、全国から莫大な金額が寄せられたが、実はこれは大教堂建設のための募金ではなかった。

孫秉煕がキリスト教界や仏教界に働きかけ、「民族代表」として「独立宣言」を発表する計画を具体化したのも、一九一八年年末から一九一九年はじめにかけてのことと思われるが、天道教中央総部が二〇〇二年に刊行した冊子「天道教」には、次のように書かれている（要旨）。

庚戌国恥（一九一〇年の韓国併合を指す＝筆者）以来十年近く、天道教は義菴聖師（孫秉熙）の指導のもとで日帝によって奪われた国を取戻すために力を養い、独立運動を起こす準備をしてきた。地方幹部五百人をあつめ七次にわたる修練を実施して後日の独立運動を主導させるようにした。一方、秘密裏に独立運動の基金を準備するため、中央大教堂新築基金の名目で、資金を集めた。

同じく天道教中央総部発行のパンフレット「天道教中央大教堂」には、次のように書かれている。

大教堂建設のために、全国の教徒から総部へ献金が上がって来たが、天道教の幹部指導者たちは、はじめからの計画どおり、この献金の大部分を三・一独立運動のための資金として使った。

募金を独立運動の資金として使った一方で、中央大教堂も完成させたのだから、教徒たちを騙したとまでは言えまいが、募金の主目的が独立運動資金であったことを天道教の「本山」が公然と認めている。一九一八年十二月に着工した大教堂は、資金不足と総督府の妨害によって工事が大幅に遅れ、一九二一年二月にやっと完工した。総督府の妨害とは、寄付募集の差止め（「三・一」後に逮捕された孫秉熙の予審尋問調書）や、設計縮小命令などであったらしい。

正統東学の国家観

一八九四年十一月に北接軍が南接軍と合流し、日本軍と朝鮮王朝軍を相手に戦うことになった時、北接軍を率いた孫秉熙と李容九が、どれほど強く「反日」と「反開化派政権」を意識していたかは分らない。したがって、一九〇〇年代初頭の彼らの「親日・開化運動」と一進会の活動を「転向」と断じることはできない。しかし、その政治的な立場は大きく変った。そして、一九一〇年には日本による併合を黙認したかに見える孫秉熙は、九年後には「反日・独立」の立場から「三・一独立宣言」を主導した。

この「揺れ」を、どう説明すればよいのだろうか。北接の「正統東学思想」に立返って、「揺れ」の原因が内包されていたのかどうかを検討することが必要だが、筆者にその能力はない。[*1] ただ、朝鮮官軍に追われて忠清道や江原道の山中をさまよい、あるいは捕えられて獄中にあった孫秉熙や李容九にとって、ソウルや日本で目のあたりにした「文明開化」の諸現象は衝撃的だったろう、と推察する。

国王・高宗は一八九七年八月、清国との宗属関係離脱の証しとして、それまで清国に追随していた年号を独自に「光武」と定め、続いて国号も「大韓帝国」と改めて皇帝に即位した。皇帝の独裁的な権力のもとで近代化と産業振興がはかられ、ソウルには電車や電灯、電話、映画が登場するなど、「文明開化」的な状況が出現していた。孫秉熙と李容九が一九〇一年に見た日本の開化状況は、さらに進んでいた。彼らが日本に近づくことによって、改革と近代化を図ろうとしたことは理解できる。

一九一九年になって孫秉熙が独立運動を主導した理由は「失望」だった。彼は予審尋問に次のように答えている(京都府立大の川瀬貴也氏の論文「国家観と近代文明観〜天道教幹部民族代表について」による)。

朝鮮総督府の行政に不満はありませんが、日本人が朝鮮人を呼ぶに「ヨボ」[*2]を以ってし、劣等視しているのが不平です。私は併合後、政治についてはロを出さず、官令は尊守服従するよう信徒に教えているにも拘わらず、私を排日党と目しており、二十年来の知り合いの総督を一度しか訪問できぬような次第です（要旨）。

同じく独立宣言に署名して逮捕された天道教の呉世昌（オ・セチャン）は「朝鮮人のために大学の一つも設立せず、内地人（日本人）と朝鮮人の差別取扱いがあるので、独立が必要だ」と述べ、別の一人は「朝鮮政策は、日韓併合の際、明治天皇の下し給いし勅諭の主旨と相違して同等の扱いを受けていない。何とかして独立し、幸福に生活したいと思っている」と述べた。

併合は是認したが、それは「内鮮融和」「日本臣民と等しき待遇」を受けることが条件であり、それによって自立の基礎固めをしようというのが、彼らの本意であった。しかし、それは実現しなかった。西尾陽太郎氏は「李容九もまた早逝しなかったら独立運動に参加したであろう」と書いている。

三・一独立運動後に逮捕された孫秉熙は、病気保釈中の一九二二年に死去した。ここでは詳述しないが、その後の天道教の歩みも多難であった。孫秉熙の死後、独立運動路線に反対する「新派」が台頭して、日本の植民地支配下に「親日妥協路線」を歩む一方、多くの分派が生まれた。解放後は一応の統一はなったが、信徒の多くが北朝鮮領に住んでいたことなどもあって、教勢は衰えた。

一九六七年には、国軍出身で朴正熙大統領に近かった崔徳新（チェ・ドクシン）が教領（教主）に就任し、政権の支援を受けたがのちに離反、崔は米国に渡ったあと八六年に北朝鮮に亡命した。崔の数代あとの教領・呉益済（オ・イクチェ）も九七年に北朝鮮に渡り、韓国の天道教は打撃を受けた。「政治の季節」を経て、宗教本来の姿を取戻そうとする努力もあり、近年、教勢は回復傾向にあると言われる。現在、中央総部の下に約百の教区があるが、信徒数は十万人ほどにとどまっているようだ。

北朝鮮、日本に生きる天道教

一方、北朝鮮には朝鮮天道教会中央指導委員会という組織と、天道教青友党という朝鮮労働党の方針に沿う「協力政党」が存在する。ネット情報によれば、二〇〇五年に青友党幹部が「党員は約一万四千人で、農民がほとんどを占める」と語っている。

韓国の天道教組織と北の青友党のあいだには「祖国統一」という目標を掲げた交流があるようだ。韓国紙によれば、二〇一四年の東学農民革命百二十周年には、東学農民革命遺族会なども加わって平壌で記念行事を開く予定であったが、南北関係悪化で実現できなかった。

なお、亡命した崔徳新は青友党中央委員長、祖国平和統一委員長、最高人民会議代議員などを歴任し、没後は妻の柳美英（リュ・ミヨン。二〇一六年没）が青友党の代表に就いた。

二〇一三年十月六日、筆者は神戸市長田区へ出かけた。二〇〇六年三月に全羅道の古阜（コブ）の野に立って以来の「東学巡礼」に一区切りをつけるゴールは、天道教神戸教区だった。名称は変ったが「東学」の法統を継ぐ海外唯一の教区である。

日曜恒例の礼拝＝侍日式（シイルシク）＝に集った信徒は五人。天道教が神戸に根を下ろして約八十年、韓国から渡って来た人たちの第二世代も高齢化して、信徒は年々減っている。八十七歳の教区長・金東成(キム・ドンソン)さんを「導師」に、心告、聖呪文朗誦、経典奉読、天徳頌＝歌、説教…と儀式が続く。ハルモニたちは「ここでみんなと会うのが楽しみで…」と話していた。開祖・崔済愚の東学唱道から苦難の百五十年を経たいま、その宗教的営為が日本の一隅に生き続けていることに、感慨を覚えた。

韓国の天道教信徒、北朝鮮の青友党員、そして神戸の信徒たちの胸中にいま、東学から天道教に引継がれた教義はどのようなかたちで生きているのだろうか。そして、百二十余年前の「東学農民戦争」は、どのように受止められているのだろうか。

＊1 **「親日」と北接の東学思想** 西尾陽太郎氏は「国家意識」の希薄さを指摘している。孫秉熙は「三・一」後の予審尋問調書などで「私は幼少のころより天道教(東学)を信じ、私の脳裏に国家という観念はない。ただ民族というものがあるだけだ」「私は国よりも天道教を大切に思っており、国のために天道教を犠牲にしようとは思わない」と語っている。
西尾氏は「国家観念に対する宗教的立場の卓越こそ、日韓合一の思想構造を可能ならしめ、東学を弾圧する韓国政府が日本によって倒されても意に介さない姿勢に結びついた」としている(『李容九小伝』)。

＊2 **ヨボ** 여보 夫婦間での「あなた」「お前」などの呼びかけのほか、一般的な「おい」とか「もし」の意味でも使われる。植民地下の朝鮮では、蔑視感をもって朝鮮人を指す言葉として使われた。

あとがき

本書をほぼ書き終えたころ、浅田次郎氏『蒼穹の昴』と『中原の虹』を読んだ。文庫版各四冊、三二〇〇ページに及ぶ清朝の興亡の物語。「破天荒な小説」(陳舜臣氏の『蒼穹の昴』解説)に、歴史を読む面白さを味わった。とくに、長編を支える細部の精密な描写に作家の才能を感じた。満州女真族の習俗、王宮のしきたり、科挙の仕組み、宦官のつくられ方、張作霖と馬賊集団の戦法、北京や奉天の胡同(フウトン)の情景…。西太后と李鴻章や袁世凱が交す会話のわずかな一行にも、歴史的知識の裏付けのあることがうかがわれた。

翻って拙稿は、東学農民戦争にどこまで近づくことができただろうか。『東学乱記録』などに収められた漢文資料を読み、国会図書館関西館に通ってコピーをとった。韓国の研究者のネット上のハングル論文も何本も読んだ。全羅道、忠清道の戦跡を訪ねる旅を重ね、農民軍の実像を想い描いた。韓国の新聞社系ネットニュースで、農民戦争に因むエピソードを探った。中断を挟んで十余年。東学農民戦争自体にとどまらず、その周辺で起きた事柄や現代に残る痕跡も拾い上げた「紀行的通史」にはなったと思う。

とはいえ、徒手空拳に近い素人の作業には限界もあった。もう少しうまく韓国語が話せれば、専門研究者の話を聞くこともできただろう。もう少し自由にハングルが読めれば、さらに多くの文献資料を参照し、記述に正確を期すことができたと思う。「研究論文ではないのだから」と、評価の定まっていない事柄について、個人的な解釈を書いた部分もある。事実誤認、誤記のないことを祈りたい。

終始、励ましと助言によって筆者の意欲を持続させてくれた金松伊さん、綿密な点検で誤字脱字を正し、用語の統一をはかってくれた本郷康夫さんに謝意を表します。

二〇一七年十一月二日　八十歳の誕生日に

高橋　邦輔

本書の写真は一部を除き筆者が撮影し、地図も自作した。崔時亨、金開南らの歴史上の人物、趙己淑氏（二七一ページ）の写真は韓国のネットのページから採った。著作権の有無や所在が確認できず、掲載の許可を得ていない。

■東学農民戦争関連年表

1860年 東学唱道	慶尚北道慶州の没落両班・崔済愚が天啓を受け、儒教・仏教・民間信仰などを融合した東学を唱道。
1864年 崔済愚処刑	朝鮮王朝は東学の広がりを危険視、民心を惑わすとして崔済愚を捕え「左道乱正」の罪で処刑。
1894年 2月15日 古阜蜂起	現・全羅北道井邑市古阜の東学指導者・全琫準に率いられた農民が1894年2月15日、郡守・趙秉甲の悪政に抗して蜂起。趙秉甲は逃亡。農民は新郡守・朴源明の懐柔策を受入れて解散したが、按覈使・李容泰は約束を反故にして蜂起主導者を逮捕、家を焼くなど徹底弾圧。
第1次農民戦争〜輔国安民、除暴救民	
1894年 4月30日 白山集結	全琫準は忠清南道茂長の東学接主・孫化中を頼って移動。「輔国安民」「除暴救民」を掲げて農民軍発足。4月30日に白山（現・全羅北道扶安郡）に移り、総大将に全琫準を選んで陣容を整え全州へ進撃。
5月6日 鎮圧へ王朝軍	王朝政府は5月6日、全州防衛のために招討使・洪啓薫が率いる王朝軍を派遣。
5月31日 全州無血入城	農民軍は5月11日、古阜の黄土峴で地方官軍に圧勝。31日、王朝軍に先がけ全州に無血入城。

6月8日・12日 日清両国介入	王朝政府は宗主国・清に農民軍鎮圧のため派兵を要請、6月8日に清国軍が忠清南道牙山に上陸。対抗して日本軍は12日に仁川に上陸。
6月10日 全州和約締結	農民軍は6月6日の全州・完山戦闘で王朝軍に敗れたが、双方は10日に全州和約を結んだ。農民軍の弊政改善要求を招討使・洪啓薫が国王・高宗に伝達することを条件に、農民軍は解散。王朝政府の撤兵要請を日・清両国とも拒否。
農民軍の自治態勢	
1894年 7月初め〜 執綱所自治	全羅監司・金鶴鎮は7月初め、全琫準と会談。「官民相和」をめざし、治安機関として、各地に執綱所を置くことで合意。以後、農民軍は東学の地方機関である都所と執綱所を中心に自治態勢を布く。全琫準は全羅右道を管轄、金開南は全羅左道を管轄した。
7月23〜25日 王宮占拠 日清開戦	日本軍は撤兵にさまざまな条件を付け、7月23日、王宮・景福宮を軍事占拠。引退していた大院君を引っぱり出して「執政」に就け、国王・高宗から「清国軍艦駆逐要請」を引出す。25日、牙山湾の清国艦隊を砲撃し、事実上の日清開戦。
7月27日〜 親日政権発足 大院君の工作	日本は7月27日、開化派の金弘集を首班とする親日政権を発足させた。新政権は「軍国機務処」を置き、一連の「甲午改革」を進めた。一方、大院君は日本を追い出すために、農民軍に密使を送って北上を促す工作を進めた。
8月15日 南原大会で 意見分れる	7月27日に南原に入城した金開南は、8月15日、数万名を集めて「南原大会」を開き決起を図った。大会に参加した全琫準は「日清戦争の行方を見守ろう」と、慎重論を唱えた。

8月17日 全琫準と金鶴鎮 国難対処で合意	全羅監司・金鶴鎮は、日清開戦などの事態への対応を話し合うため、南原滞在中の全琫準を全州に呼び戻し8月17日に会談。国難にともに対処することで合意。金開南は会談参加を拒否。
9月24日 金開南が南原 再入城	全羅監司との会談に出席しなかった金開南は、いったん任実に移った。全琫準の慎重論で決起が遠のいたこと、南原が旱魃で大部隊駐留が困難になったことなどのためとされる。9月24日に任実から南原に再入城し、ソウルをめざす北進の準備に着手。
第2次農民戦争～反日決起	
1894年 10月 全琫準決断 参礼に集結	日清戦争の帰趨と開化派政権の出方を見守っていた全琫準は、日本の優位が決定的になると「反日決起」を決断。10月10日ごろ、各地の農民軍に全州近くの参礼集結を命令。南原の金開南軍は不参加。全羅監司・金鶴鎮は全琫準を支援し「運糧官」として補給任務を担った。
10月16日 北接軍も出陣	忠清道一帯の東学「北接」内部からも決起を促す声が高まり、10月16日、第2代教祖・崔時亨は起包令（決起命令）に踏切った。北接軍は崔時亨の高弟・孫秉熙に率いられて南下を開始。
10月24日 高宗が討伐令	開化派政権は10月19日、農民軍討伐司令部を設置、農民軍が敬愛する国王・高宗は10月24日、「匪徒を拿捕せよ」との討伐令を出した。
11月13日 南北軍が合流	全琫準麾下の農民軍は全州で武器を調達し11月11日に忠清南道南部の論山に至る。13日には北接軍も論山に入り、南北農民軍が合流。

11月初旬 日本軍の討伐作戦 第19大隊派遣	釜山～ソウル間の日本軍兵站線は各地の農民軍の襲撃を受けていた。10月末、川上兵站総監は「東学党に対する措置は厳烈なるを要す。向後、悉く殺戮すべし」と指令。11月初旬、後備歩兵第19大隊の3個中隊が農民軍討伐専任部隊として派遣された。
農民軍の敗北	
1894年 11月20日 ～12月5日 公州の激闘	◆前哨戦＝11月中旬から忠清南道天安南方の木川や洪州、公州近くの大橋で戦闘があり、農民軍は近代装備を持つ日本軍の支援を受けた王朝軍に連敗した。 ◆第1次戦闘＝11月20日から22日まで、論山と公州の中間地帯で戦闘が続いた。22日、農民軍は戦死者多数を出して論山へ退却。 ◆第2次戦闘＝農民軍は12月4日、公州をめざして北進。王朝軍は、公州防衛の要衝・牛禁峙へ後退。5日夜明け、農民軍は公州監営を囲む三方の山々に布陣。日朝連合軍は牛禁峙を中心に防御線を敷いた。後備歩兵第19大隊第2中隊長・森尾雅一大尉は、農民軍が峠を越えようとする度に尾根へ出て一斉射撃、農民軍が後退すると山かげに潜むという戦法を数十回も繰返した。農民軍は戦死者数千にのぼる致命的な打撃を受け論山に退却。
12月9日 金開南軍の敗北	南原に留まっていた金開南は11月11日、ソウルを目指して出陣。12月9日未明、清州城を攻撃したが、待ち構えていた日朝連合軍に圧倒され敗れた。金開南は故郷の泰仁に逃れて身を潜めたが、翌年2月末、密告により逮捕され、全州で斬首された。

1894年12月～95年2月 農民軍は解散 追討を受ける	公州戦闘に敗れた農民軍を日朝連合軍は翌年2月まで追撃、掃討した。全琫準率いる残存部隊は12月21日、院坪へ退いて戦ったが敗れ、続いて泰仁でも敗れ、全琫準は東学農民軍を解散。 農民軍が追討された主な例として、3カ所をあげる。 ◆ソクテトゥル戦闘（1月7日～10日）＝全羅南道長興郡のソクテトゥルで、農民軍数百名が戦死。 ◆大芚山散華（2月18日）＝全羅北道完州郡の大芚山の砦に籠った26名が攻撃され、少年1名を除き、妊婦を含む25名が死亡。 ◆珍島掃討（1月21日～25日）＝農民軍の一部は、海を越えて珍島や済州島に逃げ込んだ。日本軍は第19大隊第1中隊の支隊を珍島に送り込んだ。
1895年 1月19日 北接軍も解散	公州敗戦の後、北接軍は教祖・崔時亨を帯同して本拠地・忠清北道報恩の帳内里を目指した。辿り着いた本拠は、朝鮮王朝軍の攻撃を受け、廃墟と化していた。極寒の山中で野営中、1月12日に第19大隊第2中隊などの攻撃を受け、壊滅状態に。忠州方面に逃れる途中、1月19日に官軍の攻撃を受け、孫秉熙は農民軍を解散。
4月24日 全琫準ら処刑	全琫準は農民軍解散後、全羅北道淳昌郡の避老里に逃れたが、1894年12月28日、密告により逮捕された。翌年、ソウルの日本公使館に収監。朝鮮政府の裁判に日本領事も参加。4月23日に死刑判決、翌未明に孫化中らとともに絞首刑。 崔時亨は北接軍解散後、忠清道、江原道の山中で逃避行を続けていたが、1898年5月に江原道の原州で逮捕され、7月20日に絞首刑。

10月8日 閔妃暗殺	日清戦争の後、朝鮮王朝はロシアに傾斜。1895年10月8日、日本は三浦梧楼公使らの画策により「親ロシア」の王妃・閔妃を景福宮で暗殺。
1896年 2月11日 開化派政権崩壊	前年末の金弘集内閣の断髪令に対し「日本化を強要するもの」として、各地で東学徒も加わった義兵闘争が起きた。1896年2月11日、親ロシア勢力がクーデター。金弘集が民衆に撲殺され、開化派内閣は崩壊。
孫秉煕の親日運動と天道教	
1901年 ～04年 孫秉煕亡命と 一進会の結成	崔時亨を継いで東学第3代教祖になった孫秉煕は潜伏中にソウルに現れ、文明開化(＊1)を目撃して日本接近の必要を感じ、1901年に亡命。1904年2月に日露が開戦。孫秉煕は腹心・李容九に親日団体「進歩会」を結成させた。進歩会は宋秉畯の率いる「一進会」と「合同一進会」を結成して親日の度を強め、日本軍に積極協力。
1905年12月 天道教の創立	一進会の対日協力に対する世論の批判を恐れた孫秉煕は1905年12月、「宗教と政治活動の分離」を図って天道教創立を宣告。帰国後の06年9月に李容九、宋秉畯ら62名を破門。
1906年末 ～07年 侍天教創立と 教祖伸冤	李容九と宋秉畯は1906年末、侍天教を創立。政府に対し崔済愚、崔時亨の両教祖の伸冤を要求。宋秉畯は07年に李完用内閣に入閣、7月に両教祖を無実とする「雪冤の勅旨」が出された。

日韓「合邦」運動と三一独立宣言	
1910年8月 合邦は挫折 併合条約締結	李容九と宋秉畯は韓国が日本に併合されるのを避け、平等の立場での「合邦」を運動。1909年末、曽禰荒助統監、純宗皇帝(＊2)らに「合邦請願書」を提出したが認められず、1910年8月「日韓併合条約」が締結された。李容九は翌年5月、兵庫県の須磨で病没。宋秉畯は併合後、朝鮮総督府で重用された。
1919年3月1日 三一独立宣言 孫秉熙が主導	1919年1月21日に高宗が急死、3月3日の国葬に合わせて天道教の孫秉熙らとキリスト教、仏教界の代表33名が独立宣言を準備、3月1日に宣言が発表され、全国規模の運動に発展した。孫秉熙は保釈されたあと1922年に病没。

(＊1)高宗は1897年10月、「大韓帝国」の樹立を宣言、皇帝を名乗って一連の近代化を進めた。ソウルに電車が走り電灯、電話、映画が登場するなど「文明開化」が出現した。

(＊2)高宗は1907年7月、オランダのハーグで開かれた「万国平和会議」に密使を送り、日本による保護国化を訴えようとした。これが露見して、伊藤博文統監の意を受けた宋秉畯らに強要され、7月19日に退位、純宗が即位した。

●主な参照資料

『東学農民革命一〇〇年』全北日報取材チーム　信長正義訳（つぶて書房　二〇〇七年）
『異端の民衆反乱　東学と甲午農民戦争』趙景達（岩波書店　一九九八年）
『明治日本の植民地支配』井上勝生（岩波書店　二〇一三年）
『東学農民戦争と日本』中塚明・井上勝生・朴孟洙（高文研　二〇一三年）
『東学史』呉知泳　梶村秀樹訳注（平凡社・東洋文庫　一九七〇年）
『東学乱記録㊤㊦』韓国・国史編纂委員会（韓国史料叢書・第十　一九五九年）
『朝鮮近代史（新訂）』姜在彦（平凡社　一九九四年）
『日清・日露戦争』原田敬一（岩波新書　二〇〇七年）
『高宗・閔妃』木村幹（ミネルヴァ書房　二〇〇七年）
『朝鮮王妃殺害と日本人』金文子（高文研　二〇〇九年）
『私の文化遺産踏査記Ⅱ』兪弘濬。宋連玉訳（法政大学出版局　一九九九年）
『李容九小伝』西尾陽太郎（葦書房　一九七八年）
『第2次東学農民戦争と日清戦争』姜孝叔（千葉大学博士論文　二〇〇五年度）
『東学党征討略記』『東学党征討策戦実施報告』南小四郎（駐韓日本公使館記録）
『南原の東学と東学農民革命』＝ハングル（南原東学農民革命記念事業会編　二〇〇六年）
『東学農民革命の現場を訪ねて』蔡吉淳（忠清日報連載ルポ＝ハングル）
表暎三氏、朴孟洙、中栄祐教授ら韓国研究者のネット上の諸論文＝ハングル

○著者略歴

高橋　邦輔(たかはし・くにすけ)

1937 年　朝鮮慶尚北道大邱府(当時)生れ
1945 年　父の出身地の香川県に引揚げ。小学校 2 年生
1956 年　丸亀高校卒業、早稲田大学政経学部新聞学科入学
1960 年　朝日新聞社入社
1997 年　定年退職

(訳書)
『光州 五月の記憶─尹祥源・評伝』林洛平著／高橋邦輔訳
社会評論社　2010 年

全羅《チョルラ》の野火　「東学農民戦争」探訪

2018 年 3 月 10 日　初版第 1 刷発行

著　者────高橋邦輔
装　幀────吉永昌生
発行人────松田健二
発行所────株式会社 社会評論社
東京都文京区本郷 2-3-10
電話：03-3814-3861　Fax：03-3818-2808
http://www.shahyo.com
組　版──── Luna エディット .LLC
印刷・製本──倉敷印刷 株式会社

Printed in japan

#「北支」占領　その実相の断片

日中戦争従軍将兵の遺品と人生から

田宮昌子【著】／加藤修弘【解題】

「時代の趨勢」を構成した「大多数」の側の人々、
彼らが遺した写真を戦地とされた現地の視点から見つめ返す。
「歴史」というより、今日と読者自身に繋がる切迫感ある「事実」として伝えたい。

中国山西省での従軍の日々、そして沖縄での戦死。
著者の伯父である下級将校が遺したアルバムと現地住民の聞き取り。

A5判・352ページ・3200円＋税